全国革命老区县发展史丛书·广东卷

深圳市南山区革命老区发展史

深圳市南山区革命老区发展史编委会　编

SPM 南方出版传媒 广东人民出版社
·广州·

图书在版编目（CIP）数据

深圳市南山区革命老区发展史 / 深圳市南山区革命老区发展史编委会编 . —广州：广东人民出版社，2021.5
（全国革命老区县发展史丛书·广东卷）
ISBN 978-7-218-14841-0

Ⅰ. ①深…　Ⅱ. ①深…　Ⅲ. ①区（城市）—地方史—深圳
Ⅳ. ①K296.54

中国版本图书馆CIP数据核字（2020）第262479号

SHENZHEN SHI NANSHAN QU GEMING LAOQU FAZHANSHI

深圳市南山区革命老区发展史

深圳市南山区革命老区发展史编委会　编　　

出　版　人：肖风华

责任编辑：陈志强　范先鋆　刘　思
责任校对：梁敏岚
装帧设计：张力平等
责任技编：吴彦斌　周星奎

出版发行　广东人民出版社
地　　　址：广州市海珠区新港西路 204 号 2 号楼（邮政编码：510300）
电　　　话：（020）85716809（总编室）
传　　　真：（020）85716872
网　　　址：http：//www. gdpph. com
印　　　刷：广州市浩诚印刷有限公司
开　　　本：715mm×995mm　1/16
印　　　张：24　　插　页：8　　字　　数：315 千字
版　　　次：2021 年 5 月第 1 版
印　　　次：2021 年 5 月第 1 次印刷
定　　　价：88.00 元

如发现印装质量问题，影响阅读，请与出版社（020-85716849）联系调换。
售书热线：（020）85716826

微信扫描二维码 ◀◀◀
您立即获得本书主要内容/
丛书介绍。

广东省编纂《革命老区县发展史》丛书
指导小组

组　　长：陈开枝（广东省老区建设促进会会长）

副组长：林华景（广东省老区建设促进会常务副会长）

宋宗约（广东省农业农村厅副二级巡视员、广东省
老区建设促进会副会长）

刘文炎（广东省老区建设促进会副会长）

郑木胜（广东省老区建设促进会副会长）

姚泽源（广东省老区建设促进会副会长兼秘书长）

谭世勋（广东省老区建设促进会副会长）

廖纪坤（广东省农业农村厅总经济师）

办公室

主　　任：姚泽源（兼）

副主任：韦　浩（广东省农业农村厅扶贫协作与老区建设处
处长）

柯绍华（广东省老区建设促进会副秘书长）

伍依丽（广东省老区建设促进会副秘书长）

在举国欢庆新中国成立 70 周年前夕，中国老区建设促进会王健会长请我为《全国革命老区县发展史》丛书作序，作为一名在老区战斗过并得到老区人民生死相助的老兵，回首往事，心潮澎湃，感慨万千，深感义不容辞，欣然应允。

中国革命老区，是以毛泽东为代表的中国共产党人在领导人民推翻帝国主义、封建主义和官僚资本主义三座大山，争取民族独立和人民解放伟大斗争中建立的革命根据地，在这片红色的土地上，诞生了无数可歌可泣的革命英雄儿女，为后人树起了一座不朽的丰碑，她是新中国的摇篮，是党和军队的根。

在艰苦卓绝的战争年代，老区人民把自己的命运与中华民族的命运紧紧地联系在一起，与中国共产党和人民军队的命运紧紧地联系在一起，他们生死相依，患难与共。我曾亲历过战争年代，并得到过老区红哥红嫂的救助，切身感受到发生在身边的一幕幕撼天动地的革命故事，在那极其艰难的条件下，老区人民倾其所有、破家支前，不怕艰难困苦，不怕流血牺牲。"最后一碗米送去做军粮，最后一尺布送去做军装，最后一件老棉袄盖在担架上，最后一个亲骨肉送去上战场"，这是当时伟大的老区人民为建立新中国做出巨大牺牲的真实写照，它将永远镌刻在中国共产党、中国人民解放军、中华人民共和国的历史丰碑上。他们的光辉业绩永载史册，他们的革命精神必将影响一代又一代的革命新人，造就一代又一代的民族脊梁。

在社会主义革命和建设时期，革命老区和老区人民响应党的号召，面对落后的面貌、脆弱的经济、恶劣的生态环境，他们本色不变，精神不丢，自力更生，艰苦奋斗，干一行爱一行。始终坚持"革命理想高于天"，自觉做共产主义远大理想的坚定信仰者和忠实实践者，勇于向恶劣的自然环境和贫穷落后宣战，他们在各条战线上为国建功立业，用平凡的双手创造了一个又一个不平凡的奇迹，彰显了老区人的崇高精神和人格力量。

在改革开放的伟大进程中，老区人民解放思想，勇于创新，发奋图强，攻坚克难，老区的经济社会建设取得了辉煌成就。特别是在改变中国的面貌、中华民族的面貌、中国人民的面貌、中国共产党的面貌的伟大实践中发挥了至关重要的作用。老区人民既是改革开放的参与者，也是改革开放的推动者。

艰苦练意志，危难见精神。老区人民在近百年的革命战争、社会主义建设和改革开放的伟大实践中，孕育形成了伟大的老区精神：爱党信党、坚定不移的理想信念；舍生忘死、无私奉献的博大胸怀；不屈不挠、敢于胜利的英雄气概；自强不息、艰苦奋斗的顽强斗志；求真务实、开拓创新的科学态度；鱼水情深、生死相依的光荣传统。这是党和人民宝贵的精神财富、丰厚的政治资源，是凝心聚力、振奋民族精神的重要法宝，也是社会主义核心价值观的重要内容。

中国老区建设促进会怀着强烈的政治责任感和历史使命感，组织全国各地老促会人员克服困难，尽心竭力编纂《全国革命老区县发展史》丛书，记录老区的光辉历史和辉煌成就，传承红色基因，弘扬老区精神，是功在当代，利及千秋的一件大事。手捧这部丛书的部分书稿，读着书中的故事，倍感亲切，深感这部丛书具有资政、育人、存史的社会功能，有着重要的时代和历史价值。它是不忘初心、牢记使命的源头活水，是赞颂共产党、讴歌老区人民的一部精品力作，是弘扬老区精神、传承红色记忆的丰厚载体，是一项继承优秀传统文化、弘扬革命文化、发展社会主义先进文化，坚定"四个自信"的宏大文化工程。它必将成为一种文化品牌，为各界人士了解老区宣传老区支持老区提供一部有价值的研究史料。希望读者朋友们能从中了解并牢记这些为党和民族的利益不断奉献的老区人民，从中得到教益，汲取人生奋斗的精神动力。

新时代赋予新使命，新起点开启新征程。让我们更加紧密地团结在以习近平同志为核心的党中央周围，坚持以习近平新时代中国特色社会主义思想为指导，增强"四个意识"，坚定"四个自信"，做到"两个维护"，弘扬老区精神，铭记苦难辉煌。为实现"两个一百年"奋斗目标，实现中华民族伟大复兴的中国梦作出新的更大的贡献！

遇湾田

2019 年 4 月 11 日

2017 年 6 月，中国老区建设促进会组织全国各地老促会启动编纂《全国革命老区县发展史》丛书，按照"建立中国共产党、成立中华人民共和国、推进改革开放和中国特色社会主义事业"三大里程碑的历史脉络，系统书写革命老区百年历史，深入挖掘革命老区红色文化资源，这对于充实丰富中国革命史籍宝库、在新时代传承红色基因、弘扬革命精神、强固根本，对于激励人们在新的历史条件下夺取中国特色社会主义伟大胜利，实现中华民族伟大复兴的中国梦具有重要意义。

丛书编纂以习近平新时代中国特色社会主义思想为指导，以《中国共产党历史》《中国共产党的九十年》等重要文献为基本依据，以党的领导为核心，以老区人民为主体，以老区发展为主线，体现历史进程特征，突出时代发展特色，坚持辩证唯物主义和历史唯物主义相统一、历史真实性与内容可读性相统一的原则，书写革命老区从站起来、富起来到强起来的光辉革命史、不懈奋斗史、辉煌成就史，把老区人民的伟大贡献、伟大创造、伟大成就、伟大精神充分展示出来，形成一部具有厚重历史特征和鲜明时代特色的精品力作。这是一部培根铸魂、守正创新，既为历史立言，又为时代服务，字里行间流淌着红色血脉、催生着革命激情的传世之作。丛书的编纂出版将成为讴歌党讴歌人民讴歌时代、传播红色文化、为革命老区和老区人民树碑立传的重要载体。

丛书按照编年体与纪事本末体相结合、以编年体为主的编写体例确定框架结构；运用时经事纬、点面结合的方式记述史实；坚持人事结合、以事带人的原则处理人与事的关系；采取夹叙夹议、叙论结合以叙为主的方法展开内容。做到了史料与史论、历史与现实、政治与学术统一，文献性、学术性、知识性相兼容。

为编纂好《全国革命老区县发展史》丛书，打造红色文化品牌，中国老区建设促进会认真组织积极协调，提出政治立场鲜明、史料真实准确、思想论述深刻、历史维度厚重、时代特色突出、编写体例规范、篇目布局合理、审读把关严格、出版制作精良的编纂出版总要求，力求达到革命史籍精品的精神高度、思想深度、知识广度、语言力度，增强丛书的权威性和社会影响力。各省（区、市）、市（州、盟）、县（市、区、旗）老促会的同志，以强烈的使命感、责任感和紧迫感，勇于担当，积极作为，认真实施，组织由老促会成员、专家学者等参加的十余万人编纂队伍。编纂工作主体责任在县，省、市组织协调、有力指导、审读把关。各方面人员以高度负责的精神和科学严谨的态度，满腔热情地投入工作，为丛书编纂出版作出了重要贡献。丛书编纂工作还得到了党和国家有关部委、地方各级党委政府及有关部门的大力支持和积极参与，社会各界也给予了热情帮助。中共中央政治局原委员、中央军委原副主席、原国务委员兼国防部长迟浩田上将，对老区人民怀有深厚感情，对革命老区建设发展十分关注，欣然为《全国革命老区县发展史》丛书作总序。

丛书由总册和1599部分册（每个革命老区县编纂1部分册）组成，共1600册。鉴于丛书所记述的史实内容多、时间跨度长和编纂时间紧，不妥之处，敬请批评指正。

中国老区建设促进会

民国时期宝安县城南头城远景（深圳博物馆提供）

1925年4月26日，宝安县农民协会成立时参加人员的合影（深圳市史志办提供）

羊台山抗日根据地远景（深圳市史志办提供）

1939年8月，被火烧毁的大涌桥（深圳市史志办提供）

1939年12月1日，被第二大队第一次收复的宝安县城南头（深圳市史志办提供）

1949年10月，边纵在南头城布置的"庆祝宝安县人民解放大会"会场（深圳市史志办提供）

解放大铲岛战斗的遗址（蛇口街道办事处提供）

解放内伶仃岛战斗在南湾抢滩登陆遗址（吴学庆摄）

农民协会会员证章
（直径3厘米）
（深圳博物馆提供）

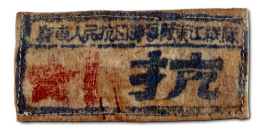

广东人民抗日游击队东江纵队胸章
（纵3.7厘米，横7.6厘米）
（深圳博物馆提供）

中国人民解放军粤赣湘边纵队胸章
（纵5.01厘米，横8.4厘米）
（深圳博物馆提供）

宝安县人民政府胸章
（纵4.1厘米，横7.3厘米）
（深圳博物馆提供）

2016年的深圳科技园北区（郭进摄）

高速发展的后海城市群（黄雪波摄）

1979年7月2日，被称为中国改革开放第一声的蛇口"开山炮"（招商局博物馆提供）

中国（广东）自由贸易试验区深圳前海蛇口片区（2017年）（前海合作区提供）

20世纪80年代的大冲（黄益平摄）

1992年的大冲（黄益平摄）

2008年旧改前的大冲（黄益平摄）

2017年旧改后的大冲（粤海街道办事处提供）

20世纪80年代的长岭皮村（桃源街道办事处提供）

2012年的长岭皮村新村及工业区C区（桃源街道办事处提供）

长岭皮村远景（桃源街道长源社区提供）

2017年的牛成村（西丽街道办事处提供）

2017年的大磡村（西丽街道办事处提供）

2017年的九祥岭村（西丽街道办事处提供）

1961年的沙河小学（沙河街道办事处提供）

1984年的沙河小学（沙河街道办事处提供）

2017年的沙河小学（沙河街道办事处提供）

2017年建成的大磡幼儿园（西丽街道办事处提供）

2004年举行的福光村文艺晚会（桃源街道办事处提供）

2007年建成的白芒村篮球场（西丽街道办事处提供）

2000年的福光足球队（桃源街道办事处提供）

2006年的长源社康中心（桃源街道办事处提供）

2017年的龙井村商业中心（桃源街道办事处提供）

2009年3月28日举行的大冲村第十九届"敬老节"（粤海街道办事处提供）

微信扫描二维码
您立即开展本书的
延伸阅读。

按照中国老区建设促进会的统一部署，在市委领导与市史志办指导和支持下，《深圳市南山区革命老区发展史》正式出版了。这是我区革命老区研究的一项重大成果，我感到无比欣慰。翻开本书，南山革命老区的发展征程历历在目……

南山是深港历史之根。自东晋咸和六年（331年）设置宝安县起，到1953年为止，深圳市的前身宝安县（新安县）县治一直设在南山的南头古城。当时，南山作为宝安县（新安县）的政治、经济、文化中心，其地位举足轻重。

南山老区具有光荣的革命传统。早在1924年下半年，中共广东区委即派出共产党员黄学增、龙乃武、何友逖，以国民党中央执行委员会农民部特派员的身份，来到宝安县发展党组织，开展农民运动。1925年7月成立中共宝安县支部，1926年3月成立中共宝安县地方执行委员会（后改称中共宝安县委员会）。宝安县在党的领导下，轰轰烈烈地开展了打倒军阀、打倒土豪劣绅的农民运动，成为大革命时期全国农民运动最活跃的地区之一。土地革命初期，在中共广东省委领导下，中共宝安县委组织宝安工农革命军，闹翻身，求解放，先后发动三次武装起义，武装反抗国民党的反动统治。1940年9月，中共领导的广东人民抗日游击队第五大队（后为广东人民游击队东江纵队）开辟羊台山抗日根据地，南山北部成为羊台山抗日根据地的一部分，人民群众踊跃参军参战、冒险传送情报、勇当抗日游击队堡垒，迎来抗日战争的最后胜利。1947年2月，中共领导的惠东宝人民护乡团第三大队（后为广东人民解放军江南支队第三团）活动于包括南山在内的宝安地区，打击国民党反动武装，反抗国民党征兵、征粮、征税，开展减租减息斗争，保卫人民的利益。这一段峥嵘岁月，是中共领导下的南山人民前仆后继、英勇斗争、一往无前的岁月，南山人民彻底解放了。

南山老区具有敢闯敢试的改革精神。新中国成立后，南山老区人民筚路蓝缕、艰苦创业、奋发图强，南山老区更是走出了一条从滩涂蚝田到楼宇林立、从城市边缘到都市中心的蝶变之路，一条从先行试点到全面改革、从粗放式增长到高质量发展的变革之路。20世纪60年代初，大胆试行与香港的小额贸易，为经济社会发展打下基础。中共十一届三中全会后，改革开放的春风吹拂南山大地，在这里响起了中国改革开放的第一声春雷，诞生了被誉为全国改革开放试验田的"蛇口模式"。南山40年来从以"两服务"为方向的农副业生产、以"三来一补"为主的工业生产开始，到建成深圳市高新技术、旅游、高等教育与西部物流"四个基地"，再到建成国家核心技术自主创新先进区、现代服务业发展样板区、和谐社会示范区与教育科研高地"三区一高地"，每一步都跟紧时代的步伐。2012年中共十八大结束后，习近平总书记离京视察，"第一站"就来到深圳，考察前海、调研腾讯。南山老区策马扬鞭、砥砺前行，初步建成深圳市的经济中心、科技创新中心、文化（教育）中心与国际交往中心，成为深圳市自福田—罗湖中心区后的第二个中心区。

重温历史是为了面向未来。今天，新时代中国特色社会主义建设的新征程已经开启，我们更要不忘初心，继承和发扬南山革命老区全心全意为人民谋利益的红色基因与敢为天下先的改革创新精神，以改革开放再出发的新担当，按照区委"五年初具雏形、十年基本建成、十五年全面完成"的总体部署，奋力把南山区建设成为世界级创新之都、现代化宜居之城、国际化魅力之湾，开创南山世界级创新型滨海中心城区建设的新篇章！

王　强

2019年7月

1

第一章

区域和革命老区概况

第一节 区域概况

南山区位于广东省深圳市中西部，由陆地与内伶仃岛、大铲岛、孖洲岛、大矾石岛、小矾石岛组成，地理坐标北纬22°24′—22°39′、东经113°47′—114°01′。行政区域东起车公庙，与福田区相邻，西至南头安乐村、赤尾村，与宝安区毗连，北背羊台山，与宝安区、龙华区接壤，南临蛇口港、大铲岛和内伶仃岛，东南隔深圳湾与香港元朗相望，西南隔珠江口与珠海市遥望。地形为南北长、东西窄。全区总面积187.47平方公里，海岸线长43.7公里。南山区东南距香港元朗5.5公里（直线距离，下同），东北距惠州61.6公里，西北距东莞61.3公里，西距广州102.4公里，西南距珠海、澳门59.1公里。

东晋咸和六年（331年）至唐至德二年（757年），南头古城为宝安县县治所在地。明万历元年（1573年）重设新安县（1914年更名为宝安县），至1953年，宝安（新安）县治也一直设在南头古城。南头古城

宝安县城城门（深圳市史志办提供）

作为宝安县（新安县）县治，一直是宝安县（新安县）县治所在地，是全县的政治中心、经济中心、文化中心与军事重地。

1979年1月，宝安县改为深圳市，下设6个区（各区只设区委，没有行政机构），南山分属南头区、龙华区（仅白芒一个大队），区下设公社。1980年8月，划出深圳、沙头角二镇和附城、福田、南头、蛇口、盐田公社，设置深圳经济特区，南山在深圳经济特区范围内。

1983年6月，国务院和广东省政府批准设立南头区，县级建制，党组织设区委，行政管理设办事处，为深圳市委、市政府派出机关。区行政区域为原南头公社、蛇口公社及省属沙河农场区域。1984年8月，经广东省委、省政府批准，划出南头区部分区域，设立蛇口区，党组织设区委，行政管理设管理局，隶属深圳市委、市政府，行使一级地方党组织和行政组织的职能，行政区域范围为大小南山分水岭至正龙围、后海湾连线以南地区，实际管辖区域为原蛇口公社区域。

1990年1月，国务院批准设立南山区，由原南头区、蛇口区行政区域合并组成，隶属于深圳市。是年9月，南山区正式成立。至2017年，区划未变。

第二节 革命老区概况

　　南山区革命老区主要分布于北部的盆地丘陵区，习惯上称"西丽山区"。最高峰为羊台山，海拔587米，其余山峰（包括塘朗山）海拔都在500米以下，属于丘陵。从地貌上，分为石质山地、西丽水库区和塘朗川种养地3个地形小区。北部石质山地，主要由南北两列山脉组成，北列山脉从羊台山向东南沿南山区、宝安区、龙华区边界逶迤，与南列的塘朗山、留仙洞山、红花岭等组成一个包围圈，包围圈中是一个岗丘起伏的大盆地。这一大盆地又被一列东西向的不高的山丘——九祥岭、麒麟山等分隔成南北两个小盆地。北面的小盆地是由北部羊台山脉和南面的九祥岭、麒麟山围合而成，后来在此兴建西丽水库；南面的小盆地由北面的九祥岭、麒麟山和南面的红花岭、塘朗山脉围合而成，称塘朗川种养地，为东西向长形小盆地，东高西低。正是这一片盆地山丘区，成为革命老区的一部分。

　　南山是具有光荣革命传统的地区。1924年下半年，中共广东区委派出共产党员黄学增、龙乃武、何友逖，以国民党中央执行委员会农民部特派员的身份，来到宝安县建立共产党组织，开展农民运动。当年年底，发展第一批中共党员。1925年7月中旬，根据中共广东区委指示，成立中共宝安县支部。1926年3月，撤销中共宝安县支部，成立中共宝安县地方执行委员会（后改称中共宝安县委），驻地在宝安县城南头。在中共宝安县党组织领导下，宝安县自下而上建立了乡、区、县各级农民协会，各级农会建立由30至50人组成的农民自卫军。党组织领导各级农民协会打击反动民团，组织农民向地主阶级、土豪劣绅和贪官污吏作斗争，开展反苛捐杂税斗争，支援省港大罢工。

1927年4月15日，广州的国民党当局发动反革命政变。国民党宝安县长率警察队和反动民团，"围剿"农民自卫军，外逃的土豪劣绅卷土重来，反动民团死灰复燃，农会骨干和共产党员有的被杀害，有的出走香港、南洋等地暂避，中共宝安县地方执行委员会被迫撤离县城南头关口郑氏宗祠。1927年秋，根据广东特委指示，中共宝安县地方执行委员会改称中共宝安县委员会。11月，中共广东省委贯彻中共中央八七会议精神，组织工农革命军，准备武装起义。根据省委要求，中共宝安县委改编宝安农民自卫军为宝安工农革命军，从1927年12月到1928年5月，先后发动三次武装起义。但因国民党调遣大批军队残酷"围剿"，工农武装外援受阻、粮食武器装备缺乏而均告失败，武装斗争遂暂告停止。此后，包括南山在内的宝安地区党组织的活动基本陷于停顿。

1939年4月，东宝惠边人民抗日游击大队以爱国青年群众抗日组织形式，从国民党军中取得番号，改为国民革命军第四战区第四游击纵队直属第二大队，受第四游击纵队司令部指挥，由沙井到南头，又由南头到深圳（即宝深公路、宝太公路一带），为第二大队游击活动地区。1940年9月中旬，中共前东特委在宝安县布吉乡上下坪村召开部队干部会议（即"上下坪会议"）后，中共领导的广东人民抗日游击队第五大队进入羊台山区，开辟羊台山抗日根据地。南山北依羊台山，北部地区为羊台山抗日根据地的一部分，后为东江纵队抗日根据地之一。

1947年3月初，惠东宝人民护乡团第三大队成立，活动在包括南山在内的宝安东莞地区。同年5月初，第三大队以白石龙、望天湖、长岭皮为基地，活动区域后扩大至南山北部地区，直至南头城解放。

中华人民共和国成立后，开始扶持革命老区建设，经广东省民政厅认定，南山地区有老区自然村18个，分别是白芒、牛成、麻㟟（今麻磡）、大㟟（今大磡）、王京坑、上面光（今福光）、福林、杨屋、长岭皮（今长源）、新屋、文光、茶光、光前、龙井、九祥岭、阮屋、上白石、新塘村。1989年，广东省民政厅补划南山地区老区自然村两个：（1）大新办事处大冲五队，1960年因修建西丽水库而搬迁到大冲大队，独立组建一个生产队。（2）沙河办事处华侨农场塘头村，1960年因修建铁岗水库而迁入沙河农场，独立组建一个自然村，仍称塘头村。至此，南山地区革命老区共有20个自然村。今分布在4个街道，分别是：

西丽街道：白芒、牛成、麻磡（麻㟟）、大磡（大㟟）、九祥岭、王京坑、文光7个村。

桃源街道：福光（上面光）、福林、杨屋、长源（长岭皮）、新屋、茶光、光前、龙井8个村。

沙河街道：上白石、新塘、塘头3个村。

粤海街道：阮屋、大冲五队2个村。

经济社会概况

　　南山区为深圳经济特区一部分，是中国（广东）自由贸易试验区深圳前海蛇口片区所在地，为"21世纪海上丝绸之路"的桥头堡，又地处粤港澳大湾区的核心区域，具备"特区+湾区+自贸区"三区叠加优势，是深圳市的经济、科技、文化和国际交往中心，是深圳市除福田—罗湖中心区外的又一大中心区，正阔步迈进世界级创新型滨海中心城区行列。

　　2018年，南山区下辖南头、南山、西丽、沙河、蛇口、招商、粤海、桃源8个街道105个社区居委会。常住人口149.36万人，其中，户籍人口92.16万人，非户籍人口57.21万人。

　　2018年，南山区经济综合实力高位跃升，当地生产总值5018.36亿元，固定资产投资1333.86亿元，总量居全市第一。税收1498亿元。公共财政预算收入268.22亿元，名列全市首位。上市企业148家，在全国仅次于北京市海淀区。规模以上工业增加值1703.74亿元，规模以上工业总产值5408.68亿元，社会消费品零售总额810.40亿元，进出口总额510.25亿美元。先进制造业占规模以上工业增加值63.8%，位居中国工业百强区（县）榜首。人均生产总值超过5.2万美元，每平方公里土地创税7.99亿元。

　　2018年，南山区科教文卫等社会事业发展迅猛。全区有国家级高新技术企业3579家，PCT国际专利申请量7055件，占全市39%，占全国12.8%，每万人发明专利拥有量256件，是深圳市平均数的4倍、全国平均数的32倍。在科技日报社中国科技网、全国科技振兴城市经济研究会联合发布的《中国区县专利与创新指数》中，获"中国创新百强区"第一名。有各类教育机构462所（不含驻区高校、深大附中、蛇口国际学校等非区属学校），各年级各类在校学生（含在园幼儿）20.5万人；有公共图书馆（室）97家（不含学校图书室），馆藏总量191.8万册（件）；有各类公共文化活动场地303个，公共文化设施总面积67.66万平方米；有医疗机构692家，其中，区属公立医院5家，市属公立医院3家，企业办医院2家，社会办医院7家，其他医疗机构675家（包括社康中心81家）；可供应病床6320张，千人床位数为4.44张；有执业（助理）医师5155人，千人医生数3.62人。全年九大类民生支出216.2亿元，居民人均可支配收入72908元。

第二章

大革命时期与土地革命战争时期的南山

第一节 中共宝安县委的成立与农民运动的兴起

一、中共宝安县支部的创立

中国共产党宝安县组织是在大革命时期国共合作开展农民运动中创立的。

1923年1月，共产国际执行委员会通过《关于中国共产党与国民党的关系问题的决议》，指出中国的中心任务是反对帝国主义者及其在中国的封建代理人的民族革命，因此国民党与年轻的中国共产党合作是必要的。6月，中国共产党第三次全国代表大会在广州召开，正式决定和国民党合作，共产党员以个人名义加入国民党，同时保持共产党在政治上和组织上的独立性。大会还通过《农民问题决议案》，明确指出"引导工人农民参加国民革命更是我们的中心工作"。会后，中国共产党积极推动国民党改组，促进国共合作的实现。

经过国共两党的共同努力，1924年1月，孙中山在广州召开了中国国民党第一次全国代表大会。会议代表有197人，其中包括共产党员李大钊、谭平山、林祖涵（又名林伯渠）、张国焘、瞿秋白、毛泽东、李隆郅（又名李立山）等20多人。大会通过了共产党人参加起草的《中国国民党第一次全国代表大会宣言》（简称《宣言》）。《宣言》重新解释了三民主义，不仅注入了明确的反对帝国主义和反对封建主义的内容，而且同大会所确定的"联俄、联共、扶助农工"三大政策结合起来，发展成为与旧三民主义不同的新三民主义。新三民主义与中国共产党在民主革命阶段的纲领，在若干基本原则方面是一致的。《宣言》成为国共合作的政治基础，是革命统一战线的共同纲领。大会通过了新的国民党党章，接受了共产党员和社会主义青年团员以个人的名义加入国民党。大会最后选举产生了国民党中央执行委员会，共产党人李大钊、谭平山、毛泽东、林伯渠、瞿秋白、张国焘等10人当选中央执行委员或中央候补执行委员。这样，经过改组后的国民党，基本上成为工人、农民、城市小资产阶级和民族资产阶级的革命联盟，成为国共合作的统一战线的组织形式。

国共合作后，为了实施"扶助农工"的政策，国民党中央执行委员会设立农民部，"专理农民事宜"。后又颁布孙中山批准的《农民协会章程》《农民自卫军组织大纲》，并派出农民运动特派员到各地指导农民运动，还拨出经费给予支持。以孙中山、廖仲恺等人为首的广东革命政府，把组织和发动农民加入国民革命运动，作为其重要任务，先后三次发表关于农民运动的宣言，指出农民问题的重要性，要求各地组织农民协会，改善农民生活状况。其中，第二次宣言严厉谴责那些仇视、摧残农会的地主豪绅，并警告说："苟再有事仇视摧残者，政府必从严办，不稍轻贷。"对于那些与土豪劣绅互相勾结、戕害农民、破坏农民运动的地方官吏及驻防军警，"政府即应褫夺官职，永不叙用"[1]。当地主反动武装镇压农民运动时，国共合作的革命政府还派出革命军队去援助农民。

---

① 《革命政府对于农民运动第二次宣言》，《农民问题丛刊》第三种，1926年出版。转引自杨绍练、余炎光：《广东农民运动（1922—1927）》，广东人民出版社1988年版，第74页。

　　与此同时，中共广东区委①根据中共三大精神，成立农民运动委员会（简称"农委"），由阮啸仙、彭湃等担负领导工作。农委的职责是"指挥国民党中央农民部工作。等到省党部农民部、省农民协会等成立，农委便指挥（1）民中农民部②；（2）省农民部；（3）省农民协会；（4）各县地方或支部的农委；（5）农民运动特派员同志"，并明确"重大问题是由区委解决"③。因此，国民党中央农民部的工作是在广东区委农委的指挥下运作的。其中，农民部的干部及一般工作人员，大部分是共产党员。农民部的第一任部长为共产党人林伯渠。具有相当权力的秘书一职，由始至终均由共产党员担任。彭湃从1924年4月至11月任秘书职务，这期间农民部连续更选4名部长，几乎一切部务都由彭湃办理。④在彭湃辞去秘书职务后，由罗绮园继任，直至1926年5月底。阮啸仙、谭植棠等共产党人则担任农民部的组织干事。农民部先后派出的200多名农民运动特派员，百分之九十以上是共产党员和青年团员。由农民部主办的农民运动讲习所一至六届的主任（所长）均为共产党员。

　　1924年下半年，中共广东区委派出共产党员黄学增、龙乃

①　此时广东区委所辖范围包括今广东省、广西壮族自治区、海南省、香港特别行政区。

②　民中农民部即国民党中央农民部的简称。

③　中共广东区委：《广东农民运动报告》《广东第二次全省农民代表大会之经过及结果》（1926年罗绮园在中共广东区委会议上的报告）。转引自广州农民运动讲习所旧址纪念馆编：《广东农民运动资料选编》，人民出版社1986年版，第625—626页。

④　此史实为国民党所公认，国民党右派邹鲁在其所著《中国国民党史稿》中，明确记述其时"农民部由共产党主持"，彭湃"把持"农民部。见邹鲁：《中国国民党史稿》第一册，中华书局1960年版。转引自杨绍练、余炎光：《广东农民运动（1922—1927）》，广东人民出版社1988年，第72页。

武（两人分别为广州农民运动讲习所第一期、第二期学员）、何友逖（不久调离），以国民党中央执行委员会农民部特派员的身份，来到宝安县创建共产党组织，开展农民运动。其时的宝安县划分为7个行政区。南山在一区范围，东起白石洲、杨树角，西沿海洲、下隔岸，南至蛇口、赤湾等地，北沿大沙河一带。

初到宝安的黄学增、龙乃武和何友逖，人地生疏，根基未稳，公开建立共产党组织容易遭到豪绅地主的对抗破坏。因此，黄学增、龙乃武以建立国民党基层组织为号召进行活动。起初与各村士绅搞好关系，在农村开展工作，并介绍其中的优秀分子加入国民党，成立国民党乡区分部，借以互相协助和支持，建立与土豪劣绅作斗争的基础。然后从中吸收先进分子成为中共党员。至1924年年底，黄学增、龙乃武在四区、五区发展了第一批党员，其中有麦福荣、麦金水、陈细珍、麦牛、潘寿延、潘国华、潘满容等。1925年上半年，在三区发展部分共产党员。同年下半年，吸收国民党中央农民部特派员郑奭南加入共产党。以后继续在二区、一区、六区发展党员。党员组织关系由黄学增、龙乃武直接管理。

随着党员人数的增加，自1925年上半年开始，在具备条件的乡成立党小组。各乡党小组以国民党乡区分部为活动中心，先号召群众加入国民党，然后从中再吸收中共党员，并以中共党员作为乡农民协会的骨干，掌握乡村基层政权。党小组每月至少进行一次学习，由党组织领导人龙乃武、郑奭南巡回主持，组织党员讨论时事，认清形势，掌握斗争方向与政策，提高党员素质。各乡党小组亦由黄学增、龙乃武直接领导。

1925年7月中旬，根据中共广东区委指示，成立中共宝安县支部，黄学增任书记，支部委员有黄学增、龙乃武、郑奭南，隶属中共广东区委领导。1925年12月，黄学增调离宝安，由龙乃武接任中共宝安县支部书记。至1925年年底，中共宝安县支部在5个区建立有11个党小组。其中南山所在的一区，建有陈屋（南山村）党小组，陈芬联为组长。

二、农民运动的兴起

在创建中共宝安县组织的同时，黄学增、龙乃武、何友逖广泛发动农民群众，建立农民协会组织。他们先在四区、五区、一区、二区等区开展农民运动，其中一区也是活动重点。1925年，家在宝安上沙的郑奭南大学毕业后，在广州参加省港大罢工，结识了农运领导人阮啸仙，又由阮引导结识农民部秘书罗绮园，被任命为农民部干事。不久，郑奭南也被派回宝安县任特派员（接替何友逖），到三区开展农民运动。

黄学增、龙乃武向广大农民宣传国民革命形势，宣传农民协会的宗旨，说明农民协会是反帝反封建、打倒军阀、打倒土豪劣绅、农民当家做主的组织，号召广大农民加入农民协会，翻身当主人。经过反复宣传，广大农民对农民协会产生浓厚兴趣，一部分积极分子要求参加农民协会。黄学增等人再召集已经志愿加入农会的农民，号召他们动员更多的农民参加农会。

宝安县区乡农民协会会旗（深圳市史志办提供）

经过一段时间的工作，他们在一些条件成熟的乡，推举积极分子组成乡农民协会筹备会。在几个乡农民协会成立后，开始筹备成立区农民协会。由各乡农民协会选出筹备人员，在报经省农民协会批准后，召开区农民协会代表大会，由各乡农民协会选举的代表参加。大会选举区农民协会执行委员会成员，区农民协会宣告成立。[1]其中，南山所属第一区农民协会，于1925年3月下旬成立，选举陈海东（南山村人）、黄球（隔岸人）、陈忠侠（南山村人）为常务委员，陈海东、黄球、陈忠侠、郑东成（大涌村人）、许耀庭（县城九街人）为委员。区农民协会会址设在南头附城南教场。[2]随后，"宝安县第一区农民协会在沙莆召开成立大会，到会者男女约有三四百人。参加团体有农民部代表黄学曾（增）、东莞县农会代表韦启瑞、东莞第一区农会代表蔡日新、宵边乡农会代表蔡启芬、涌头乡农会代表蔡日升等。各团体送赠之匾类，尤为美不胜收。下午一时开会，各代表演说均能发挥尽致，鼓掌之声不绝于耳。四时散会后，即举行武装示威大巡行"。[3]

根据农民协会章程，在一县范围内有3个行政区的区农会成立后，经过省农民协会批准，可以开始筹备县农民协会。至1925年4月，宝安县的区、乡农民协会已经初具规模。"宝安方面计协会正式成立者达卅四乡，区至四。在筹阅者达二十乡，要求往组织者，西路有福永一带，中路有南头西乡一带，东路有深圳一带。"[4]

1925年4月26日，经省农民协会批准，宝安县农民协会正式

---

① 参见《农民协会组织手续》，载广州农民运动讲习所旧址纪念馆编：《广东农民运动资料选编》，人民出版社1986年版，第400页。

② 参见中共深圳市委组织部、深圳市史志办、深圳市档案馆编：《中国共产党深圳市组织史资料》（1924—1987），1995年内部刊印，第20页。

③ 《东宝两县农民联欢大会纪盛》，载《广州民国日报》1925年5月1日7版，存广东省档案馆。

④ 《农民协会组织手续》，载广州农民运动讲习所旧址纪念馆编：《广东农民运动资料选编》，人民出版社1986年版，第400页。

成立，选举郑爽南、陈芬联、潘寿延为常务委员，郑爽南、陈芬联、潘寿延、麦福荣、陈义妹为委员，陈细珍、苏仲生为候补委员。会址设在县城南头关口郑氏宗祠。[①]县农会成立后，各乡农会更普遍地建立起来，会员人数迅速增加。

到1926年5月广东第二次全省农民代表大会召开时，宝安县有6个区成立了农民协会，有94个乡建立了乡农民协会，全县农民协会会员人数13759人。会员人数居全省各县的第10位。宝安县农民协会是当时全省已建立的23个县级农民协会县之一。[②]其中农民运动开展得较好的三区、四区、五区，有百分之八十以上的乡建立了农民协会。

宝安县农民协会成立后，重视联合周边县特别是东莞县农民协会，相互支持，壮大农民革命的声威。早在县农民协会成立的第二天，两县农民协会就组织第一次联欢大会，且盛况空前。[③]

农民协会也重视与工会的联合。1926年5月1日，中共宝安县地方执行委员会以国民党宝安县党部名义，召开工农联欢大会，到会工人农民500多人，通过5项决议案。《广州民国日报》报道："中国国民党宝安县党部于五月一日召集工农联欢大会。到会者农会方面，有各级农会会员及自卫军；工会方面，有宝安茶居总工会、深圳合然工会、宝安油业分会；纠察队、纠察宣传队，共五百余人。后通过农工大联合决议：（一）拥护第三次全

---

① 参见中共深圳市委组织部、深圳市史志办、深圳市档案馆编：《中国共产党深圳市组织史资料》（1924—1987），1995年内部刊印。

② 参见中共广东区委：《广东农民运动报告》《广东第二次全省农民代表大会之经过及结果》（1926年罗绮园在中共广东区委会议上的报告）。转引自广州农民运动讲习所旧址纪念馆编：《广东农民运动资料选编》，人民出版社1986年版，第407、411页。

③ 参见《东宝两县农民联欢大会纪盛》，载《广州民国日报》1925年5月1日7版，存广东省档案馆。

国劳动大会宣言；（二）拥护第二次农民代表大会宣言；（三）拥护省港罢工宣言；（四）促成宝安总工会决议案；（五）反对段祺瑞惨杀北京群众通电。"①

在中国共产党领导下，农会几乎完全掌控着全县的政局，县长做事都要得到农会许可才敢进行。封建地主的特权被打倒，广大农民能够按照自己的意志来办事，这是中国共产党领导工农群众团结一致取得的辉煌胜利。

三、农民自卫军的组建

1924年6月19日，在中国共产党的积极推动和组织下，广东革命政府发表《农民运动宣言》。宣言号召建立农民协会，并特别提出建立农民自卫军问题。宣言明确："农民协会在目前战争过渡时间之重要工作，为防御土匪兵灾起见，特许其在一定计划之下，组织农民自卫军。办法如下：（一）得按照军队纪律及义务军办法组织之。（二）非农民协会会员不得加入为农民自卫军。（三）农民自卫军当受政府绝对的监督，但政府不得以农民自卫军充作别种攻击或非本村直接防御行为之用。"②这样，农民组织自己的团体，建立自己的武装，就成为合法的事情，并纳入了国民革命的轨道，和工人运动、军事运动相互支援，从而改变了农民运动遭受反动政权排斥、打击、镇压和孤立无援的被动局面。

1925年1月，中国共产党第四次全国代表大会召开，作出了《对于农民运动的决议案》。决议案以广东农民运动经验

---

① 《宝安县党部召开工农联欢大会》，载《广州民国日报》1926年5月10日7版，存广东省档案馆。

② 广东省人民武装斗争史编纂委员会编著：《广东人民武装斗争史》（第一卷：大革命时期），广东人民出版社1995年版，第88页。

为依据，确定在全国范围内普遍建立农民协会和发展农民自卫军。

1925年5月，广东省召开第一次全省农民代表大会，成立了广东省农民协会。省农民协会作出了《农民自卫与民团问题决议》，制定并颁布了《农民自卫军组织大纲》（以下简称《大纲》）。《大纲》明确指出：农民自卫军的宗旨是"为保卫农民协会，保卫农民利益，防御外来侵略"。鉴于一年来广东农民自卫军组织之不统一，《大纲》规定"农民自卫军之组织，须依照各级协会而组织各级的农民自卫军"[1]。

1925年4月，宝安县农民协会成立后，即按照中共广东区委和省农民协会要求，以广东革命政府的宣言为依据，着手在县、区、乡各级农民协会，建立30—50人的农民自卫军，以此打击反动民团，保卫农会，组织农民向地主阶级、土豪劣绅和贪官污吏作斗争。

为了提高农民自卫军的思想觉悟和战斗力，县农民协会还建立了农民自卫军模范队，军营设在宝安县农民协会会址南头关口郑氏宗祠，由省农会派来三名黄埔军校学生（其中有一名共产党员）帮助训练，设有政治课和军事课，三个月为一期，每期50人（每区10人，内有党小组）。军装、枪械、膳食由区农会负担，其他费用由县农会负责。由于形势发生变化，军校学生被调走，只办了两期，受训人数共100人。

宝安县农民自卫军（简称宝安农军）的建立，使各级农会有了自己的武装，他们在县委和县农会的领导下不断进行反帝反封建反官僚军阀的斗争。自1925年5月至1926年5月的一年内，宝安

---

① 广东省人民武装斗争史编纂委员会编著：《广东人民武装斗争史》（第一卷：大革命时期），广东人民出版社1995年版，第93—94页。

农军在驱逐反革命派之刘（刘震寰）杨（杨希闵）、援助五卅惨案大示威、援助省港大罢工、协助政府肃清反动叛徒以及第二次东江战事等斗争中无役不参加，表

宝安县农民自卫军模范队训练班所在地——南头郑氏大宗祠旧址（深圳市史志办提供）

现出农民大无畏的革命气概和革命精神。

四、中共宝安县委成立

1926年1月，中共宝安县支部书记龙乃武偕同郑奭南到广州，向中共广东区委组织部部长穆青和农民部部长阮啸仙，汇报宝安党组织活动和农运情况。穆青指示，今后要重视巩固工作，重精不重多；同时要促进各区党委的建立，根据形势发展，进一步建立县委，作为全县领导中心机构。①根据中共广东区委的指示，3月，中共宝安县支部召开各区的党小组负责人会议，决定撤销中共宝安县支部，建立中共宝安县地方执行委员会②（后改

---

① 参见郑哲：《宝安县早期党组织的建立和农民运动的兴起（补充材料）》，载深圳市档案馆编：《民国时期深圳档案文献演绎》（1—4卷），花城出版社2001年版，第183页。

② 参见中共广东区委：《广东农民运动报告》《广东第二次全省农民代表大会之经过及结果》（1926年罗绮园在中共广东区委会议上的报告）。转引自广州农民运动讲习所旧址纪念馆编：《广东农民运动资料选编》，人民出版社1986年版，第625页。书中记载宝安县党组织以及周边县级党组织情况：当时县一级党组织明确建制为地方或支部。中共宝安县支部撤销后，成立中共宝安县地方执行委员会。

称中共宝安县委员会）。推选龙乃武为书记，龙乃武、郑奭南、潘寿延为常务执行委员。龙乃武、郑奭南、潘寿延、陈绍芬、陈芬联为执行委员，张清元为候补执行委员。执行委员会分工是：郑奭南为组织干事，潘寿延为青运干事，陈绍芬为工运干事，陈芬联为农运干事，张清元为妇女干事。其中：工运干事陈绍芬为海员，农运干事陈芬联为蚝民，两人均为南山陈屋（南山村）人。中共宝安县地方执行委员会与宝安县农民协会一起，设在县城南头关口郑氏宗祠，隶属中共广东区委领导，主要任务是发动群众继续援助省港大罢工，开展减租减息和反对苛捐杂税、打倒贪官污吏和豪绅恶霸的斗争。

随着中共宝安县地方执行委员会的成立，五区、四区、三区、二区、一区相继建立了区执行委员会（简称区委），各区委均以区农会会址为活动中心点。当时六区党员很少，七区没有党员，未建区委。各区委均隶属中共宝安县地方执行委员会领导。南山为第一区，陈绍芬为区委书记，陈忠侠、陈凤莲为干事。

在中共宝安县地方执行委员会领导下，饱受土豪劣绅剥削压迫和深受军阀混战祸害的宝安县人民很快觉悟起来，农民运动蓬勃开展。至1927年年初，全县党员发展到近百人，党的力量进一步增强。

党领导的农民运动

一、支援国民革命

宝安县农民运动兴起后，广大农民积极投身国民革命，拥护国共合作，拥护孙中山、廖仲恺为首的广东革命政府。1925年2月，广东革命政府出师讨伐盘踞东江的军阀陈炯明，以彻底消除革命根据地潜在的隐患。东征联军由黄埔学生军、粤军、滇军和桂军组成，其中右路军由黄埔学生军和粤军一部组成。中共广东区委常委兼军事部部长周恩来，以黄埔军校政治部主任和东征军政治部主任的身份参加东征。周恩来率领黄埔军校政治部部分人员到达宝安地区时，宝安县农会组织军民联欢。周恩来出席群众大会，发表讲话，阐明讨伐军阀陈炯明的意义，说明这次战争是为了解除东江人民的痛苦，扫除割据军阀，建立革命根据地。宝安县农会积极支援东征军，为东征军带路、送信、抬担架、运输物资等。

1925年3月12日，积劳成疾的孙中山在北京逝世，全国各地纷纷举行大规模的悼念活动。3月31日，宝安县城南头召开追悼大会。会场悬挂挽联之一是"胡天胡帝，乃圣乃神"。香港中华海员工业联合会的挽联是"音容宛在，主义长留"。宝安县政府还动议兴建中山公园，作为对中国革命先行者孙中山的永久纪念。

宝安县农民运动还高举反对帝国主义大旗。1926年2月19日，在县城南教场举行宝安县各界人民大会，抗议日本帝国主义出兵南满。到会者4000多人，宝安县县长何克礼派出代表参加，国民革命军一军五团二营连部郭党代表向到会人员散发宣传品，一区、三区及南园、九街、上川等乡，组织瑞狮麒麟队参会助兴。大会首先奏乐；接着选举大会主席团；主席团宣布开会理由；恭诵总理遗嘱；纪念总理；各界演说；提案；决议；高呼口号；巡行。大会作出决议案4件，分别是《电促广州国民政府北伐讨吴》《电促国民军团结抵抗、并请冯玉祥担任指挥》《组织国民会议促成会》《组织反日本帝国主义大同盟》。同时发出宣言多种，主要有《宝安各界反吴示威大运动宣言》《反对日本出兵南满告民众》《援助罢工周》等。中午12时开始巡行（游行），由会场起至城内外环行一周，后游行至各乡，沿途高唱革命歌曲，高呼革命口号，"观者塞途，淘宝安空前未有之最热烈人民大运动云"。①

在开展反帝反封建斗争的同时，宝安县农民协会还开展宣传反对农民群众深恶痛绝的吸食鸦片、聚众赌博等恶习。12月25日，县农会在《广州民国日报》刊登《宝安农会禁绝烟赌宣言》。宣言痛陈烟赌之害，分析造成烟赌泛滥之因，明确禁绝烟赌之决心。宣言指出："烟赌之害，甚于洪水猛兽，人所皆知。盖洪水猛兽之害，或可设法抵御。而烟赌之害，令人烫淫嗜之，竟至视黑米急于白米，利心重于良心，十百家财流于小孔、百贯产业拼供孤注。故其祸害之烈，小之足以伤性改行，大之足以破家荡产。揆厥原因，内则由不肖之徒，托劣绅为城社，恃军阀为

---

① 《宝安各界大会详情——到会群众四千余人　发出反日反吴宣言》，《广州民国日报》1926年2月25日5版，存广东省档案馆。

护符；外则由洋奴走狗勾结帝国主义，源源运入烟苗及鸦片，销
售于全国市镇乡村。国人乃大吸特吸，一面无限量金钱断送出
外，一面军阀保护广种烟苗，结果乃至正当产业完全停止。□[①]
方发生粮食恐慌，国民尽归鬼域，甚而至食为之绝，种为之亡。
祸害之烈，熟有甚于此者。故吾人欲打倒帝国主义，须先行禁绝
鸦片。欲全国地方宁谧，更当禁绝乎赌。乃吾国民政府成立，政
治维新，正与人民更始之秋。本会既为自治机关，又有严禁烟赌
之规定，自当躬行实践。现奉广东省农民协会命令，务须实行禁
绝烟赌，本会更当遵行。兹大会一致议决：各乡区一律禁绝烟
赌，务使千年不拔之毒祸扫除净尽"[②]。

二、反抗民团与不法军队的斗争

农民在政治上受民团欺压最深，民团也是农民运动的最大障
碍。民团是土豪劣绅、地主用来压迫、剥削农民的工具，而其经
济来源完全取之于乡村公产公款，或苛抽农民的捐税。宝安县土
豪、劣绅、地主们，只借一间联团局（西路联团局）搜刮民脂民
膏，一年便可达10万元，竟抽至人头税，无论贫富老幼，每丁每
年抽银六毫。其次是国民党政府治下之驻防军队与地方官吏。这
种军队与地方官，虽表面上挂革命招牌，且到处自称老党员，但
当农民运动起来危及他们的利益时，便勾结土匪、劣绅、民团，
屠杀农民，摧残农会。[③]国民革命军第一新编团团长张我东与宝

---

①　为原稿不可识别文字。

②　宝安县农民协会：《宝安农会禁绝烟赌宣言》，《广州民国日报》民国
十四年12月25日11版，存广东省档案馆。

③　参见《广东省党部第一次代表大会农民运动之报告及提案》，载《农民
运动须知》，1926年。转引自广州农民运动讲习所旧址纪念馆编：《广东农民运
动资料选编》，人民出版社1986年版，第190—193页。

安县长梁树熊，勾结民团、土匪、土豪、劣绅袭击农民自卫军，焚掠十余乡，杀害会员多名，酿成"云霖事件"。宝安农民运动中，斗争矛头对准反动民团与为虎作伥的不法军队。

1925年8月初，广宁县农会屡遭土豪地主、防军、官僚、土匪摧残破坏，各区农会屡遭进攻，农民农军死伤惨重。消息传到宝安后，宝安县农民协会组织上步、罗湖、岗厦、蔡屋围、笋岗、黄贝岭等各乡农民协会，召开全体会员大会，2000多人参加，大会一致表决通电国民党中央、革命政府、广东省政府、中华全国总工会、省港罢工委员会、中国青年军人联合会、广东省农民协会，对广宁事件同抱愤慨，誓死援助广宁农民兄弟，铲除地主、防军、地方官僚，并要求秉公彻底处理，使农民阶级得以共同生存。

11月中旬，沙井乡劣绅陈炳南等偷运粮食、人客往香港，屡次与工人纠察队为敌，破坏省港大罢工。工人纠察队第三大队总教练富恩助、第九支队副支队长邓柏炬、十一支队队长罗光华，带纠察队和农军13人，到沙井乡拘拿殴打纠察队队员的凶手陈协容等，却遭该乡乡团（民团）围攻，1名农军受伤。该民团又围攻云霖纠察队和农军，抢劫财物，烧毁房屋。为沙井乡民团围攻云霖纠察队和农军一事，省农民协会秘书黄学增在虎门通电要求政府速派兵严办。虎门防军张贞团答应派1个连到宝安解围。黄学增、蔡同新带张贞部队1个连由虎门赶到宝安云霖。农军和纠察队共约100人，见援军到来，立即猛烈进攻沙井民团，民团求和。张贞部队连长不顾纠察队与农军的反对，也极力主张调和，不肯助战。农军和纠察队不得不提出条件：（一）惩办罪魁陈炳南、陈伯苏、陈耀仔；（二）解除沙井民团武装交农军使用；（三）赔偿损失。但沙井民团依仗官僚保护，置之不理。参战农军义愤填膺。

12月24日，宝安县农民协会发出《宝安县农民协会通电——请解散民团及取消民团统率处》，要求国民党中央农民部、广东省政府农工厅、广东省农民协会解散民团及取消广东全省民团统率处。[1]

三、反对苛捐杂税与减租减息斗争

1925年春，建国桂军第五师兼宝安太平清乡行营发布《民枪领照条例》，非法向农民自卫军征收枪照费。第一次规定：枪支分甲乙丙丁四种征费。甲种，七九六八六五智利七六驳壳左轮等枪，每支各收照费洋8元；乙种，村田毛瑟无烟抬枪曲尺等枪，每支各收照费洋4元；丙种，万里霞士打金山菠十三□[2]杂□等枪，每支各收照费洋2元；丁种，土制抬枪粉枪等枪，每支各收照费洋1元。除此外，水机关、旱机关、手机关、大炮等照费另议。第二次规定：将第一次规定枪照价各减轻一半，限5月15日以前，各民枪一律烙印领照，过期加罚。如不烙印领照，即以私藏军火论罪，并每半年派员点验一次。

宝安县农民协会向建国桂军第五师师长林树巍提出强烈抗议，坚决反对其征收枪照费。县农民协会致电广东省政府，揭露林树巍征收枪照费的数额，陈述缴纳枪照费的严重后果，并明确要求农民自卫军及农会会员自卫之枪支一概免缴枪照费。在宝安县农民协会的抗议下，林树巍的枪照费被取消。

1926年1月，中共广东区委农民部部长阮啸仙在听取宝安县党组织的活动和农运情况汇报后，作出指示：当前苛捐杂税是农民最讨厌的东西，要争取民心，就必须进行反苛捐杂税的斗争。

---

[1]　参见宝安县农民协会：《宝安县农民协会通电——请解散民团及取消民团统率处》，载《广州民国日报》1925年12月24日11版，存广东省档案馆。

[2]　为不可识别文字，下同。

根据中共广东区委和省农民协会的指示，宝安县党组织放手发动群众，轰轰烈烈开展反对苛捐杂税的斗争。

当时最为人民所厌恶的是国民党驻军征收防务经费（名为启征税）。这种税硬性压在商人身上，把商店分为大小二级，大的须月缴30元，小的20元，一年总数分两次缴清。催征人如狼似虎，气势汹汹，迟缴则封铺拉人，勒索更甚。同时随意抽剥小贩，弄得鸡犬不宁，怨声载道。县农民协会为了建立威信，争取民心，首先向当时最强者、又为群众所厌恶的驻军开刀。县农民协会找到驻军旅长司徒非（旅部驻深圳）交涉，详陈启征税的利害，要求撤征。但司徒非不加理睬，撤征无果。交涉不成，县农民协会即全面开展反对苛捐杂税运动，发动群众游行示威，高呼打倒千税！并把启征税扰民情况，呈报国民党中央党部，请求制止征收。国民党中央直接饬令撤征，并颁发公告，晓谕凡是未经中央财政部核准，不得巧立名目，横征暴敛。

除司徒非的启征税外，国民党宝安县政府正在密锣紧鼓地筹备征收户口税。鉴于国民党中央的公告以及县农民协会的抵抗情绪，征收户口税的筹划不得不偃旗息鼓。其他的杂税机构，看风头不对，都自动撤去招牌。一时宝安县苛捐杂税绝迹。①

宝安县农会还领导群众开展减租减息运动。由于境内山地多，耕地少，自耕农、半自耕农成分多。所谓大地主，一年净获一二百石者也不多。虽然有佃农、雇农，但数量较少。因此，中共宝安县党组织根据实际情况，没有明确提出减租减息口号，只是将一些被土豪劣绅霸占的房族公田收归农民集体所有。

党组织领导宝安群众开展反对苛捐杂税和减租减息的斗争，

---

① 参见郑哲：《宝安县早期党组织的建立和农民运动的兴起（补充材料）》，载深圳市档案馆编：《民国时期深圳档案文献演绎》（1—4卷），花城出版社2001年版，第184页。

得到广大农民的拥护。翻身农民纷纷加入农会，保卫胜利果实。

四、支援省港大罢工

1925年5月30日，上海学生2000余人举行游行，抗议日本纱厂资本家枪杀工人领袖顾正红，号召收回租界，被英租界巡捕逮捕100多人。随后群众万余人聚集英租界，强烈要求释放被捕的爱国学生，英国巡捕竟然开枪屠杀手无寸铁的群众，当场死伤数十人，造成震惊全国的"五卅惨案"。

6月6日，中国共产党发表《为反抗帝国主义野蛮残暴的大屠杀告全国民众书》，号召全国人民反抗帝国主义野蛮残暴的大屠杀，把长期的民族斗争坚持到底。在中共广东区委领导部署下，香港工团总会（总工会）立即开会决定募捐支援。站在募捐第一线的正是1901年出生在今南山区南山村的陈郁。陈郁12岁时，其祖母、母亲因担心南山村地主报复，加上家境艰难，将其送到香港一家缝纫机修理厂当学徒。后受老板、老板娘多方虐待，且不让学习修理技术，其母只好将他接回家种田。14岁时，通过乡亲帮助，到相关煤炭公司当工人，后又转到一家汽车公司当学徒，后被老板派往广州汽车学校学习汽车修理与驾驶技术，毕业后留公司当工人。1921年，汽车公司破产，陈郁经其父亲朋友的介绍到英国"亚洲皇后号"轮船当海员。1922年1月12日，在苏兆征、林伟民等领导下，香港"中华海员工业联合会"举行香港海员大罢工并取得胜利。陈郁作为罢工中的积极分子，被选为香港海员工会"亚洲皇后号"支部负责人，后又担任香港中华海员工业联合会干事、海员工会太平洋航线分会负责人。"五卅惨案"发生前，陈郁担任香港中华海员工业联合总会副主席，兼任太平洋航线分会主席。

6月11日，香港工团联合会召集20多家工会负责人开会，苏兆征主持，海员工会主席谭华泽与副主席陈郁均参加了会议。会议决定，向港英当局提出援助"五卅惨案"的要求，如不同意，即举行总同盟罢工。并决定由海员工会首先发难。[1]

6月19日，在中共广东区委领导下，为声援"五卅运动"而举行的震惊世界的省港大罢工爆发。海员工会立即通告汕头、上海、天津及南洋各口岸通信站，并发电报给正在海上航行的轮船上的海员，宣告全体罢工。英商省港澳轮船公司行驶省港之间的佛山、龙山、金山等轮抵港后，船上海员当即宣布一致罢工离船，打响了省港工人罢工第一炮。[2]接着，电车工会发出罢工令。翌日，市内交通停顿，人们无法上班、上工或上学。全港顿时陷入瘫痪状态，秩序大乱。20日起，香港各行业工人纷纷罢工。6月23日，广州工农商学兵各界人民联合省港罢工工人举行示威游行。当游行队伍行至广州沙基西桥之际，英军突然开枪射击，停泊在白鹅潭及沙基口的英、法等国军舰亦同时开火，打死游行群众52人，打伤117人，制造了骇人听闻的"沙基惨案"。消息传到香港，罢工进入高潮，原来持观望态度的一些行业工人也都相继参加罢工。在15天中，参加罢工的群众达到25万人。

港英当局慌了手脚，连忙宣布戒严令。海军陆战队全体登陆，军舰在海面上日夜待命，大炮脱去了炮衣，炮口对准了港九。洋人妇孺全部集中，准备随时撤退。街头、屋顶上架着机枪，铁甲车横冲直撞。为了对付港英当局的镇压和封锁，坚持长期斗争，工团联合会下令工人向广州转移。工人们毫不犹豫地执

---

① 参见袁文：《陈郁同志年表》，载中共广东省委党史资料征集委员会办公室、中共广东省委党史研究委员会办公室编：《广东党史资料》第1辑，广东人民出版社1983年版，第219页。

② 参见广东工人运动史研究委员会编著：《广东工人运动史》（第一卷：1840年6月—1949年10月），广东人民出版社1997年版，第191—192页。

行了工团联合会的撤退命令，纷纷离开香港返回内地，一天达几万人。车站边，码头旁，睡满了等着撤回的工人群众。九龙到深圳的铁路线上，英帝国主义把票价提高了5倍，也阻挡不了涌来的人群，火车连车厢顶上都坐了人。有人等不及了，就三五成群结队徒步返回。他们不顾全副武装军警的阻拦，奋勇地冲过边界。

返回深圳的工人越来越多，挤满了街头巷尾。得知这一情况后，邓中夏、苏兆征决定在深圳建立接待站，做好香港工人的接待、安置、住宿和转车等工作。在考虑合适人选时，陈郁立即向苏兆征请缨："我去！苏大哥，我是深圳人，地熟人也熟，我带上十来个兄弟去完成这个任务。"苏兆征立即拍板定案，由陈郁担任深圳接待站站长，并立即动身。陈郁赶到深圳，在深圳火车站售票处贴上"罢工工人接待站"几个大字，安排随行接待站工作人员，分别负责转车、住宿、吃饭、治病等工作。人手不够，陈郁就回自己家乡南山村，把从香港回家的海员组织起来，并动员一批群众，参加接送工作。就这样，半个月时间，陈郁他们将10多万名工人送回广州。

在紧张繁忙的接送工作中，陈郁每天从早到晚，到处奔波，有时连饭都顾不上吃，饿了就吃几块饼干。他家南山村靠近深圳，几次路过村子都没有时间进家门。10多天紧张忙碌的接送工作结束后，陈郁要离开深圳去广州。临走前，他回家探望母亲。母亲见到儿子高兴异常，不停地问寒问暖，张罗做饭给儿子吃。陈郁帮着母亲很快把饭菜煮好，同母亲一块吃了顿饱饭，并告诉母亲，他要去广州，那里还有许多工作要做，让母亲不要牵挂。母亲嘱咐儿子在外千万要小心。陈郁又踏上新的征程。①

---

① 参见周焱、王景泰、陈谦、谭秀珍著：《陈郁传》，工人出版社1985年版，第49—52页。

为一致反对英、日、美、法帝国主义，在经济上援助省港罢工工人，7月5日，宝安县的商会、学会、农会、工会发起成立"对外协会深圳分会"，动员宝安人民支援省港大罢工。陈郁母亲黄银妹是县妇女解放协会会员，除了支持儿子陈郁投入大罢工，自己也在宝安南头参加支援香港罢工运动。她举着红旗，高呼口号，参加示威游行，还将自己的首饰交给儿子陈郁，让儿子变卖作为支援罢工的经费。①

7月9日，省港罢工委员会发出封锁香港的通告，宣布"实行封锁香港及'新界'口岸，自本月十日起，所有轮船轮渡一律禁止往港及'新界'，务使绝其粮食制其死命"。23日起，省港罢工委员会陆续派罢工工人纠察队进驻深圳，沿沙头角至沙头约30公里的边境水陆要冲布防，把守河口，日夜巡查，禁止所有轮船往来香港和"新界"口岸，断绝粮食、蔬菜和生活用品供应，严密封锁香港。其中，第三支队驻守宝安县城南头。随即，铁甲车队也奉命陆续开抵深圳，分兵驻守蔡屋围、沙头角、莲塘、罗坊、黄贝岭、福田、新村、南头等处，协同罢工工人纠察队全面封锁香港的交通。

铁甲车队和工人纠察队到深圳后，即派队员到宝安一带乡村，配合宝安地区党组织，从事农民运动。下到各村工作的官兵们与农民打成一片，尊重农民的风俗习惯，严格执行群众纪律，了解农村情况，宣传国内外革命斗争形势，讲解农村阶级斗争的道理，特别着重宣传省港大罢工和封锁香港的重大意义，提高农民的阶级觉悟，进而号召农民组织起来，建立农民协会。广大农民群众积极地投入封锁香港的斗争中，与工人纠察队和铁甲

---

① 参见杨杏娥：《回忆陈郁同志》，载深圳市档案馆编：《民国时期深圳档案文献演绎》（1—4卷），花城出版社2001年版，第340页。

车队互相配合，筑起铜墙铁壁，使不法奸商的走私活动无法得逞，贪图小利越界私卖鸡蛋、蔬菜的人也没有了，香港陷入"饿港""死港"和"臭港"境地。

1926年7月，国民革命军在广州誓师北伐，数千名罢工工人组织运输队、宣传队、卫生队随军出征，9月攻占汉口，10月攻占武昌。为了减少帝国主义的扰乱，解除广东革命根据地的后顾之忧，中共广东区委于10月1日发表《为省港罢工自动停止封锁宣言》，决定实行新的策略。10月10日，省港罢工委员会发表《停止封锁宣言》，作出了自动取消封锁香港、结束罢工的决定。

省港罢工变更政策，驻防各地纠察队一律撤退回省。10月10日，驻宝安县城南头的纠察第三支队全体队员将准备回省。南山人民闻讯，即赶在当天上午，在宝安县党部南头关口郑氏大宗祠门前广场，召开各界欢送大会，感谢第三支队在南头与帝国主义奋斗多时，同时悉心维护南头社会治安所作贡献。全县农工商学妇女军政各界俱派大队人员参加，到会1000多人。

上午10时，欢送大会开始。国民党宝安县党部秘书文季彬担任大会主席，文季彬首先宣读总理遗嘱，接着致欢送词，第三支队训育员徐炳和致答词，队长陈嘉镒报告省港罢工变更政策原因，演讲者有第三支队副队长黄祥、县农会陈芬联、县党部马永健、县妇女解放协会李家翘。演说结束，各团体举行赠旗礼。县党部、县农会、宝安一区农军、县妇女解放协会、宝安茶居总工会等各赠锦旗一面，第三支队致答礼。

中午12时，纠察第三支队从大宗祠门口出发，挥手告别。沿途各界群众燃放鞭炮并列队欢送，围观群众将道路挤得水泄不通，12时30分第三支队才走出县城。城门外，也集合有大批欢送群众，他们揭帽扬巾，依依不舍，直至第三支队已进入山林不见人影，才陆续散去。宝安县各界群众欢送纠察队回省场景，《广州民国日报》1926年10月21日，以《宝安各界欢送纠察回省》作详细报道；中华全国总工会省港罢工委员会主办的报纸《工人之路》，也在1926年10月20日特号上进行报道，在广东全省产生广泛影响。

省港大罢工使港英当局在经济上受到沉重的打击。由于罢工工人实行封锁，1925年香港的输入输出仅为1924年的一半，税收锐减。香港被封锁后，肉食蔬菜几乎断绝，一般物价比罢工前贵5倍以上。由于清洁工人罢工，街上垃圾堆积如山，加上天气炎热，臭气冲天，香港成为"臭港"。轰轰烈烈的省港大罢工，也是中国工人运动史上规模最大、影响最深、时间最长的一次罢工运动。它沉重打击了帝国主义势力，极大地提高了无产阶级及其先锋队共产党的威望，对北伐战争的胜利进军和推动当时国内革命形势的发展产生重大影响。南山人民的倾力支援，为省港大罢工的胜利作出了重要贡献。

土地革命战争初期宝安三次武装起义

一、“四一二”反革命政变的应对

1927年4月，蒋介石制造“四一二”反革命政变，大批共产党人和革命群众被杀害，国共合作破裂。4月15日，广州的国民党当局发动反革命政变，大肆搜捕和屠杀共产党员和革命群众，大搞“清党”运动。国民党宝安县县长邓杰率警察队和反动民团，“围剿”农民自卫军的据点乌石岩和楼村等地。因实力悬殊，农民自卫军被迫分散撤退。原来外逃的土豪劣绅卷土重来，反动民团死灰复燃。农会骨干和共产党员有的被杀害，有的出走香港、南洋等地暂避，宝安县委书记龙乃武出走香港。这时，县委委员郑奭南等仍在南头关口郑氏大宗祠办公（郑氏大宗祠是第一次国共合作时中共宝安县委、县农民协会和国民党宝安县党部联合办公地址）。从没有在宝安县工作过的李本立前来找郑奭南，称是奉命从东莞来传达上级关于国民党叛变的消息和上级要求各自隐蔽的意见，要县委、县农民协会领导人好自为之。传达后，李本立去了香港。[①]约三天后，国民党广东省党部派宝安籍的郑启中、潘佑临、文栋卿3名“清党”委员，以“清党”特派员

----

① 郑哲、梁耀宗：《宝安县三区农民运动与皇岗交通站的前前后后》（谢燕章整理），载深圳市档案馆编：《民国时期深圳档案文献演绎》（1—4卷），花城出版社2001年版，第190页。

的名义到宝安进行"清党",准备接收与中共宝安县委、县农民协会合署的国民党宝安县党部。因宝安农民运动正处于高潮中,这3名"清党"特派员素知共产党在宝安县的群众基础,惧怕农会的力量,始终不敢妄动,要求先与农民协会接触。

县委与县农民协会研究,开始准备挟持这3名"清党"特派员,将其押往楼村,听候上级指示。但又考虑与上级已失去联系,在楼村也未作准备,且对方通知只派郑启中一个为代表与农会接触。于是,决定一方面敷衍他们,请他们过两天来接收;一方面烧毁文件,作好转移准备。考虑到形势逆转,保存实力为上,于是便把县委领导机关转移到群众基础较好的五区楼村。4月下旬,中共宝安县委、县农民协会从县城南头关口郑氏大宗祠转移到楼村。为避免与国民党反动派正面对抗,保存力量,县委由公开转入地下。

县委从南头转移楼村后,一直得不到上级的指示,大家都很焦急。1927年6月,县委委员、组织干事郑奭南主持,秘密召开四、五两区农会领导人会议,要求作好武装斗争的准备,并派海员出身的县委委员陈绍芬到香港找到中共广东特委负责人之一的陈郁,汇报宝安县党组织的处境。陈郁代表广东特委作出四点指示:(一)由郑奭南接替龙乃武任书记;(二)要部署潜伏活动;(三)建立交通站;(四)宝安的活动情况直接与省委李源、沈宝同联系。

1927年秋,根据中共广东特委指示,中共宝安县地方执行委员会改称中共宝安县委员会,先后隶属中共广东特委(1927年8月)、中共广东省委(1927年8月至1931年2月)。同时,对县委进行调整,由郑奭南、麦福荣、陈义妹、张丽川、陈细珍等重新组成县委,形成领导核心。县委研究决定分派党员潜驻各区,派张丽川潜驻五区,潘寿延驻四区,张国勋驻三区,陈忠侠驻二区，陈绍芬驻一区，郑奭南为巡回总督导。派陈细珍到五区周家村、燕川村重新改编农民自卫军，继续进行公开活动；派麦福荣到四区、二区、一区与农军联系，进行秘密活动。还根据特委指示，建立红色交通站，保持与省委和本县各级党组织的联系。县委选择与"新界"只一河之隔的三区皇岗村建立地下交通站，担负与当时设在香港的省委（特委）联系的任务。①

二、宝安工农革命军组建

大革命失败后，反革命势力猖獗，革命形势转入低潮。为了挽救革命，中国共产党领导人民进行了艰苦卓绝的斗争。1927年8月1日，党领导的南昌起义爆发，打响了武装反抗国民党反动统治的第一枪。8月7日，中共中央在湖北汉口召开紧急会议（亦称八七会议）。会议总结了大革命失败的经验教训，确定了土地革命和武装反抗国民党反动派的总方针，并把发动农民举行秋收暴动作为当前党的最主要任务。8月20日，张太雷在香港向省委传达八七会议精神，中共广东省委通过《中共广东省委拥护中央紧急会议之决议》，并制定了《暴动后各县市工作大纲》。

为了贯彻中共中央八七会议精神，实行革命的武装反对反革命的斗争，11月，中共广东省委派候补委员赵自选到东莞常平周屋厦村召集东莞、宝安两县领导人举行联席会议。宝安由县委书记郑奭南参加。会议要求东宝两县共同组织工农革命军，并当即

---

① 参见郑哲：《宝安县早期党组织的建立和农民运动的兴起（补充材料）》，载深圳市档案馆编：《民国时期深圳档案文献演绎》（1—4卷），花城出版社2001年版，第186页。郑哲：《宝安工农革命军配合广州起义攻打深圳、南头的前后》（陈乐青整理），载中共广东省委党史资料征集委员会、中共广东省委党史研究委员会编：《广东党史资料》第11辑，广东人民出版社1987年版，第52—59页。

成立了东宝工农革命军总指挥部。指挥部顾问赵自选，总指挥蔡如平，副总指挥郑奭南。下设四个大队，第一、二大队属东莞；第三、四大队属宝安，大队长分别由麦福荣、陈义妹担任。会后，郑奭南回到宝安，在楼村召开会议，研究决定改编农民自卫军，作为工农革命军的基本队伍。

至12月上旬，宝安工农革命军已拥有2000余人，是当时党直接领导下的工农武装。这支主要成员来自农民群众的队伍，因当时给养困难，只能在县委和各区委的秘密安排下，分散在原籍进行训练。他们的枪支、弹药除极少数由上面拨给外，一部分由党组织秘密发动群众搜集，另一部分由他们自购自用。这两个大队后来成为宝安三次武装起义的主要力量。

三、三次武装起义

（一）第一次武装起义

第一次武装起义，是配合广州起义，攻打深圳、南头。1927年11月17日，中共中央通过了《广东工作计划决议案》，提出了发动广东全省总起义夺取全省政权的计划。11月下旬，广东省委决定在广州发动武装起义，并指出"宝安、东莞亦应动作"[①]。省委书记张太雷在11月28日《关于广东暴动问题致省委函》中又指出："既然广州准备暴动夺取政权，各地农民更须尽可能与广州工人联合"，"而东莞、宝安的工作更为严重"。广州起义前夕，省委派傅大庆到宝安指挥起义，向宝安县委传达省委的指示，"要求宝安工农革命军于12月13日前到罗湖车站，会同铁路

---

① 《中共广东省委给中央的报告》（1927年12月），载中央档案馆、广东省档案馆编：《广东革命历史文件汇集》甲7册，内部印刷，1983年，第159页。

工人夺取火车直趋广州,接应起义"①。宝安县委从工农革命军中抽调200多人,于12日集中在县委所在地楼村誓师起义,然后由副总指挥郑奭南和麦福荣、陈义妹带领第一大队进军深圳,县委委员、县农会常委潘寿延和潘国华、陈绍芬带领第二大队进军县城南头。

13日,第一大队进至距深圳约10公里的梅林村休整,突然获悉广州起义失败的消息,便令宝安工农革命军退回原地待命。起义军领导人经反复磋商,决定改为攻打为非作歹、鱼肉人民的国民党深圳反动区署,以便与广州起义相呼应。14日晨,工农革命军从东南西北四面包围了深圳镇,攻陷了反动区署和警局,活捉警局局长陈杰彬,击毙警局巡官江秀词和2名局员。守敌不支,10多名县兵缴械投降。战斗不足一小时便取得胜利,缴获长枪10多支,工农革命军无一伤亡。然后撤离到乌石岩。第二大队攻打国民党在宝安的大本营南头,但未能攻克,亦退到乌石岩集中。

这次起义,引起了省委的高度重视,得到了兄弟地区的大力支持。12月18日,省委向东江特委(并各县委)、海陆丰县委、惠阳县委同时发函转告:"宝安有数千武装,十四号已攻打深圳",指示惠阳的"平山、淡水、三多祝一带,必须坚决勇敢地起来";"不能等待宝安而后发动";东江特委"应尽力帮助平山、三多祝一带暴动","并与东莞、宝安会合,以至直达广州"。②宝安得到省委和兄弟地区的重视和支持,又积极准备再次暴动。

---

① 郑哲:《深圳早期党组织的建立及农民运动的兴起》,载深圳市档案馆编:《民国时期深圳档案文献演绎》(1—4卷),花城出版社2001年版,第173页。

② 《中共广东省委致东江特委并转各县函》(1927年12月18日),载中央档案馆、广东省档案馆编:《广东革命历史文件汇集》甲7册,内部印刷,1983年,第217—218页。

这次起义，给国民党在宝安县的统治以沉重打击，有力地震慑了敌人，是宝安工农武装反抗反革命武装的第一次尝试。起义后，国民党变本加厉，肆意捕杀共产党员和工农群众。1928年1月，国民党宝安县县长邓杰纠集县兵、反动民团200多人，到楼村等地，向中共宝安县委所在地反扑。因敌我力量悬殊，工农革命军即转移东莞。国民党宝安县县兵扑空后，在楼村一带大肆烧杀抢掠，将中共宝安县委机关所在地陈氏宗祠烧毁。同时，派出三倍于工农革命军的军警，围攻乌石岩，妄图把工农革命军赶尽杀绝。工农革命军不畏强暴，突出重围，移师东莞梅塘东山庙时，只留下二三十人，后因粮饷筹措困难，县委决定除个别人留下来继续活动外，多数同志化整为零，转移到"新界"、元朗、九龙和香港。[①]

（二）第二次武装起义

第二次武装起义为全县总起义。1928年2月23日，省委派巡视员阮啸垣到宝安召开全县党员代表大会。大会总结第一次起义的经验教训，批评一些同志的军事投机思想，选举了新的县委，调整了各区党的负责人，成立了士兵运动委员会、工人运动委员会，决定实行土地革命，开展抗租、抗捐、抗税斗争，为新的起义做准备。在这次大会后，来自南山的海员工人陈绍芬、蚝民陈芬联，离开县委、县农民协会领导岗位，陈绍芬由县委介绍去海员处工作，陈芬联由县委介绍去省委工作。

1928年3月至4月，各级党组织认真贯彻县党代会精神，不少区乡创办了农民子弟学校和农民补习夜校，宣传土地革命和各地革命斗争形势，鼓励农民起义；不少区乡都组成了10人左右的赤卫队，县成立了赤卫队指挥部；党的组织也迅速发展，党员增加

---

① 参见郑哲、梁耀宗：《宝安县三区农民运动与皇岗交通站的前前后后》（谢燕章整理），载深圳市档案馆编：《民国时期深圳档案文献演绎》（1—4卷），花城出版社2001年版，第193页。

到283人。这些都为起义准备了力量。4月初，省委派黄学增到宝安，召开了县委扩大会，传达了省委关于东江总暴动的策略，分析了宝安的形势，作出了"马上暴动"的决定，制定出《宝安暴动计划》。计划明确规定：响应东江各县起义，造成东江割据，实行土地革命，建立苏维埃的宝安；先在一些区乡起义起来，然后进攻县城，形成全县总起义；以赤卫队指挥部为指挥中心，建立侦探队、交通队、破坏队；以"没收土地分给农民""杀尽一切反动派""建立工农兵贫农苏维埃政府"等为起义口号。①起义的时间原定4月12日，但因得不到省委的及时指示而后延。4月13日，中共广东省委致函宝安县委，同意宝安的起义计划，并对起义的战略与工作问题作了明确的指示，要求宝安要与海陆丰和惠阳同时起义。

起义计划没有如期实现，使得国民党当局有了从容的时间以作防备。4月26日，六区迳背、塘头，四区长圳、玉律、新桥的豪绅地主，勾结县兵包围迳背，抢劫农民财物，抓走区委、农会负责人钟永恩，在县城南头将其杀害；4月27日，四区沙井豪绅地主又抓去了共产党员陈榜；4月28、29、30日，四、五两区豪绅地主连日在皇岗、云霖、新桥开会，组织联团联乡，对付工农革命军。

此时，中共宝安县委、县农会在丰和圩召开农民大会，宣布马上起义。四、五、六区的豪绅地主见状惊恐不安，皇岗、云霖反动武装不敢在当地驻扎，全县最大豪绅首领——四区的曾奕樵秘密逃走。接着，四区福永农民吓走了当地最大的豪绅潘乃昌。29日，六区集中各乡百余武装，围攻迳背。长圳、唐家村、周家

---

① 参见《宝安暴动计划》（1928年），载中央档案馆、广东省档案馆编：《广东革命历史文件汇集》甲32册，内部印刷，1984年，第289—294页。

村的豪绅地主均搬迁逃走；石岩、福永、云霖等地的区长、巡官亦惊慌出逃，当铺完全关闭；南头城除南门外，东、西、北门全部关闭。县长不敢待在县衙，潜往南山避宿。县长及沙井、新桥各乡豪绅地主纷纷告急，到省城、虎门、深圳请兵。

起义爆发后，中共宝安县委本来决定把各区乡的农民武装完全集中起来，连续攻击福永、长圳、唐家村、唐尾围等地，趁豪绅地主惊恐之际，一举攻占县城南头。但由于一些农民群众与地主豪绅存在各种关系，对土地革命的意义与目的缺乏新的正确的认识，又害怕敌人烧屋，因而不愿意继续参加；起义中工农武装受了一些挫折，许多农民房屋被烧，财物被抢，一些领导人和群众犹豫动摇。同时，这次起义未能得到惠阳、东莞等邻县的配合与支援。这使得起义未能继续坚持下去。

（三）第三次武装起义

第三次武装起义与惠东联合起义。第二次起义失败后，中共广东省委再次给宝安县委来信指示：（1）必须使暴动成为土地革命的行动，不能只是单纯的军事行动，而忽略了没收地主土地分配给农民和建立苏维埃；（2）必须使此次暴动积极扩大，向三区发展，与东莞、惠阳汇合，造成大的暴动；（3）必须召集每乡开群众大会，扩大土地革命及苏维埃的宣传；（4）必须积极注意党及群众组织的发展，在已发动暴动的区域，组织要极力扩大，可公开征求党员，扩大赤卫队。

1928年5月上旬，省委派黄学增到宝安，计划举行第三次武装起义。为组织好此次行动，5月1日，省委致函石龙市委，要求石龙党组织立即印发号外宣言传单，扩大宝安起义的影响，号召工人起来以实际行动声援，为宝安的再次起义减少障碍；同时要求东莞发动起义，破坏广九铁路，防止国民党军队从广州进入深圳。同日，省委又致信宝安县委，要求宝安起义要向三区（深圳一带）发展，与东莞四区、五区的动作相配合，以便与惠阳、东莞汇成大的起义。

据此，宝安县委再次集中武装，计划在五区举行起义，然后向三区发展。但国民党反动军队联合豪绅地主、民团，事先包围了该区的新圩，焚烧新圩、周家村、楼村的民房。为了保存力量，农民革命军只得退出，这次起义遂告流产。

四、三次起义失败后的斗争

宝安三次起义失败后，省委指示宝安县委：（1）必须积极发动群众小的斗争，不可专门从事个人赤色恐怖；（2）应努力扩大土地革命宣传，总结暴动失败的原因，提出"抗税抗捐""消灭民团"等切合农民需要的口号，以鼓起群众斗争的目标；（3）恢复与发展各区的党组织，省委严令因暴动失败而潜逃的同志回宝安工作，县委派巡视员到各区恢复党组织，并特别注意吸收雇农、贫农及工人入党。

1928年5月中旬，"省委决定将（宝安）这部分武装与东莞的一部分武装联合，实行宝安游击战争"①。5月下旬，宝安县委集中武装约100人，东莞五区集中武装180人，进驻东宝交界的东山，决定以东山为中心发展到周围各乡村。后因国民党调遣大批军队残酷"围剿"，而工农武装外援受阻，粮食武器装备缺乏，给养困难，斗争异常艰苦，人员也越来越少，立足困难，大部分

---

① 《广东省委致惠阳县委信（惠字第二号）》（1928年5月10日），载中央档案馆、广东省档案馆编：《广东革命历史文件汇集》甲10册，内部印刷，1982年，第40页。

人被迫疏散到香港"新界",武装斗争遂暂告停止。[①]在中国共产党的领导下,从1927年12月至1928年5月半年之间,宝安先后发动的三次武装起义均告失败。其主要原因是:在客观上敌我力量对比过于悬殊,国民党掌握了军队和基层政权,得到了豪绅地主的支持,在军事上、经济上大大超过革命的力量。在这种情况下,共产党领导的工农武装难以取胜。在主观上共产党还处于幼年时期,缺乏政治斗争、武装斗争的经验和正确的政策与策略,如没有充分发动群众,没有深入开展土地革命,没有没收地主土地分配给农民,没有调动农民的斗争积极性,缺乏广泛的群众基础等。

宝安武装起义虽然失败了,但它是在党独立领导下进行的武装斗争,具有深远的意义。它打响了武装反抗国民党反动派的枪声,动摇了国民党的统治基础,教育和锻炼了广大工农群众,为后来的抗日战争和解放战争播下了革命的种子。

自宝安三次武装起义失败到抗日战争全面爆发前,宝安地区党组织的活动基本陷于停顿,各级农会也大部分被解散,极少部分农会则以协耕会、银会、谷会、牛会的形式继续活动。[②]

---

① 参见郑哲、梁耀宗:《宝安县三区农民运动与皇岗交通站的前前后后》(谢燕章整理),载深圳市档案馆编:《民国时期深圳档案文献演绎》(1—4卷),花城出版社2001年版,第193—194页。

② 以上史料除注明者外,参见陈乐青:《"四一二"政变后的宝安武装起义》,载中共广东省委党史研究室编:《广东工农武装起义》,广东人民出版社1991年版,第187—194页。

第三章

抗日战争中的南山

第一节 党领导的抗日救亡运动

　　1937年7月7日，日本侵略军挑起卢沟桥事变，激起中国人民的无比愤怒。7月8日，中共中央发出《中共中央为日军进攻卢沟桥通电》，号召"全中国同胞、政府与军队，团结起来，建筑民族统一战线的坚固长城，抵抗日寇的侵掠！国共两党亲密合作抵抗日寇的新进攻！"[①]轰轰烈烈的全民族抗战开始。

　　南山"自从民族解放战争的序幕猛烈地展开以后，在赤湾旁岸的宝安县城，成了华南国防前线之第一防线，赤湾的敌舰，时时照在人们的眼帘，一向没有经济政治重要意义而不受人注意的宝安县城，变成有严重国防意义的要地，它关键着现时唯一国际接济通路——广九路的存在"[②]。"在县城南头就可以看见停泊在海上的日本军舰。这些敌舰还经常向岸上打炮，有一次炮弹还打到南头城来，对我们进行恐吓。当时大家都感到敌人随时可能

---

　　① 《中共中央为日军进攻卢沟桥通电》（1937年7月8日），《中共中央文件选集》第10册，中共中央党校出版社1985年版，第278页。

　　② 《宝安等地抗日救亡工作通讯·宝安通讯》（1938年1月16日），载《救亡呼声》第2卷第4期。转引自中央档案馆、广东省档案馆编：《广东革命历史文件汇集（中共东南特委、西江特委文件和报刊资料选辑）》，甲41册，1986年12月，第353页。

登陆入侵，保家卫国已是一个迫在眉睫的问题。"^①但是，大敌当前，宝安的国民党当局却没有采取什么行动，甚至连国民党政府自己的一些抗敌组织，如各级抗敌后援会和县自卫团统率委员会与各区、乡的自卫队等，都还没有及时组织起来。

9月，为了适应全面抗战爆发后新形势的需要，中共广州外县工委决定把东莞县工委改为东莞中心支部，书记姚永光，领导东莞、宝安与增城（部分地区）三县的党组织和人民进行抗日武装斗争的准备。与此同时，在国民党军九十三师政训处工作的地下党员王启光（隶属于中共广州市委），随部队移防来到宝安县城，被派去宝安二区任民众组织指导员，开始组织区、乡自卫武装。

1937年冬，根据王启光的建议，中共广州市委同意，通过组织的关系，以广东省救亡呼声社的名义，组成"救亡呼声社国防前线工作队"，成员有梅爱芳、王步尧、王仕光、麦善容、王锦培、苏启华、王章、王月娥、王农（王启光之妹）、王月富、王满堂、吴婉、王应登等10多人。他们都是进步人士或受进步思想影响的青年，王启光任队长。工作队中，有王启光、梅爱芳、王步尧3名党员，成立党支部，王启光兼党支部书记。

1938年1月2日，"救亡呼声社国防前线工作队"到达宝安，驻于宝安县城南头，队部和国民党县政府在同一条街。因工作队是以抗战团体的名义进行公开活动，到达宝安后，王启光等拜会国民党的党政机关。国民党县党部书记长文鉴辉想在国难当头时在工作上有所表现；同时，他知道救亡呼声社是国民党广东省党部书记长湛小岑组织的省一级的救亡团体，影响较大，因此对工

---

① 王启光：《抗战初期国共合作二三事》，载中共惠阳市委统战部、中共惠阳市委党史办公室编：《东江党史资料汇编》第12辑，内部印刷，1991年12月，第77页。

作队也给予支持。国民党宝安县县长梁宝仁原是九十三师团政训员，与王启光早就认识。工作队到达后，王启光向他提及队员生活有困难，希望给予支持时，他即答应每月补助大洋20元。按当时物价，这笔钱可够工作队四五个队员一个月的伙食。由于工作队生活费完全是自筹的，各人从家里带来的钱很快用完，有了国民党县政府的补助，以及工作队下乡宣传时群众的接待（多数地方供给伙食），部分缓解了工作队开展工作的困难。

经过几天的工作，"救亡呼声社国防前线工作队"与国民党党政上层取得联系，并且获得支持。工作队决定将宝安县抗敌后援会的组织部和宣传部强化起来，并推举国民党宝安县党部书记长文鉴辉为县抗敌后援会会长，使县抗敌后援会成为真正民众救亡运动团体。随后，分头行动。首先，以抗敌后援会名义，联合学生青年，派出流动宣传队赴各区、乡宣传抗战。其次，加强原有各乡自卫队建设，进行政治教育与军事训练，使其变成民众抗日武装。再次，开办抗战训练班，培养民众抗战干部（该班后因日军登陆，没有办成）。通过初步工作，工作队与群众建立了联系，在一些地方开办夜校、识字班或在学校作教师，与群众建立了关系，抗日救亡活动逐步兴起。①

1938年年初，日军飞机、军舰轰炸南头城，宝安县立第一初级中学校长因害怕而逃跑。上级党组织利用这一机会，派梁金生任校长，何柏华任军事教员。党组织指示梁金生以校长职务为掩

① 参见《宝安等地抗日救亡工作通讯·宝安通讯》（1938年1月16日），载《救亡呼声》第2卷第4期，转引自中央档案馆、广东省档案馆编：《广东革命历史文件汇集（中共东南特委、西江特委文件和报刊资料选辑）》，甲41册，内部印刷，1986年12月，第354—355页。王启光：《抗战初期国共合作二三事》，载中共惠阳市委统战部、中共惠阳市委党史办公室编：《东江党史资料汇编》第12辑，内部印刷，1991年12月，第77—78页。

护，开展党的活动，恢复宝安党组织，开展抗日救亡运动。

1938年4月，中共东莞中心县委成立，姚永光任书记，袁鉴文任组织部部长，王作尧任宣传部部长兼武装部部长，领导东（莞）、增（城）、宝（安）三个县的党组织。东莞中心县委成立后，中共广东省委即把在宝安工作的共产党员王启光的组织关系转给东莞中心县委。

为了使东莞、宝安两县互相配合，使抗日游击活动有更大的回旋余地，约在6月间，东莞中心县委与王启光取得联系，决定派中心县委委员张广业带王河、陈明、黄庄平、陈坤、陈文等一批党员到宝安，以加强宝安方面的工作。张广业等来到宝安南头后，向王启光等传达了县委关于成立中共宝安县工委的意见。新来到宝安县城的一批党员，均住在"救亡呼声社国防前线工作队"队部。为了取得公开身份和解决生活费用，王启光到宝安中学任语文教员，陈明在宝安中学任美术教员兼国民党宝安县党部的文科教员，领两个职务的工资。这样，既解决了大家的生活问题，又便于开展工作。此外，还派麦善容、王仕光、苏启华和王锦培等到中学，一面读书，一面做学生工作。大家都以"救亡呼声社国防前线工作队"的名义作掩护，开展工作。后又接收了宝安大革命时期失去组织关系的两名党员，经过审查恢复其组织关系。同时，又在工作队队员中吸收王农、王章、王月娥等人入党。宝安县城党的力量加强后，除了充实和发展农村阵地外，又开辟了宝安中学这个阵地。

1938年10月12日，日军在大亚湾登陆。宝安县城南头当天已得知敌人入侵的消息，人心惶惶，国民党的党政机关忙着准备疏散。此时驻在南头的国民党军一五三师四五七旅由旅长陈耀枢主持，召开一次党政军民各机关团体负责人的紧急会议。会议开始，通报了敌情，接着陈耀枢提出要求，希望各界支持部队抗

宝安县城南头城城楼上的日军碉堡（深圳市史志办提供）

战。经过讨论，决定成立一个战时工作团随军工作。工作团定名为"一五三师战时工作团"，并推一五三师政训处秘书章泽柱（师政训处代主任，会议时不在场）为团长，县党部书记长文鉴辉、宝安中学校长梁金生和"救亡呼声社国防前线工作队"队长王启光为副团长。工作团的团员主要是"救亡呼声社国防前线工作队"队员，并动员中小学教师与中学学生参加。当时，党组织决定将重点转移到东宝边界有基础的山区坚持斗争，张广业带领一批骨干先行出发。王启光和王仕光、麦善容、苏启华、王锦培等人则以"救亡呼声社国防前线工作队"的名义参加"一五三师战时工作团"，不久也离开宝安县城。

"一五三师战时工作团"由于仓促组成，动员工作做得不够深入细致，参加的教师和学生人数不多，思想也不稳定。作为工作团的主要负责人章泽柱又一直没有出现，其他几位副团长既不是部队负责人，也没有被授权处理全团的工作。在这种情况下，工作团显得十分脆弱，难以经受严峻的考验。工作团随四五七旅行动并受其指挥。不久，敌人进犯东宝地区，四五七旅抵抗了一阵，损失很大，两个旅长临阵怯战，丢下部队去了香港。工作团既无领导，又手无寸铁，只好随着逃难的人流四处奔走，有的回到乡下，有的去了香港，工作团垮散。①

抗战初期，宝安县城作为全县抗日救亡运动的中心，在中共党组织领导下，动员组织民众，展开全县抗日救亡的运动，为全县抗击日军侵略打下了一定基础。

① 参见王启光：《抗战初期国共合作二三事》，载中共惠阳市委统战部、中共惠阳市委党史办公室编：《东江党史资料汇编》第12辑，内部印刷，1991年12月，第78—80页。《东宝边区工委的概况》，东莞市委党史办叶庞根据张如、王启光、姚永光、袁鉴文、陈明提供的材料整理，转引自深圳市档案馆编：《民国时期深圳档案文献演绎》（1—4卷），花城出版社2001年版，第435—437页。

第二节 第二大队的抗日活动

一、第四游击纵队直属第二大队成立

日军在大亚湾登陆后，中共中央致电广东省委和八路军驻香港办事处，指示要在东江敌占区后方开辟游击区。八路军驻香港办事处决定迅速在惠东宝地区建立抗日游击武装，深入敌后，发动人民群众一致抗战。

1938年11月初，"一五三师战时工作团"垮散后，王启光带领"救亡呼声社国防前线工作队"一部分队员，来到东宝边界章阁附近的白花洞村，遇到国民党军四五七旅九一三团。先前，工作队与该团同驻宝安县城，团长李纯与工作队队长王启光不仅相互熟悉，而且同是县抗敌后援会委员。中共东宝边区工委了解这层关系后，决定由王启光以工作队队长的名义，找李纯谈判如何坚持敌后抗战的问题。王启光找到李纯向他表示，如部队能就地坚持抗战，工作队一定全力给予支持。其时，九一三团处境困难。部队刚从前方撤退下来，又和旅部失去联系，官兵情绪低落，对继续作战失去信心，不断有人开小差。当地群众也对他们不信任，不愿意卖粮食给他们，有时连向导都找不到。此时中共领导的"救亡呼声社国防前线工作队"找上门，愿意出手相助，李纯求之不得。

几经谈判，双方共同商定：（1）在九一三团成立政治部，

人员由工作队配备；（2）团长与政治部主任的关系是平行关系，团部有关部队行动的命令，由团长、政治部主任共同署名下达。（3）部队对群众的要求，一般须通过政工人员联系解决；（4）政治部工作人员的伙食，由部队按士兵的伙食标准发给。

中共东宝边区工委迅速组成国民党军四五七旅九一三团政治部，负责该团的政治工作。王启光担任主任，蔡子培任副主任，派到营连的，统称指导员。第一营是王文山，第二营是祁和，第三营是陈明；到连队去的有黄庄平、谢绍武等。陈明到三营以后，立即着手整顿军纪，教育官兵爱护百姓，惩办了个别无恶不作的士兵。经过工作队的努力，加上日军"扫荡"以后收缩兵力敌情趋于缓和，部队的情绪逐渐稳定下来。

1938年11月下旬，九一三团奉命撤往河源整训，团长李纯一再要求王启光率政治部随行。根据中共东宝工委的意见，双方再次进行谈判达成协议：（1）王启光带一部分愿意随军工作的人员随军出发。（2）部队从以下几个方面支持地方抗战：①请准"东路守备区总指挥部"帮助建立三个游击大队；②部队散失在民间的武器弹药，由部队出证明给游击队收集，交游击队使用；③部队留下一笔钱给工作队解决目前的生活问题。在部队开拔前，李纯即以守备区总指挥的名义，发给游击大队3张委任令（游击队名称由中共东宝工委确定，为"东宝惠边人民抗日游击队"）。以九一三团的名义发给收集散失武器弹药的证明，留给工作队生活费用300元。九一三团如约兑现承诺，王启光也率"救亡呼声社国防前线工作队"约30人随同出发。①

12月中旬，在中共东宝边区工委领导下，于宝安观澜章

---

① 参见王启光：《抗战初期国共合作二三事》，载中共惠阳市委统战部、中共惠阳市委党史办公室编：《东江党史资料汇编》第12辑，内部印刷，1991年12月，第79—83页。

阁村成立"东宝惠边人民抗日游击队"第一、第二大队，共约200人，由黄木芬、蔡子培分别担任大队长。12月下旬，中共东（莞）宝（安）县委成立，张广业任县委书记，隶属中共东南特委。1939年1月，经县委决定，东宝惠边人民抗日游击队第一大队与东莞抗日模范壮丁队集中到清溪苦草洞整编，合编为"东宝惠边人民抗日游击大队"，由王作尧任大队长，何与成任政训员，习惯称为"王作尧部队"。下辖一个中队和一个政工队。中队长卢仲夫、副中队长罗尧，指导员黄高阳。政工队队长陈明、副队长赵学光。另成立政治大队，黄木芬任大队长。①

为了便于开展活动和部队的发展壮大，根据中共中央南方局和广东省委的指示，中共惠宝工委派人与东江国民党当局进行谈判，要求解决游击队番号问题。1939年4月，东宝惠边人民抗日游击大队以爱国青年群众抗日组织形式，从国民党军中取得番号，改为国民革命军第四战区第四游击纵队直属第二大队（简称"第二大队"），王作尧任大队长，第四游击纵队直属第二大队正式成立。

与此同时，另一支游击队惠宝人民抗日游击总队（曾生任总队长，周伯明任政委，郑晋任副总队长兼参谋长，习惯称为"曾生部队"），以华侨及港澳同胞群众抗日武装的形式，从国民党军中取得番号，改为国民革命军第四战区第三游击纵队新编大队（简称"新编大队"），曾生任大队长。该部主要活动于惠宝边地区。

为了加强对东江两支人民抗日武装的统一领导，5月，中共东南特委根据广东省委的指示，在坪山建立了东江军事委员会，

---

① 参见《东宝边区工委的概况》，东莞市委党史办叶庞根据张如、王启光、姚永光、袁鉴文、陈明提供的材料整理，转引自深圳市档案馆编：《民国时期深圳档案文献演绎》（1—4卷），花城出版社2001年版，第437—438页。

梁广任书记，梁鸿钧负责军事指挥，委员尹林平、曾生、王作尧、何与成，隶属中共广东省委领导，在政治上、党的工作上由当地特委指导。李振亚和邬强到达东江后，先后在坪山沙堂和香园墩举办了多期军事训练班，为部队培养了一批军事干部。其时，原中央苏区兵工厂枪炮股股长周玉山来到坪山，建立枪械修理所。随后，部队还建立了医务室、鞋厂和被服厂，基本上解决了部队指战员的医疗和军鞋、被服等供给。

二、火烧大涌桥与第一次收复宝安县城

1939年4月，第四游击纵队直属第二大队成立后，国民党第四游击纵队司令部指定由沙井到南头，又由南头到深圳（即宝深公路、宝太公路一带），为第二大队游击活动地区。第二大队在东南特委的领导和人民群众的支持下，针对敌我力量悬殊的实际情况，采取"骚扰战"的战术，打击日军公路沿线的据点。部队经常在群众的掩护下，利用夜间摸近日军据点，步枪、机枪一齐射击，把日军从梦中打醒，当敌人闻讯而动、全面戒严、四面射击的时候，游击队已悄悄撤得无影无踪。这种"骚扰战"，打得日军整天提心吊胆、恐惧不安。

大涌桥（中华人民共和国成立后改称大冲桥）是宝深公路上的一座木桥，修桥的木料多是日军强行拆来的当地老百姓的门板和房梁。这座桥距离宝安县城约3公里，也是大沙河上唯一的公路桥，是日军东去深圳的交通要道。因此，日军防范严密，在桥的两端筑了碉堡，日夜派兵守卫。为了破坏敌人的交通联络，第二大队决定用火烧的办法摧毁大涌桥。

1939年8月的一天晚上，队长黄木芬率领20多名游击队战士，每人配一支手枪、一枚手榴弹，带着棉花、煤油和两挺机枪，分成突击队和火力组两个行动小组。突击队顺着沙河河滩隐

蔽摸到大涌桥下，把煤油泼到木质桥桩上，又把浸泡了煤油的棉花塞进桥梁的木板缝隙中，然后开始点火。这时，碉堡里的日军发现游击队在烧桥，开始向桥下的突击队射击。游击队火力组的两挺机枪用猛烈的火力压制敌人，掩护突击队在桥下的多个点点火。火越烧越大，驻守在大涌据点的日军企图增援灭火，无奈火大无法靠近，就向桥的方向开枪，游击队3人负伤。大火终将大涌桥彻底烧毁。

火烧大涌桥后，第二大队动员龙华、布吉、望天湖几个乡的群众破坏宝深公路，使敌人不能通车；袭击沙井、南头城及其附近的日军外围据点，将日军置于交通困难、给养困难的孤立状态。

1939年下半年，日军企图引诱英军从中向广东国民党军实施诱降，并以从沙头角、深圳撤退作为诱饵，使宝安县城南头成为一个暴露的翼侧。日军原以为，在地形上南头是这一块地形的尖顶，中国军队不敢深入到这一尖顶上来，虽然撤出沙头角、深圳，南头仍然可以掌握在日军手中。而第二大队抓住这一契机，用各种方式，频繁袭击骚扰敌人，使日军日夜不宁。其时，驻守南头的日军为一个大队部带一个中队（连同整个宝太公路线的兵力是一个大队）。日军考虑到这个大队的指挥部已经处在翼侧，电话线被弄断，就会和下面的单位失去联系，要增加兵力也不可能。最终决定撤出宝安县城。

12月1日，第二大队得知日军即将撤退的消息，决定追击日军并乘机解放宝安县城南头。针对日军可能从蛇口、赤湾撤退的情况，第二大队立即分兵两路：一路由王作尧率第一中队插入蛇口，追击敌人；另一路由何与成率第三中队接收宝安县城。但第一中队赶到蛇口时，发现日军已于11月30日从赤湾撤离，立即返回进入宝安县城，与第三中队会合，成功收复宝安县城。宝安县城收复后，部队除派出警戒外，也都进入城内做饭、休息，商会送来一些猪肉、青菜、米面之类慰劳部队。

宝安县城内没有共产党组织，群众基础薄弱。进入宝安县城后，王作尧、何与成立即召集乡绅，在南头城的旧县府里谈判，向他们宣传游击队的抗日方针，要求他们支持抗日。出面与第二大队接洽的是商会会长，说维持会的人都跑了（实际是躲起来）。谈判的结果是商会每天供给第二大队4石米，其他一概不负担。

收复宝安县城后，王作尧、何与成分析：敌人的撤退可能是因为兵力不足，暂时抽调兵力向其他方向行动，以后必然还要重新占领。既然这个地方不能长期据守，就不能长期拖在这里。第二大队向中共东江特委报告，同时还向国民党第四纵队司令部报告，请他们委派县长，恢复政权工作。其间，第二大队白天派出部队进城做抗日宣传工作，夜间退出城外宿营，大队部住在离城8公里的大沙乡。

1940年2月底，第二大队接到国民党第四纵队司令部命令，撤出宝安县城，将南头交给第一支队袁华照（即袁虾九）部接防，并将委派宝安县长到南头。第二大队遂从宝安县城撤出。但国民党军袁华照部始终没有敢进驻县城南头。后来，南头、深圳、沙头角一线又重被日军占领。①

第二大队收复宝安县城，是在日军大亚湾登陆后，广东首次取得解放县城的胜利。

---

① 参见王作尧：《记第一次解放宝安县城南头》，载深圳市档案馆编：《民国时期深圳档案文献演绎》（1—4卷），花城出版社2001年版，第1459—1464页。

第三节 第五大队的抗日斗争

一、坪山事变与羊台山抗日根据地的开辟

1938年10月，日军占领武汉、广州后，已无力发动大规模战略进攻，抗日战争进入战略相持阶段。日本侵略者在坚持灭亡中国的总方针下调整侵华战略，逐步将日军兵力用于打击敌后战场的八路军和新四军，对国民政府，从以军事进攻为主、政治诱降为辅转变为以政治诱降为主、军事打击为辅。其时，国民党统治集团内的投降、分裂、倒退活动日益严重。1939年1月，国民党五届五中全会决定了"溶共""防共"和"限共"的方针，政策重点从对外转向对内。会后，国民党当局陆续制定和秘密颁发《防御异党活动办法》《共党问题处置办法》等一系列反共文件，由国民党党政军各系统转发饬令各地执行。

1939年11月，蒋介石派陈诚到广东部署反共，大造反共舆论。国民党东江当局立即应声行动，于12月下旬下令限制中共领导的东江华侨回乡服务团的活动，并积极准备军事围攻，企图消灭人民抗日武装。1940年2月10日，国民党东江当局提出调曾生的新编大队、王作尧的第二大队到惠州西湖的孤岛百花洲"集训"，企图达到全部缴械的目的。曾、王部队识破国民党顽固派的阴谋，在中共东江特委的领导下，派周伯明到惠州谈判，以前线敌情紧张为由，坚持就地集训，粉碎了国民党消灭人民抗日武

装的企图。

1940年2月底，东江军事委员会接到在第四战区东江游击指挥所工作的中共地下党员李一之、张敬人送出的紧急情报，得知国民党东江当局正部署进攻新编大队和第二大队，遂于3月1日在坪山竹园村召开紧急军事会议，研究如何对付国民党的围攻。考虑到彼强我弱的形势，且为了团结抗日的大局，决定曾、王两部东移海陆丰。

1940年3月初，国民党广东当局纠集第一八六师五五八团、保安第八团两个营、汕头与东江地区的4个支队及地方武装共3000余人，悍然发动对曾、王两部的围攻。8日晚，顽军从龙岗、坑梓、淡水三个方向进逼坪山。为了摆脱国民党顽军的包围，9日晚，新编大队由梁广、梁鸿钧、曾生等率领，经石井、田心向东突围。与此同时，顽军进驻观澜、梅塘，形成对第二大队驻地乌石岩、龙华的包围态势。11日晚，第二大队在王作尧、何与成率领下，从乌石岩出发，经观澜向淡水方向突围，史称"坪山事变"。曾、王两部在向海陆丰东移途中遭顽军截击，军事上完全陷于被动，几遭挫折，人员从800多人减至100多人，处境十分困难。

中共中央对东江游击队的行动极为关注，当获悉东江游击队东移海陆丰受到严重挫折的消息后，于4月1日致电中共广东省委，要求"立即将东江发生之重大事变的真相，查明电告"。

5月8日，中共中央书记处发出著名的"五八指示"，指出："（一）目前全国尚是拖的局面，现不易整个投降分裂，也不易好转。当局尚在保持抗日面目，同时进行反共准备投降中，但地方突变随时可能。在此局势下，我必须大胆坚持在敌后抗日游击战，同时不怕磨擦，才能生存发展；（二）曾、王两部仍应回到东、宝、惠地区，在日本与国民党矛盾间，在政治与人民优良条件下，大胆坚持抗战与打磨擦仗。曾、王两部决不可在我后方停留。不向日寇进攻，而向我后方行动的政策，在政治上是绝对错误的，军事上也必归失败，国民党会把我们当土匪剿灭，很少发展可能。如去潮梅：一、人地生疏。二、顽固派仍可以扰乱抗日后方口号打我。三、将牵动当地灰色武装的暴露，不然不能生存。"[1]电文还对回防抗日前线的工作作出具体的指示。

5月17日，中共广东省委向南方局报告并给廖承志、梁广、尹林平、曾生、梁鸿钧作出指示。曾生、王作尧接到中共中央和广东省委的指示后，立即向部队指战员作了传达。1940年7月下旬，曾生、王作尧部在地方党组织和群众的帮助下，躲开人多的村庄，避开顽军和地方武装，向西踏上返回宝安的征程。

早在曾生、王作尧部队返回宝安之前的1940年6月，中共广东省委决定将东江人民抗日武装和惠阳、东莞、宝安党组织交由东江特委统一领导，东江特委书记尹林平兼东江两支人民抗日武装的政委。8月，中共东江前线特别委员会（简称"中共前东特委"）成立，尹林平兼任书记。9月上旬，曾生、王作尧部队越过广九铁路，秘密重返抗日前线宝安布吉乡的雪竹径、杨尾、上下坪一带。9月中旬，中共前东特委在宝安县布吉乡上下坪村召开曾生、王作尧部队干部会议（即"上下坪会议"），贯彻中共中央"五八指示"，确定开展东江敌后抗日游击战争的方针和任务。会议总结了东移海陆丰的严重教训，分析了东江地区敌后抗日武装斗争和发展形势，作出决定：

第一，坚持在惠阳、东莞、宝安敌后开展独立自主的游击战争。放手发动群众，组织群众，武装群众，迅速扩大人民抗日武

---

① 转引自深圳市史志办公室：《中国共产党深圳历史（第一卷·1924—1950）》（修订本），中共党史出版社2012年版，第107—108页。

装，建立抗日根据地，并确定了成立抗日民主政权的基本方针和基本任务。

第二，坚持抗日民族统一战线，坚持党对抗日战争的领导权和独立性。对国民党顽固派实行又联合又斗争，以斗争求团结的政策；坚持"发展进步势力，争取中间势力，孤立顽固势力"的策略总方针；在反对国民党顽固派的军事进攻中，必须坚持"人不犯我，我不犯人；人若犯我，我必犯人"的自卫立场和"有理、有利、有节"的原则，决不轻言退让，不怕打磨擦仗。要敢于反击国民党顽固派的军事进攻；要保持高度警惕，及时识破国民党顽固派的政治欺骗。只有这样，我们才能坚持在东江地区开展敌后抗日游击战争，才能在斗争中发展壮大。

第三，在组织上，坚持独立自主的原则。不再使用第四战区给予的部队番号，改称"广东人民抗日游击队"，不再受国民党的任何限制和约束，独立自主地解决经济和武器的供给，放手扩大部队，独立自主地开展敌后抗日游击战争和建立抗日根据地，成立民主政权，旗帜鲜明地以人民抗日军队的面目出现在东江人民面前。

会议决定，将部队编为第三、第五两个大队，即广东人民抗日游击队第三大队、第五大队。东江特委、前东特委书记尹林平兼任两个大队的政委，梁鸿钧负责军事指挥。第三大队大队长曾生，副大队长邬

1940年9月上下坪会议旧址（深圳市史志办提供）

强，政训员卢伟良，活动于东莞大岭山一带。第五大队大队长王作尧，副大队长周伯明，政训员蔡国梁，活动于宝安羊台山和广九铁路两侧。[①]

上下坪会议后，广东人民抗日游击队第五大队进入羊台山区，担负起开辟羊台山抗日根据地的艰巨任务。南山北依羊台山，为羊台山抗日根据地的一部分。在北部地区，西端的白芒（今西丽街道白芒社区）紧挨乌石岩，北端的麻𪨊、大𪨊（今西丽街道麻磡社区、大磡社区）紧贴羊台山主峰，东端的长岭皮、上面光（今长源社区、福光社区）紧接白石龙，为羊台山抗日根据地的核心区域；沙河地区（今西丽街道、桃源街道、沙河街道，以及粤海街道北部）为羊台山根据地的外围游击区域。第五大队开辟羊台山抗日根据地，南山的抗日斗争进入一个新阶段。

二、抗击日军的战斗

羊台山位于宝安西部，北与东莞大岭山遥相呼应，东依广九铁路，西临宝（安）太（平）公路，南接宝（安）深（圳）公路。这时，第五大队只有30多人，而面对的却是百倍于他们的强敌。日军、伪军约3000人分别驻守于宝太公路沿线的松岗、新桥、沙井、福永、西乡、南头、深圳、布吉、沙头角等据点，国民党顽军1000多人则驻守在广九铁路中段的林村、石鼓、塘厦、平湖以及观澜等地，形成对羊台山地区的三面夹击之势。第五大队在羊台山地区开展敌后抗日游击战争，建立抗日根据地的任务极为艰巨。

1940年10月，中共前东特委为加强对广九铁路路西抗日游击

---

① 参见深圳市史志办公室著：《中国共产党深圳历史（第一卷·1924—1950）》（修订本），中共党史出版社2012年版，第109—111页。

战争和开辟根据地的领导，决定组建成立以王作尧为书记、刘汝琛为副书记的中共宝安县工作委员会。工委确定了建立羊台山抗日根据地的两大任务——迅速发展党员和扩大部队。

1941年1月，遵照中共前东特委的指示，撤销中共宝安县工委，成立中共宝安县委，书记刘汝琛，组织部部长苏伟民，宣传部部长杨凡。县委机关先后驻扎雪竹径、赤岭头、樟坑、南头、西乡等地。县委成立之初，中共前东特委指示要在一个月内发展增加一倍的党员，每位党员发展1至2名党员。宝安县委坚决执行这一指示，除继续依靠当地党员发展党员外，县委领导和外来党员到新区发展党员，建立区乡党组织，开展党的群众工作，配合部队建立乡村抗日民主政权和抗日根据地。在一个月内，党员从20多人发展到40多人。

1941年年初，成立广东人民抗日游击队第五大队民运委员会，书记王作尧，副书记刘宣。组织民运工作队开展抗日宣传，开办夜校教农民识字，进行政治教育，成立由农民、青年、妇女等组成的抗日群众组织，组织8个抗日自卫队，并成立抗日自卫队总队，曾鸿文任总队长，刘宣任政训员。5月，广东人民抗日游击队第五大队已从30多人发展到300多人，共编成3个中队，组织8个民兵（抗日自卫）中队，初步建立了以羊台山为中心的抗日根据地。

羊台山抗日根据地地处偏僻的山区，无法建立后方。只有在南面九龙半岛可以买到服装、药品、鞋等供应部队。这时，廖承志在香港主持八路军驻港办事处工作，第五大队通过廖承志给部队带来一些物资和经费帮助。第五大队在九龙设立一个军需处，由何鼎华、何启明负责，在港九购买物资供应部队。从港九运物资回宝安，必须通过日军的封锁线。日军知道游击队的物资供应主要是靠港九，因此进行严密封锁，在宝深公路上，日军筑有6

座碉堡。日军除在深圳和南头各驻一个大队部外（相当于一个营部），沿公路线的每座碉堡，有的驻一个排，有的驻一个班。还不时在两个碉堡之间，由四五名日军带着一两条狼狗，日夜不断地巡逻，要通过这条封锁线十分困难。从1940年10月底开始，第五大队在上步、叶屋、赤尾、皇岗、白石洲等地设置渡河点。因上步、叶屋、赤尾这几个点离公路很近，日军也经常到村里去巡逻。而位于南山的白石洲离公路较远，虽然河面宽，但潮水退时许多居民都坐着大木盆到河里去捞蚬（蛤蜊）。第五大队的交通员也坐着木盆混在中间，日军很难发现。白石洲渡河点成了运送小批量物资的最佳地点。在日军封锁线上，第五大队通过白石洲等几个渡河口，从港九运回大批物资供给部队，支持羊台山的抗日游击战争。①

羊台山抗日根据地被日军视为眼中钉、肉中刺，他们一次次组织"扫荡清剿"。1941年6月至9月，驻南头、深圳地区的日军先后出动兵力2000多人，连续8次"扫荡"羊台山抗日根据地。日军所到之处施行残暴的烧光、抢光、杀光的"三光"政策，群众的房屋被烧，财物、牲畜被抢，许多群众被杀害。王作尧、周伯明指挥第五大队和抗日自卫队奋勇反击，展开艰苦的反"扫荡"作战。6月17日，驻南头日军40多人，向羊台山的望天湖、游松坳进犯。第五大队在游松坳设伏。第二天敌人进入伏击圈，第五大队集中火力打击日军，迫使日军逃回南头。7月7日，日军纠集400多人，分三路向羊台山根据地"扫荡"，第五大队集中兵力在游松坳设伏打击经梅林坳北进的日军。经过一天激战，日军狼狈逃窜。8月15日，日军再次出动280多人从南头沿宝

---

① 参见王作尧：《港九边界线的斗争》，载深圳市档案馆编：《民国时期深圳档案文献演绎》（1—4卷），花城出版社2001年版，第439—442页。

太公路进犯。第五大队一部在当地抗日自卫队的配合下，狠狠打击进犯乌石岩的日军，毙伤敌军20多人。进犯日军遭受痛击后窜回南头。同日，据守南头、深圳、布吉的日军共400多人，骑兵50多人，配备迫击炮3门，向龙华进犯。第五大队在王作尧的率领下，在牛地埔、弓村、青湖、岗头仔附近山地，与日军周旋。是日晚，第五大队将日军包围于牛地埔，组织小分队不断袭击日军。次日早晨，日军狼狈逃走，但在小黄田附近又中埋伏。日军虽然装备精良，但始终无法突围，直到援军赶来，才得以退回南头。这次战斗，共毙伤敌军30人，缴获战马2匹。①

1942年，东江地区遭遇特大旱灾，农业失收，抗日根据地人民群众生活十分困苦，难于取得外力援助的东江人民抗日游击队的给养供给极为困难。在这艰难时期，国民党顽固派又进一步加紧反共活动，调动军队与日军遥相呼应，对敌后抗日根据地发动进攻。2月，国民党第七战区召开广东"绥靖会议"，限期3个月内消灭东江的曾、王部队。4月开始，国民党广东当局先后出动第六十五军一八七师与挺进第六纵队徐东来支队、梁桂平支队等部共5000多人，向羊台山抗日根据地发动进攻。

在国民党顽固派即将发动新的反共军事进攻的时候，广东人民抗日游击总队在宝安召开干部会议。会议由南方工委副书记张文彬主持，参加会议的有尹林平、梁鸿钧、曾生、王作尧、杨康华等。会议决定：严守自卫立场，坚决予以回击；从第三大队抽调部分骨干组建第三中队，由黄业任中队长，李筱峰任政治指导员，加强主力大队实力；总队部率领主力大队和宝安大队在内线坚持斗争，运用灵活机动的战术，粉碎顽军的进攻；在干部中进

---

① 参见深圳市史志办公室著：《中国共产党深圳历史（第一卷·1924—1950）》（修订本），中共党史出版社2012年版，第115—116页。

行动员，迅速开展宣传攻势。为争取政治上的主动，会议决定，以曾生、王作尧等广东人民抗日游击总队干部的名义，联络国民党第七战区司令长官余汉谋，要求余汉谋从抗战大局出发，以民族利益为重，立即下令停止反共磨擦，一致抗日，惩办制造磨擦、专吃磨擦饭、通敌害民的军政官吏；承认广东人民抗日游击总队的合法地位，划分防地，发给饷械。《公开信》于1942年春在广东人民抗日游击总队机关报《前进报》上公开发表。但是，国民党广东当局仍然对广东人民抗日游击总队发动了大规模的军事进攻。

1942年6月，中共前东特委书记尹林平在宝安县龙华乡部队驻地主持召开会议，建立中共东宝工委，黄宇任工委书记，王士钊为组织部部长，刘汝琛为宣传部部长。工委领导东莞和宝安两县县委。根据东宝工委决定，宝安县委不设一、二线，一切工作仍由县委领导；把已暴露的党员和党组织交给部队领导；组成一支短枪队（对内称锄奸团），惩处叛徒、特务，以保卫县委和党员群众的安全；一些灰色党员由县委直接单线联系，不参加集体活动，避免暴露。1943年3月，中共宝安县委不再活动，改设中共宝安县特派员，由王士钊任特派员，隶属中共东江前线临时工作委员会。

游击队在反击日军大规模"扫荡"的同时，也根据群众提供的情报，伏击小股"扫荡"的日军。1943年春节前的一天，九祥岭日军据点5名日军骑马到白芒村抢掠。游击队事先得到消息，埋伏在村外的道路旁边。当日军带着抢掠的"战利品"耀武扬威回据点时，突遭几十名游击队员的伏击，当场打死1名日军班长，打死打伤日军战马各1匹，剩下的日军仓皇逃回九祥岭。1943年冬，日军百余人，携带机枪和迫击炮，从南头到新围"扫荡"。游击队事先得知消息，在文光坳设伏，在日军进入伏击圈后，立即发起袭击。待日军组织还击时，游击队已经撤离。

宝深公路是日军来往宝安县城与深圳镇的交通要道，游击队不时袭击这条交通线上的日军。1943年初冬，珠江大队第三小队派曾连山袭击位于大涌桥西头的日军哨所。哨所里驻有六七个日本兵。等到太阳落山之后，曾连山化装成老百姓，挎上一只菜篮子，篮子里放上青菜和鲜鱼，装着买菜回来的样子，把手榴弹藏在青菜底下，把手枪藏在身上，随着行人，绕着路往哨所方向走去。当走到哨所前时，曾连山突然拔出手枪顶住了一个日军哨兵的胸膛射击，不料枪没有打响。千钧一发之时，曾连山迅速拿出手榴弹，投向哨所后立即撤离。大涌据点日军听到爆炸声后出来支援，曾连山早已安全撤离。1943年冬，游击队员在宝深路白石洲段埋上地雷，然后埋伏在两旁的荔枝园。不久，日军的一辆军车从南头开往深圳，开到伏击地点后，游击队拉响地雷，当场把汽车炸毁。

三、打击汉奸卖国贼

在日军与国民党顽固派军队对羊台山抗日根据地进行"扫荡"的同时，汉奸卖国贼对根据地造成的破坏也极大。抗日游击队除与日军以及国民党顽固派作战外，还与汉奸进行坚决斗争。

1943年前后，光前村汉奸郑保东经常来往于南头城里，向日、伪军报告游击队和地下工作者的活动情况，破坏根据地的对敌斗争，对游击队和地下斗争造成严重的危害和损失。一次，他向驻扎在南头城里的伪区长兼伪联防总队长郑瑞告密，并带日军破坏根据地九祥岭税站，还杀害沙河民运队员丘祥。为了消灭这一祸患，1943年秋的一个晚上，短枪队经过周密侦察后，派政治部保卫科科长（一说为保卫股股长）李卫帮和短枪队队长陈德和，率领短枪队进入光前村，包围了郑保东的住房，将郑保东逮捕。郑保东被押至白芒果园多次审问，罪证确凿。经宝安大队政训室组织干事赵笃生和政治部保卫科科长李卫帮批准，由武工队战士将其处决，并在光前村召开群众大会，宣布汉奸郑保东的罪状，广大群众拍手称快。

1943年3月初，沙河税站的税收人员骆忠被日军抓捕，被日军拷打后叛变投敌当了汉奸。骆忠叛变后，带领日军设伏抓捕并杀害南头情报站站长陈力辉（原任东江人民抗日游击队第五大队第二中队队长）及3名情报员；对沙河税站包围的次数也增多，并且每次都在有大客商经过时出现，给税款收缴造成很大的损失。沙河税站的站长史权提出要设法除掉骆忠这个汉奸，保证沙河税站正常运作。谁知时过一月，骆忠没有被除掉，史权却被暗杀。不仅如此，南头附近的税站以及交通站也不时遭到包围和破坏。7月24日，宝安交通站站长黄日东和宝安大队政训室干事邱翔在宝安沙河交通站住下，次日拂晓被骆忠带领的100多个日军枪杀。骆忠不仅杀害地下工作者和抗日群众，还经常在南头大新街上敲诈勒索商人，当地民众对他也非常痛恨。

1943年9月，短枪队奉宝安大队的命令，执行消灭汉奸骆忠的战斗任务。短枪队以叠石庙为据点，取得姓阮的尼姑协助，详细侦察骆忠的行踪去向和生活规律，并五次派出人员，化装成渔民、小贩潜入南头侦察，伏击骆忠，皆因暴露而未成功。其中一次，短枪队在六约附近的一间小商店伏击，没有射中，骆忠逃脱。此后，骆忠行动非常谨慎。为了布置下次伏击，宝安大队决定把短枪队撤出沙河，麻痹骆忠。1944年4月，短枪队又回到沙河，继续执行消灭骆忠的任务。

骆忠的走狗林仔，原是游击队员，后来叛变投敌，认识大部分游击队战士，由短枪队战士处决骆忠难度较大。经过多次周密的侦察、研究，决定由卓就、阮洪、吴金、曾容等四名抗日进步青年组成锄奸团，配合短枪队，在南头大新街美源茶楼上消灭骆忠，这样不易被骆忠和林仔察觉。选择美源茶楼是因为这里为日、伪高层云集之处，在此处死骆忠，不仅能对其他的汉奸卖国贼起到警示作用，同时对他们身后的主子也是一次有力的打击和震慑。

美源茶楼是一幢两层临街的建筑。东西两面各有一扇窗子，窗子底下都是巷子。二楼后面有个阳台，阳台下面则是一家烟庄的屋顶。宝安大队保卫科科长李卫帮命令卓就任队长，阮洪任组长，卓就为射手，吴金为助手，曾容担任警戒掩护，阮洪负责楼下警戒，短枪队长陈德和带领短枪队在外围接应。

1944年5月的一天上午，卓就带领小组队员，手提竹篮，身藏短枪，乔装农民，从下沙河阮屋村出发，直赴南头大街。中午，锄奸团成员预先进入美源茶楼，充当茶客，一边谈天说地，一边等待汉奸的到来。半小时后，骆忠走狗林仔登楼观察，没有发现游击队员及可疑人员，然后伴着骆忠上茶楼饮茶。锄奸团看到时机已到，假装茶毕，以付账为号，卓就拔枪射击，林仔中弹，当场毙命，骆忠手部亦中弹。茶楼一片混乱，吴金举枪喝令，警告饮茶伪军勿动，声明游击队只打骆忠一人，与众无关，并劝茶客不用惊慌。骆忠受伤后，慌忙跨过后门的阳台，从屋顶跳到烟庄的天井逃跑。卓就奋力追击，一连两枪没有击中，又跃身飞赴，右脚虽被井口卡住致伤，仍持枪继续射击，终将骆忠击毙，为民除一大害。[①]

---

① 参见李征：《确立正确的群众观点，走群众路线——扩军中的三个典型》，载《岳中导报》1945年第4期，转引自深圳市档案馆编：《民国时期深圳档案文献演绎》（1—4卷），花城出版社2001年版，第1648页。南山区志办公室调查资料。南山区桃源街道编：《深圳"小延安"——长源纪事》，内部印刷，第15—17页。

四、白芒抗日英雄张金雄

1942年年初，为开辟游击新区，广东人民抗日游击队宝安大队政训室组织干事赵笃生带着张云汉、何养到白芒村做民运工作，宣传共产党抗日宗旨和团结抗日、反对投降卖国的政策，发动群众抗日救国保家乡，同时做好社会开明人士工作，建立抗日民族统一战线。当时白芒村有位爱国人士张金雄，生于1907年，其父亲张卿多曾在香港英国轮船上打工，家里有20多亩田，家境较好。张金雄小时候随父在香港生活，10岁随母赵氏在家乡读书，小学毕业后放过牛、干过农活，在香港当过几年杂差，后又在宝安岩口运输公司看守过仓库。日军侵占南山后，他目睹日军侵略的残暴行径，激起他对日军的满腔仇恨。他也对国民党反动派的投降卖国行径十分愤慨。日军攻打香港时，他自发组织白芒村青年在白芒到乌石岩一带，保护从香港回来的难民，受到难民和当地群众的赞扬。他为人正直忠诚，见义勇为，济困扶危，在白芒村享有很高威信。

赵笃生等进村后，重视与张金雄接触交流，与他交朋友。主力大队（珠江队）政委卢伟良也经常到白芒村与张金雄共商抗日救国保家乡大计，建议他们组织自卫队，以维持当地社会治安，配合部队作战。张金雄见共产党抗日旗帜鲜明，部队军纪严明，十分佩服共产党游击队为救国救民英勇斗争的行为。为了谋求民族的生存，为了抵抗日军的侵略，他毅然放弃舒适的生活投身革命，参加了游击队。

张金雄参加游击队后，被安排在新建立的白芒税站工作，带着几位手枪队员在沙河、西沥、白芒、乌石岩一带流动收税。他们在交通路口插上一面旗子，写上"护路"二字，地面上铺了一块包袱皮；不规定税率，由客商、群众自觉自愿捐献，以表示支持抗日的心愿。一些奸商走私，张金雄坚决与之斗争。有一次，奸商廖送带领10多人担着私货，由3名武装护送，进行走私活动。在下王里被张金雄税站卡住，他们拔枪恐吓税站人员，张金雄等不畏强暴，把他们的私货全部缴获。张金雄和税站的人员一面收税，一面收集敌人情报，肃匪肃特，维护社会治安，宣传动员群众抗日。他常常到附近村里教群众唱抗日歌曲，有时则与游击队一道帮群众劈柴、挑水、搞卫生、干农活等，积极开展群众工作。群众经常把敌伪活动情况向张金雄报告。张金雄工作出色，不久便被任命为白芒税站站长。

白芒税站是公开活动的，目标明显，又设在敌我"拉锯"的游击区，敌人经常来袭击，斗争异常尖锐。但是，张金雄和队员们不辞劳苦，在广东人民抗日游击队珠江队第三小队的配合下，采取敌进我退、敌退我追的斗争策略，多次粉碎敌人的袭击。敌人来得多，张金雄和税站的人员或设法转移隐蔽，或在第三小队配合下边打边撤；敌人来得少，张金雄就组织税站人员想办法把他们消灭掉。税站与群众关系好，敌人每次来袭击，群众都预先向税站报告，使敌人常常扑空。为了坚持收税，张金雄带领税站的人员采取机动灵活的方式，敌人来这边袭击，张金雄就到那边收税；敌人这个时间来，张金雄就提早或晚一些时候出来收税，与敌人周旋。因此，无论敌人怎样袭击，税站依然存在。

张金雄还经常找机会打击敌人。1943年春节前的一天黄昏，日军一个骑兵队到沙河一带骚扰、抢掠后，经白芒回乌石岩。张金雄接到情报后，立即带领税站人员埋伏在白芒村附近公路转弯处，当日军骑兵到来时，张金雄一枪就把走在前面的高头大马上的日军头目打死。接着，大家一齐猛烈射击，打伤几个日军和几匹战马。其余日军不知游击队有多少人，便慌忙而逃。事隔不久，日军出动大队人马企图报复，火烧白芒村，劫掠村民财物。

张金雄事先得到情报，便与游击队一起掩护群众向麻屳（今麻磡）方向转移，保护了群众的生命安全。

张金雄和税站的人员还经常为部队警戒。1943年春节后的一天，据情报，国民党顽固派大队人马要来包围白芒村，抓捕张金雄，"围剿"游击队。当时，珠江队邱特带领的第三小队50多人正驻扎白芒村，敌众我寡，情况十分危急。邱特找张金雄商量，张金雄提出对策：白芒村附近有一座山岗，山顶上有一座碉堡，驻有日军一个排哨，日军在山腰上挖了一条战壕，平时不用，战时才用，可利用国民党军队怕与日军接触，不敢接近这条战壕的特点，部队晚上转移到这条战壕里隐蔽。邱特接受了张金雄的建议，凌晨三点钟之前，就带领第三小队转移到这条战壕里，由张金雄负责在山下的一条小河边警戒。部队刚一离村，国民党顽军就来包围，在村里搜不到张金雄和游击队，就到村外周围搜查。张金雄看到顽军接近，迅速潜入河中的草丛里。顽军正好搜到这条河边，一边吆喝着，一边放冷枪，虚张声势。由于国民党军队害怕山上的日军出动，放了一阵冷枪就跑了，张金雄及邱特第三小队的战士安全地避过了国民党顽固派的"围剿"。

与此同时，日军也多次围捕张金雄。在围捕未果的情况下，气急败坏地抓捕其妻叶凤兰，绑在村前晒谷场的一根柱子上，在烈日下"示众"，逼迫她劝丈夫不要参加游击队。叶凤兰对日军深恶痛绝，不但没有屈服，而且更加坚强。日军没有办法，只好把她拉到南头关押了一个月。

国民党顽固派军队也不肯放过张金雄。抓捕不成，就到处张贴布告，以1万元悬赏要取张金雄的头。1943年八九月间，国民党军队在白芒村包围了几天，没有抓到张金雄。当时，张金雄在琴水坑、教场岭、上王里等村活动和隐蔽。一天晚上，他住在上王里村，由于"鬼头仔"（奸细）告密，天刚亮，国民党军队一个连在一个营长的带领下，包围了上王里村。张金雄先让跟他一起的两名税站人员突围脱险，自己一个人留下设法把顽军引开。一名顽军突然接近张金雄，他来不及拔枪，一脚便把这名顽军的枪打掉，又将该顽军踢翻在地，然后向巷里跑去。这时，他腰部中弹受重伤，仍跑出30多米远的地方，继续与顽军战斗。8时左右，顽军已重重包围他，他仍倚墙用左轮枪还击顽军。此时，顽军的步枪、冲锋枪、机枪一起向他射击，他连中数弹，壮烈牺牲，年仅36岁。他牺牲后，国民党顽固派极其残忍地把他的尸体砍为几段，把他的一只手臂吊在乌石岩，头吊在龙华"示众"。国民党顽固派军队的暴行激起白芒村群众的强烈义愤，他们继续支持和帮助游击队，为取得抗战胜利作出贡献。①

---

① 参见深圳市委党史办公室、罗湖区文化局蓝运辛：《一脉忠魂 长存人间——张金雄烈士传略》，载中共惠阳地委党史研究小组办公室、中共惠阳地委党史资料征集小组办公室编：《东江英烈传》第1辑，内部印刷，1983年6月，第480—482页。

第四节 东江纵队成立与在南山的抗日斗争

随着抗日战争形势的发展，东江人民抗日武装在抗击日、伪军的斗争中不断取得胜利，惠东宝抗日根据地不断巩固。1943年7月10日，尹林平致电周恩来，认为"我们虽始终以人民立场出现，但英、敌、顽三方对我们的关系都确切了解，由你们出面交涉乃是公开承认，对此间活动，则无甚妨碍"。因此，建议向社会公开宣布这支中国共产党领导的抗日武装。

广东人民游击队东江纵队司令部发布的第一号布告（深圳市史志办提供）

8月23日，新华社在延安《解放日报》发表的《国共两党抗战成绩的比较》和《中国共产党抗击的全部伪军概况》中，第一次公开宣布广九铁路地区有中国共产党领导的抗日游击队在抗击着日、伪军。随后，中共中央发出指示，将广东人民抗日游击总队的番号改称为"广东人民抗日游击队东江纵队"，并指示可以发表成立宣言和领导人就职通电，正式公开宣布接受中国共产党的领导。

遵照党中央的指示，1943年12月2日，广东人民抗日游击队东江纵队（简称"东江纵队"）正式公开宣布成立，司令部设在葵涌土洋村。司令员曾生、政委尹林平、副司令员兼参谋长王作尧、政治部主任杨康华联名发表《东江纵队成立宣言》，庄严宣告：广东人民抗日游击队东江纵队是东江人民的子弟兵，坚决拥护中国共产党的政治主张，接受与拥护中国共产党的领导，坚持团结抗战的政策，"为打败日本帝国主义，建立独立、自由、幸福的新中国而奋斗！我们深信：我们有中国共产党的英明领导，也一定能够克服一切困难，坚持敌后的游击战争，争取最后胜利"。1944年1月1日，曾生、尹林平、王作尧、杨康华公开发布《就职通电》，并发布第一号布告，重申东江纵队的宗旨和统一战线等各项政策。

东江纵队成立时下辖7个大队：第三大队，大队长邬强、政委卢伟如；第五大队，大队长彭沃、政委卢伟良；惠阳大队，大队长高健、政委李东明；宝安大队，大队长曾鸿文、政委何鼎华；护航大队，大队长刘培、政委曾源；港九大队，大队长蔡国梁、政委陈达明；独立第二大队，大队长阮海天、政委李筱峰。总兵力共3000多人。

东江纵队成立后，纵队政治部作出《关于目前党务工作的决定》，要求"健全支部生活，发挥领导核心的作用"。要"大量地发展党员"，"连队中一般地要达到百分之二十五"的党员人数。在部队开展学习《中央关于增强党性的决定》《古田会议决议》等文件，发扬民主，开展批评与自我批评活动，克服主观主义、宗派主义、军阀主义残余和游击习气等非无产阶级思想。还成立东江抗日军政干部学校，开办青年干部训练班，努力提高干部战士政治素质。

东江纵队号召全军迅速开展杀敌立功竞赛和拥政爱民、扩军运动。东江纵队政治部发出指示，指出在新形势下，为完成扩军任务，必须形成广大群众拥军参军的热潮，必须用一切办法，展开广泛宣传，使广大人民群众对抗战必然胜利、新民主主义必然胜利充满信心，以提高群众参军的积极性。在东江纵队的号召下，各地区部队在地方党组织和抗日民主政府的支持下，广泛开展扩军竞赛。人民群众踊跃参军，部队得到迅速的发展壮大。①

在扩军运动中，新组建的宝安大队沙河中队成为一面旗帜。沙河青年卓就等铲除汉奸骆忠取得胜利后，宝安大队专门召开祝捷大会，表扬锄奸有功人员，并以锄奸人员为骨干，建立沙河抗日游击队，卓就为队长。受锄奸胜利的鼓舞，沙河游击队抗日斗争情绪高涨。夏收时，南头伪联防队8名队员到沙河抢稻谷。队长卓就与沙河税站及征粮工作人员合作，俘虏伪联防队员8人，缴枪6支，夺回被抢稻谷，沙河民众抗日斗争的情绪更加高涨。8月，在宝安大队的动员组织下，沙河中队正式成立，从一个仅有几人的锄奸团发展成为60人的中队，卓就被选为沙河乡抗日民主政府乡长，并兼任中队长。

沙河中队成立后，立即投入抗日斗争之中。10月初，日、伪军化装成便衣，企图袭击沙河税站。沙河中队闻讯，兵分三路迎击敌人，消灭日军3人。战后，还到各村宣传，动员民众组织后备队，准备对付敌人的报复行动。第二次，日、伪军调集近百人与骑兵到沙河扫荡。沙河中队和民众自卫队把土炮抬上增崩山轰击敌人，打退日、伪军的扫荡。后来，沙河中队参加

---

① 参见深圳市史志办公室著：《中国共产党深圳历史（第一卷·1924—1950）》（修订本），中共党史出版社2012年版，第161—162页。

在沙井与陈李滩的战斗，缴获了机枪。当他们扛着机枪回到沙河时，全乡民众兴奋地迎接他们说："沙河队西征回来了"，"还缴了机关枪"。10月底，沙河中队进入到南头附近，准备生擒修电线的日军电话兵，因突发情况，仅打死日军1人。沙河中队的行动，使原为敌人的前哨的沙河转而成为抗日民主根据地的前哨，沙河中队因此被称为"路西模范连"，[①]被作为东江纵队扩军典型广为宣传，对根据地扩军起到特别的鼓舞与推动作用。

在加强部队建设的同时，东江纵队各部队广泛开展敌后抗日游击战争，开展杀敌立功竞赛。1944年6月初，东江纵队游击队地下联络员从一个在赤湾天后庙日军据点为日军做饭的妇女那里得知，日军外出扫荡，庙中只剩一名日军留守。宝安大队趁机派吴梓良带领吴金、藤公（南山陈屋人）、更彩（南山陈屋人）、李就、刘培森（蛇口人）等10名游击队员，化装成村民，由沙井出发，经过南头，沿南山脚下，来到赤湾天后庙。在庙门前，几个人假装踢球，故意将球踢到庙里，刘培森和藤公两人又假装进庙拾球。恰好留守的那名日军正在刮胡子，两名游击队员靠近日本兵，藤公迅速用手枪顶住日本兵的背部，日本兵一惊剃刀掉到地上，刘培森则顺势夺下日本兵腰间的手枪。紧接着，大家把日军的武器统统集中一起，押上俘虏的日本兵，一起从水路撤回根据地。这次共缴获日军盖子钩长枪9支、机枪1挺、手枪1支、日本东洋剑1把以及一批子弹和手榴弹。[②]

1944年11月，为适应抗日战争形势发展需要，中共东江前

① 参见李征：《确立正确的群众观点，走群众路线——扩军中的三个典型》，载《岳中导报》1945年第4期。转引自深圳市档案馆编：《民国时期深圳档案文献演绎》（1—4卷），花城出版社2001年版，第1648—1649页。

② 根据当事人刘培森口述整理，资料存南山区区志办公室。

线临时工作委员会决定，宝安县地域，以广九铁路为界，成立中共路东县委和路西县委。南山属于中共路西县委领导，书记黄树楷。路西县委一直设至1946年4月。

南山人民支援抗日游击队

　　抗日战争全面爆发后，党组织最早派出工作队到抗日前沿宝安县城南头，在南山进行抗日救亡宣传，发动群众投入抗日救亡运动。在党的领导下，南山的人民群众全力支持抗日游击队开展敌后抗日战争。他们踊跃送自己的子弟参加游击队，奔赴抗日战场，并且直接配合抗日游击队打击日本侵略军。他们利用熟悉本地情况的优势，为抗日游击队搜集日本侵略军的情报，冒着生命危险向游击队传送情报，使游击队顺利避开日军的扫荡，并一次次成功伏击日军，使日军只能龟缩在据点里不敢轻易外出；他们视游击队为亲人，为游击队送粮送物，热情接待游击队在自己家里吃住，长岭皮村、上白石村、大冲村、白芒村、光前村等，被称为"游击队之家"。人民群众的支持和参与，为游击队取得敌后抗日战争的胜利提供了坚实的保障。

一、踊跃参军参战

　　抗日战争时期，南山是宝安县城南头城所在地。南头半岛地处珠江口，是海上交通要道，因此是日军大量驻军及重点控制地区，人民群众稍有反抗即遭残酷屠杀，难以开展大规模的抗日活动。但是，南山地区人民群众不畏强暴，特别是北部、东北部属于羊台山抗日根据地的军民，在中国共产党的领导下，采取各种形式和方法，踊跃参军参战，尽一切力量投身打击日军的斗争。

位于羊台山区老虎山下的长岭皮村（今桃源街道长源社区），毗邻白石龙村。在抗日根据地的战时行政区划中，长岭皮村属于龙华乡抗日民主政府管辖。长岭皮村与白石龙村同为抗日游击队的后方基地，长期驻有游击队的领导机关。广东人民抗日游击队总队队部、后方办事处、部队医院、修械厂、报社等都驻扎在这里；中共中央南方工作委员会副书记张文彬，东江纵队领导人尹林平、王作尧、杨康华等在这里驻扎，开展领导工作，长岭皮因此有"小延安"之称。

1940年冬，白石龙、樟坑首先组建了民众抗日武装组织——自卫队。接着，长岭皮、缸瓦园、杨美等村均组建了抗日自卫队。这些抗日自卫队统一受宝安抗日自卫总队（总队长曾鸿文、政训员刘宣）管辖，由第五大队统一指挥。为了常年坚持斗争，望天湖抗日自卫队还组建了抗日自卫常备队，将瞭望台和流动哨建在长岭皮、缸瓦园、杨美和清湖等地。在历时三个月的反"扫荡"中，游击队和自卫队在望天湖、布龙公路、樟坑、赤岭头、长岭皮、弓村机动灵活地展开袭击战、伏击战、阻击战，歼灭日军多人。[1]抗日战争时期，长岭皮参军参战人员有吴美添、吴木财、吴木养、吴富恩、吴东胜、吴福年、吴清明、吴勤发、吴勤友、吴灶金等多人。[2]

吴勤友，1923年出生于长岭皮，十几岁的时候挑沙梨经梅林去香港，被日本兵拦下来。日本兵要他登记，他听不懂日语，不知所措。日本兵对他百般刁难，打了一顿还关进了梅林日军据点，他经梅林的村长作保才被释放。他亲眼看到村里一位老人，

① 参见《深圳"小延安"——长源纪事》编辑委员会编：《深圳"小延安"——长源纪事》，香港东方文化出版社有限公司2013年版，第11页。
② 参见《深圳"小延安"——长源纪事》编辑委员会编：《深圳"小延安"——长源纪事》，香港东方文化出版社有限公司2013年版，第41页。

被日军强行拉走了耕牛，老人去找日军要牛，结果被活活打死。对日本兵的残暴，他极为痛恨，见到身边很多人纷纷参加游击队，拿起枪支抵抗日军，他很是羡慕。1944年，吴勤友如愿成为东江纵队的一名战士。这时，吴勤友家中已经有了妻儿，家人十分担心。但村中的同龄人都参加了战斗，吴勤友劝说家人，保家卫国的责任自己义不容辞。参军后，开始的任务是照顾伤员，但有时也会与日军遭遇。游击队装备很差，用的都是鸟枪，日本人从子弹孔推测出游击队的枪支情况，更加肆无忌惮。有一次早上出操，操练到一半，突然遇到日本兵，双方发生战斗。因这里是游击队根据地，日军担心遭到游击队大部队打击而无心恋战，退出长岭皮村。[1]

地处宝安县城周边的村民不堪忍受日军烧、杀、抢、掠等罪恶行径，对日军军车在南头横冲直撞义愤填膺。1941年，南头18个村的村民在中共地下组织领导下，分村分段挖毁宝深公路，一度造成日军交通瘫痪。日军气急败坏，采取疯狂的报复行动，在仓前、十约、大新、一甲、新铺街等一带，拆毁民房4000多间。日军用拆下的木料去修桥、构筑工事，用拆下的砖瓦铺路，拿木椽、木板作燃料烧饭。[2]

大革命时期的红色堡垒南山村（又名陈屋村），虽处在日军严密控制区，但在共产党抗日救亡政策鼓舞下，仍有陈坤、陈树、陈伟军、陈伟权4名村民毅然去羊台山抗日根据地参加游击队。他们利用熟悉南山村地情的有利条件，带领游击队深入虎穴打击日军。1944年夏，他们4人和其他游击队员一起，化装混入小南山脚下的日军据点附近。日军据点驻有日军30多人，白天这

---

① 参见叶佳宾：《东纵游击队员吴勤友》，《蛇口消息报》2015年8月21日。

② 参见南头街道抗日斗争调查材料，未印刷，存南山区区志办公室。

些日军上小南山修筑工事，据点只有一名炊事员和一条狼狗看守。陈坤他们侦知日军行动规律后，潜伏在小南山脚下日军据点附近，待日本兵全部上山修工事后，偷偷进入据点杀死狼狗，控制住炊事员，将30支步枪，2挺机枪和一批弹药全部缴获，顺利回到游击队驻地。①

伶仃洋上的内伶仃岛，一度为日军侵占。日军驻扎在南湾荔枝林附近，并建立伪政权南湾乡，伪乡长是黄徐东，甘心当汉奸欺压岛上村民，强迫村民在岛上修工事。黄徐东的养子依仗其汉奸养父，在岛上为非作歹，寻衅滋事，欺压群众。一次，他无缘无故殴打村民王太亨，王太亨还手回击，黄徐东得知后扬言早晚杀死王太亨。1943年，日军撤出，游击队员曾华、陈满等20人上岛，曾华是队长，岛上村民纷纷为游击队提供粮食、蔬菜等物资。王太亨像盼到救星般立即参加游击队，负责出海为游击队传送情报。王太亨还配合游击队处决了罪大恶极的汉奸黄徐东。后来，王太亨也随部队北撤山东。②

上白石村位于今深圳世界之窗对面，20世纪30年代，它只是深圳一个普通的小村落。村子四周被浓密的荔枝林包围着，村子西边的荔枝林后面有一座小山头，山上有许多白石头，所以取名为上白石村。整个村从村头到村尾东西不足300米，南北不过200米，有20多户人家，几乎都是穷人，有做雇工的，有卖生鱼的，也有卖苦力的，人口不到100人，其中青年男女只有30多人。抗日战争爆发后，共产党领导的抗日游击队来到这个村向群众宣传抗日，游击队员都是穷苦人出身，是穷人的队伍。同样是穷人的上白石村人，从感情上很快接受游击队的抗日宣传，加之他们

---

① 参见南头街道抗日斗争调查材料，未印刷，存南山区区志办公室。
② 参见蛇口街道抗日斗争调查材料，未印刷，存南山区区志办公室。

看到国民党正规军不抗日，甚至听说日军来了都化装逃跑，连枪都不要。所以，对坚决抗日、不当亡国奴的游击队，打心底里拥护。在上白石村，年纪轻的都要求随游击队参军参战，年纪小的帮助游击队送信送饭，年岁大的也在家里当掩护、搞联络、做后勤。

上白石村20多户人家中，几乎每家每户都有参加游击队或抗日工作的。他们中有曾通、曾双、陈芳、钟石友、陈才、张运娇、曾容、陈子金、陈桂财、陈桂喜、陈炳胜、陈汉平、钟进财、邱运福、张丁桂、黎丁娇、陈更娇、张元贵、陈桂明、陈天兵、陈满发等20多人，其中曾通、曾双、陈芳、钟石友、陈才等，后来还随东江纵队北撤参加了解放战争的许多战役。

曾通出生在惠州淡水，1931年，4岁的他和家人随其叔曾华猴举家迁到上白石村。1938年冬，上白石村被日军占据，他们一家人除叔父曾华猴、堂弟曾新桂和堂哥曾容留在上白石村种地外，其余的都乘船从海上逃到了香港。1941年日军入侵香港，曾通又回到上白石村。这时，日军经常到村里为非作歹，游击队也开始在村里频繁活动。1943年，太平洋战争爆发，驻守在宝安的日军要求每家每户抽出劳力给他们修机场、建炮台。曾通的堂哥曾容因为是地下党员不能暴露身份，堂弟曾双参加了游击队，堂弟曾新桂还小，曾通只好作为全家的劳力出工，每天早上五六点钟自带干粮，从笔架山脚下挑着水泥砖到笔架山顶，晚上下工时，日军发给半斤发霉的大米。有时曾通去南头城，看到守立在大涌桥的日军要过往的行人向他们鞠躬，稍有不规范，日军抬手就打。曾通在地下党的启发教育下，认识到要不当亡国奴，只有打败日本帝国主义，要抗日，只有参加共产党领导的抗日游击队，所以下决心参加游击队。曾通是家中独子，其父在香港生死不明，要去参军其母肯定不会同意。他便请其堂哥去元朗做其母亲的思想工作,母亲终于被说服,还亲自把年仅16岁的曾通送到了游击队。曾通参军后,先在税站干了一个多月,然后就调任东江纵队副司令员王作尧的勤务兵,随王作尧所部先后攻打了博罗公庄,重创企图进犯罗浮山区的国民党顽军,解放了公庄桔子圩和獭子圩,接着又在杨梅水、柏塘同国民党顽军及地方反动武装展开了激烈的战斗。后随东江纵队北撤山东。

陈芳,1929年出生在上白石村,父母是村子里的农民。大哥十六七岁时患上轻度的精神病,一旦发作就对全家人又打又骂;二哥个子小,从小体弱多病,干不动重活。因此,陈芳从小得到全家人的宠爱,七八岁时被送进私塾念书。1943年年底东江纵队成立,在宝安组织了一次大型文艺演出,陈芳和几个小伙伴一起跑到宝安看演出。看了演出,陈芳深受启发和教育,决心参加抗日游击队。年仅14岁的陈芳个子太小,身子骨太瘦,游击队担心他承受不了艰苦的游击战争而没有同意。陈芳倔强地反复说明自己能行。在他的再三请求下,游击队决定考验他,让他将一份情报从宝安龙华送到光明,如果能完成任务,便可留在游击队。执行任务的那天晚上,陈芳一个人不知走了多少里路,爬了多少座山,坚持克服困难,终于将情报送到了光明,被留在游击队,担任宝安大队政治部主任李征的通信员,专门负责收集和传递情报。半年以后,陈芳向上级请求调到作战部队,李征没有答应,但同意调他到光明游击队,跟随游击队宣传队队长郭坚开展抗日宣传工作。1944年9月,陈芳又被调到位于东莞与宝安交界东江纵队黄布支队,在第三支队做通信兵。1945年3月,陈芳又调到第二大队,和12个年龄相仿的"小鬼头"编在一个班,做政治战士,负责思想政治工作。有一次,游击队要攻打贡庄,陈芳所在班的队员普遍头脑机灵,行动敏捷,便被编为突击班,作为先头部队走在部队的最前面。凌晨四点多钟,游击队与国民党顽固派军队正面交锋。因顽军临时增加一个连，致游击队伤亡惨重，陈芳所在的突击班牺牲了6人。在横河战斗中，陈芳所在班9人与大部队失散，他们一边摆脱敌人的追捕，一边寻找部队。经过七天七夜的跋涉，在龙门县找到了部队，当即瘫软在地昏厥过去。陈芳和其他5名战友被抬回部队。部队北撤时，陈芳随队去了山东烟台。

钟石友，出生于观澜望天湖，哥哥钟进财过继到上白石村的叔叔家。1942年，12岁的钟石友也来到叔叔家放牛，知道哥哥已经参加了游击队。上白石村参加游击队的人很多，钟石友在放牛的同时，经常和比他大几岁的游击队员在一起，非常羡慕游击队打鬼子、送情报的英勇壮举，觉得游击队是一支抗日为民的好队伍，当了游击队员就是英雄。因此，他经常缠住哥哥、叔叔嚷着要去游击队，但部队考虑到他家已经有几个人在游击队，家里缺少劳动力而不可能接收他。他只好跟游击队员一起去送信，还和同样年纪的伙伴们参加抗日宣传队，到龙井、珠光、新围一带唱山歌、发传单。直到1944年9月，钟石友才如愿参加了东江纵队沙河中队。进入游击队后，钟石友在白芒、西乡、龙华、沙井、桥头、惠阳、东莞等处参战10多次。1945年5月在坪山和日军交火时，弹片击中了他的左腿，他强忍疼痛，撕下身上的衣服把流血不止的左腿包扎好，又一瘸一拐地往前杀敌，直到把敌人打退。后来由于伤口发炎溃烂，肌肉大面积坏死，至今他的腿上仍留有10厘米长的伤疤。1946年6月30日，钟石友随东江纵队北撤山东。

曾双，1928年出生于惠州淡水，3岁那年，因为家境贫穷，父亲曾华林带着一家人来到上白石村。这个村人少田地多，又靠近海边，他们在村里搭起了寮棚，租种别人的田，还到海边去养蚝、捕鱼，日子虽然过得很苦，但这里的人大多数是从外地迁来的穷人，大家相处得也很好。1938年11月，日军从大亚湾登陆入侵宝安，南头城顷刻成为日军据点，上白石村也沦陷。日军所到之处烧杀抢掠，无恶不作。为了保全性命，年幼丧母的曾双随伯母叶球一家乘船逃亡到香港元朗，后来到屯门杨小坑，伯母带着他们租地耕种。伯父曾奎是跑洋船的，不时送回一些生活费，他们才勉强度日。1941年，日军入侵香港，曾双和堂兄曾通几人又只得返回上白石村，曾双帮人放牛、割草、砍柴、干农活。此时，他的堂兄曾容已经参加中共地下党组织，一到晚上，曾双便围着堂兄听他讲故事。故事听多了，游击队打日军的英雄事迹逐渐让他了解到共产党是穷人的救星，游击队打日军就是不想做亡国奴。逐渐地，曾双也想成为一名游击队战士，一到晚上便跑到游击队员驻地。后来，其堂兄曾容同意他参加游击队。曾双戴着斗笠，穿着牛斗裤，打着赤脚，就上了游击队的驻地笔架山的山坳里。1942年2月，曾双成为惠东宝人民抗日游击总队宝安大队的一名交通员。第一次执行任务，他从笔架山送信去黄田，走村过山，克服重重困难，摸黑赶路，终于安全地把信传送到了黄田游击队。后来，他经常是单独一人趁黑夜行走在山地的崎岖小路上，有时一个晚上摸黑走三四十里路，珠光、龙井、龙华、观澜、石岩等所有游击队活动的地方都留下了他的足迹。1943年的一天，天刚蒙蒙亮，曾双奉命把游击队领导带到珠光交通站。完成任务返回路上，遇见一群"扫荡"的日军。情急之下，曾双跳进大沙河，想从河中走过去。然而水太深，他又不会游泳，眼看敌人越来越近，他把身子全部泡在水中，用周围的水草遮住头顶。日军走到河边，用刺刀在水草上乱划，有几次刺刀在曾双头顶上划过，所幸没有受伤。1943年12月，东江纵队成立，年仅15岁的曾双在第一支队交通站刘村分站任站长，随部队转战于增城、博罗、惠阳，在艰苦和危险环境中完成了一次次任务。抗战胜利后，交通总站人员一部分复员，年纪小的曾双被调到香港《华商报》当报童。1946年12月，又奉命回到坪山参加东纵复员人员开展的武装斗争。

陈才1926年出生于上白石村，与母亲、哥哥相依为命，农忙时耕田种地，农闲时到海边养蚝捕鱼。9岁那年他进了村里的私塾，读了几年书。日军侵占宝安县城南头后，不断到村里抓人、拆屋，奸淫掳掠，当地汉奸、地痞又经常向日军通风报信，狼狈为奸，使得本已贫困的农民处于水深火热的境地，这在陈才幼小的心灵中埋下对日军仇恨的种子。16岁那年，陈才得知村里的曾容、陈桂财、陈子金、陈炳胜、陈贵喜等叔叔、哥哥都是活跃在当地的地下党员，而且还是抗日战士后，便和最要好的伙伴陈汉平，天天跟着游击队员，帮助他们办事。因为他家在荔枝园路口上，许多时候游击队都以此作为开会的地点，他也从中知道了很多爱国抗日的道理和游击队英勇杀敌的事迹，决心要和游击队员一起参加革命，将日本侵略军赶出中国。有时，他和母亲郑官带一起以挑柴、担肥为掩护，到南头城了解敌情动态，回来向游击队报告。

1942年夏，陈才和陈汉平一起去南头，走到大涌桥头，只给守桥的日军点了一下头，日军认为叩头不够90度，对他们不尊重，便对他俩大打出手，打得他们伤痕累累。在自己家门口受到日军毒打，更加深了陈才对日军的满腔仇恨。过桥后，他立即和陈汉平表示："我们要去抗日游击队，要参加打日本鬼子！"1942年8月一天，陈才在家旁边的荔枝园看守，突然来了一队日军，日本兵用锯子把挂满荔枝的树杈锯断后，坐在地上抢吃荔枝。他走上前去阻止日本兵锯果树，一个日本兵站起来"哇"的一声，就对他拳打脚踢，年少体弱的陈才恨得咬牙切齿。1943年1月，陈才参加了惠东宝人民抗日游击总队宝安大队，被安排在沙河税站任税收员。沙河税站设在宝深公路的要道上，处于对日、伪军斗争的最前线，容易遭受敌人袭击，危险大，生活也艰苦。但陈才没有退缩，他和战友们一道深入各村开展群众工作，宣传抗日救国道理。陈才的税站战友陈汉平被日军杀害，更激起他复仇雪耻之心。他先后在龙华、黄田、沙井、观澜等地的税站工作过，直到1943年12月，被分配到东江纵队惠东宝支队东莞税站时才离开家乡。

在硝烟弥漫的抗日战争中，上白石村9名东江纵队战士中，有3名牺牲在抗日战场，有3名受命北撤山东，有3名留在东江继续战斗。①

与上白石村毗邻的大涌阮屋村，也只有20多户人家。抗日战争爆发后，中共地下党员陈铁军来到大涌阮屋村宣传抗日救亡思想。他在被日军炸破的大涌郑氏宗祠办起一所小学，以教师的身份为掩护，向学生和群众宣传革命道理，发动群众起来抗日，发展了一批党员和游击队员，阮屋村成为宝安县城附近抗战斗争最活跃的地区之一。参加游击队或投身抗日斗争的有20多人，几乎每家都有地下党员或游击队员。上白石村、大涌阮屋村成为名副其实的抗日堡垒村庄。

抗日战争期间，南山人民群众踊跃送自己的亲人参军参战。据不完全统计，全区有57人参加了抗日游击队，其中今桃源街道20人、沙河街道11人、粤海街道11人、西丽街道6人、南山街道4人、南头街道3人、蛇口街道2人。南山因抗战牺牲19人，其中本地人9人，外地人10人，另有在外地抗战牺牲2人。

---

① 以上史料参见南山区沙河街道关心下一代工作委员会编：《烽火岁月的上白石村》，内部印刷，2005年3月，第12—47页。

二、冒险传送情报

南山群众支援游击队开展敌后抗日战争的一项重要活动，是冒险为游击队传送情报。由于群众参与，日军据点驻军人数、日军军事行动人数、日军"扫荡"时间和路线等，都能很快被群众情报员侦悉，并迅即报给游击队，使游击队及时了解日军活动。同时，南山群众还肩负游击队之间联络任务，及时传递情报，协调游击队之间的行动。当时，有一批十来岁的少年儿童担任游击队交通员，机智勇敢，巧妙周旋于敌人的眼皮底下，把一份份有价值的情报送给游击队，为游击队准确打击日军提供战机，或使游击队和老百姓得以及时安全转移。

在红色村庄上白石村、大涌阮屋村，有一批出色的交通员。上白石村有何伯琴、周向荣、陈芳、张运娇等；大涌阮屋村有阮发才、卓安、吴添才等，其中的吴添才当时才9岁。阮发才和卓安每次向游击队送情报时，都要想方设法躲过敌人的搜查。有时，他们把情报包裹好放在尿桶里面，装扮成担尿到山上浇蕃茨的农民，以此通过日军的检查。他们多次把情报成功送到上沙河、白石洲或光前村的游击队。

张运娇是位出色的女交通员。她1922年生于上白石村。党组织在上白石村开展的抗日救亡宣传深深打动了她，1939年，她毅然参加党的外围组织青年救国会，担任游击队的地下交通员。当时，与她单线接头的游击队员有张平、黄水安、"乌鬼仔"等。每当日军出动扫荡时，游击队战士张平就将情报交给张运娇，由张运娇将情报转送给她的下线"乌鬼仔"，再由"乌鬼仔"通知位于上白石村的游击队及时采取应对措施，并组织附近几个村的村民，把牛、猪、鸡、鸭等向塘朗山转移。由于表现突出，张运娇于1942年加入了中国共产党。1944年8月，日军又一次"扫荡"上白石、龙井、上沙河一带。由于上线的情报通知不及时，游击队员刘刚、陈汉平转移较晚，加上汉奸告密，日军尾随刘刚、陈汉平转移方向，一直从上白石村追赶到珠光村的高树头。日军包围了高树头整个山头，强迫珠光新屋村的村民拿着镰刀在前面割草，日本兵紧跟在后寻找。陈汉平因无处藏身就躲在杂草丛中，很快被日本兵发现。日本人要他投降。陈汉平宁死不屈，大声回答日军说："我生得伟大，死得光荣，我决不投降！"日本兵凶神恶煞般举起刺刀向陈汉平胸口捅去，陈汉平还高呼"中国共产党万岁！"日本兵当着村民的面，残忍地杀害了陈汉平，并将遗体碎成五块。在场的张运娇与村民们悲痛欲绝。日军撤走后，张运娇和村民一起，将陈汉平的遗体拼在一起，埋葬在高树头。经历陈汉平的牺牲，张运娇更加意识到情报工作关系到游击队的生死存亡，无论再难再危险也要把情报及时送出。不久，张平送来情报说，汉奸骆忠每天早上都在南头大新街的美源茶楼饮茶，张运娇迅速将情报再转送给陈桂财，再由陈桂财送到宝安大队，终于处决了这名罪大恶极的汉奸。①

抗日战争时期宝安县最著名的情报英雄是温巩章。他不畏艰险，孤身打入国民党顽固派军队的机要部门，为游击队提供大量重要情报，屡建奇功，被称为"虎穴英豪"。

温巩章1919年出生于宝安县城的一个贫民家庭，父亲是中药铺店员，母亲靠织麻为生。他靠兼任学校杂役，半工半读，读完宝安县立中学，其间接受抗日救亡等进步思想的宣传教育。1939年温巩章初中毕业，出于抗日热情和谋生的需要，到国民党宝安县政府工作，初为县长幸耀燊的勤务员。由于他有一些文化，改

---

① 以上史料参见南山区沙河街道关心下一代工作委员会编：《烽火岁月的上白石村》，内部印刷，2005年3月，第55—58页。

任文书、书记，以后又被任命为译电员，与报务员冯鸿翩（女）共同管理宝安县政府电台。

1940年9月，曾生、王作尧的部队重新回到惠东宝地区后，中共前东特委召开上下坪会议，决定建立抗日根据地，独立自主开展游击战争，"对国民党顽固派实行又联合又斗争，以斗争求团结的政策"；"在反对国民党顽固派的军事进攻中，必须坚持'人不犯我，我不犯人；人若犯我，我必犯人'的自卫立场和'有理、有利、有节'的原则，决不轻言退让，不怕打磨擦仗。要敢于反击国民党顽固派的军事进攻；要保持高度警惕，及时识破国民党顽固派的政治欺骗"。[1]而要达到此目的，必须加强情报战线。温巩章作为理想的情报员进入党组织视野。根据当时形势和斗争需要，中共东莞县委在东莞国民党军政首脑机关驻地东莞县石马圩建立据点，用"东莞县立赠产所"的名义进行活动。赠产所对温巩章进行争取和教育。温巩章原有一定的民族正义感，好学向上，在中共地下党的教育影响下，对共产党逐步有了认识，秘密地站到了人民这面。他利用后来转任国民党第七战区挺进第六纵队司令部上尉译电员职务的有利条件，为人民抗日武装力量提供了大量机密情报，深得广东人民抗日游击总队的好评和重视。

温巩章在虎穴进行情报活动，环境十分艰险。有一次，他所提供的一份情报资料在转送到游击队一个交通站时，不幸连同其他文件报刊都被国民党军队截获，送回国民党军司令部。司令邓琦昌不明底细，交由温巩章清理查对。他从中发现这份情报后，不禁大吃一惊，立即将该情报抽出清除，转危为安。1943年年

---

① 深圳市史志办公室著：《中国共产党深圳历史（第一卷·1924—1950）》（修订本），中共党史出版社2012年版，第110页。

底，日军打通广九路，国民党军队闻风溃逃，邓琦昌部被撤销建制。温巩章由党组织安排改名温海，转移到东莞常平根据地区乡政权工作。有一段时间，他和革命伴侣罗慧舒在常平日、伪占领区开设诊所，以此为掩护搜集敌伪情报。1945年5月，温巩章被吸收为中共党员。

三、勇当游击队活动堡垒

南山群众为了早日赶走日本侵略军，千方百计支援游击队的抗日斗争，把自己舍不得吃的大米、食盐和青菜以及舍不得穿的衣服送给游击队战士。

红色堡垒村上白石村靠近宝深公路，日军在公路上的任何行动，都可以第一时间侦悉。上白石村后是大片的荔枝林，游击队在宝深公路上行动后，可以靠荔枝林的掩护，迅速退入大山中。由于地理位置的优势，上白石村成为游击队活动的一个理想营地。1941年，广东人民抗日游击队从香港派来一个工作组，进驻上白石村开展游击活动。长期驻点有周振、周吉、何伯琴和周向荣等游击队干部。他们有的以教书为名，有的以经商为名，积极开展与游击队联络以及情报的传递工作，同时在上白石村发展党员，动员青年参军，建立地下党组织，组织群众学习文化，与村民建立起深厚的感情。

由于上白石村革命条件相对成熟，党组织决定在此地建立中共上白石村支部，陈桂财为支部书记。陈桂财带着10多名游击队员，与村民同吃同住，向村民宣传革命道理，主动帮助村民耕田、浇地、收割，并组织民兵自卫队进行操练。游击队参谋长周伯明以及司令部的领导和短枪队经常来到上白石村活动。上白石村种有很多荔枝、菠萝等果树，水果成熟季节，游击队员从来不会去采摘尝鲜。上白石村村民养育着自己的子弟兵，游击队也以实际行动在群众中建立了很高的威望。①

内伶仃岛上，一度有游击队活动。游击队依靠岛上群众支持得以坚持斗争。东角村村民罗水胜家就是游击队秘密联络点。罗水胜经常给游击队员送粮食。其妻李二娇为游击队员做饭，夫妻俩常常一起上山给游击队送饭。

白芒税站站长张金雄家在白芒村，地处羊台山脚下，他的家是远近有名的"游击队之家"。张金雄把家里的70多担稻谷献给游击队。游击队战士每次到他家，张金雄妻子叶凤兰就忙着为游击队战士烧水、做饭、洗衣服。由于张金雄一家参加和支持游击队，他家蒙受了很大的苦难。日军和国民党顽固派军队利用"鬼仔头"（奸细）带路，两次烧毁他家的两间住屋和一间猪舍，抢走30多石稻谷。②

1941年12月8日，日军侵占香港，滞留在香港的数以百计民主人士和文化名人随时可能遭日军拘捕。根据中共中央和周恩来的指示，中共中央南方工委组织营救。1942年1月上旬，尹林平、梁广、连贯、曾生、杨康华等在白石龙村开会，决定利用游击队与港九地区原有两条主要交通线，分别进行营救。对于那些国内外有影响的民主人士和国民党左派元老，安排他们从西贡村坐船到上洞，然后由彭沃领导的惠阳大队护送到坪山，再转到淡水坐船去惠州；对于那些进步的文化界人士，为了避免遭到国民党顽固派的迫害，则从荃湾到元朗与难民一起通过沦陷区的日军

---

① 参见南山区沙河街道关心下一代工作委员会编：《烽火岁月的上白石村》，内部印刷，2005年3月，第5—6页。

② 参见深圳市委党史办公室、罗湖区文化局蓝运辛：《一脉忠魂 长存人间——张金雄烈士传略》，载中共惠阳地委党史研究小组办公室、中共惠阳地委党史资料征集小组办公室编：《东江英烈传》第1辑，内部印刷，1983年6月，第483—484页。

封锁线，再到白石龙根据地。

为了适应营救的需要，1942年3月，中共宝安县委决定把民治乡的望天湖、樟坑、李公迳和白石龙划出，与上下梅林、上面光、长岭皮和塘朗组成中共白石龙区委，由赵学光任区委书记。南山的上面光（今福光社区）、长岭皮（今长源社区）和塘朗（今大学城片区）担负起营救接待文化名人的任务。为了保证文化名人能吃好住好，长岭皮和其他村的自卫队员以及群众，在山坡上用竹木和茅草搭建临时住房，日夜轮流站岗放哨，每天派人四处买猪肉、鸡蛋，同时负责收集情报。茅盾、邹韬奋、戈宝权、张友渔、胡风、廖沫沙以及胡绳、宋之的等名闻中外的作家、记者和民主人士300多人先后来到白石龙与长岭皮、上面光。停留期间，这些文化名人给群众作报告讲形势，教老百姓唱歌。至今许多老人还记得当年联欢晚会上，凤子的歌声和邹韬奋表演的卓别林。邹韬奋他们离开时，长岭皮开明士绅吴金生、吴金水两兄弟，还借给他们300元法币。

宝安县城受降

1945年，世界反法西斯战争迅速向胜利方向发展，欧洲战场德国法西斯的最后覆灭，使日本法西斯陷入完全孤立的境地。美军在太平洋上对日作战的成功，中国人民的夏季攻势，加速了日本帝国主义末日的到来。

1945年7月26日，中、美、英三国发表波茨坦公告，敦促日本投降。8月6日，美国先后在日本的广岛和长崎各投下一枚原子弹。8月8日，苏联发表对日作战宣言。9日，苏联红军开赴中国东北战场，同中国军民一道对日作战，加速了彻底打败日本侵略者的进程。同日，毛泽东发表《对日寇的最后一战》的声明。8月10日，日本政府向盟国发出乞降照会，而日本大本营仍命令各地日军继续作战。为歼灭顽抗的日本侵略者，10日24时至11日8时，朱德总司令发出了立即受降和对日展开全面反攻等七道命令，要求各解放区抗日武装部队向其附近城镇的日、伪军发出通牒，限他们在一定时间内向人民军队缴械。如遇日、伪军拒绝投降缴械，即应予以坚决消灭。

根据中共中央和延安总部的指示和命令，8月11日，东江纵队向各部发出紧急命令，要求"各部队应立即坚决执行此项命令，动员全体军民，开入附近敌占据点，解除日、伪武装，维持治安，镇压土匪特务破坏活动，保护人民生命财产。千金一刻，不得稍有疏忽"。中共路西县委接到命令后即召开会议决定：坚决拥护受降令和东纵指示，命令驻东莞、宝安地区的日、伪军向路西县委投降；通令全区民兵配合主力迫使日、伪军投降；由黄布、李征率主力反攻莞太线并负责受降，何鼎华、王士钊、黄树楷则到宝安研究受降问题。

中共路西县委积极贯彻上级指示，于日军投降前召开党政军联席会议，分析当时形势，对受降工作作了部署：坚决执行上级命令，争取主动，依靠群众武装接受日、伪投降。会议认为，在东江纵队主力已经北上，东宝地区军力与日军实力对比悬殊的情况下，要迅速反攻受降，就必须充分发挥政治优势，集中地方武工队和民兵的武装力量，在国民党军队尚未到来摘取胜利果实之前，灵活运用政治攻势和军事佯攻相结合的办法，抓住日、伪弱点，逐个击破，分点受降。

县委会议后，县委书记黄树楷召集宝安四区区委领导叶基、梁忠、潘应宁、黄旭、周吉以及郑珠明等研究布置对深圳、南头日、伪军的受降工作。分工是：深圳受降工作由宝安四区区委委员、武装特派员潘应宁负责，由宝四区区长叶基带领观澜乡的民兵，郑珠明带领梅林短枪队，配合宝三区联乡办事处具体执行；南头受降工作，由黄树楷亲自领导，梁忠、周吉统一带领布吉、龙华的民兵，卓就带领沙河武工队，互相配合。根据分工，周吉在龙华、叶基到观澜、梁忠到布吉、黄旭到民治，协助乡长组织民兵分别开往南头和深圳，配合受降工作。

仅一天时间，宝四区就动员2000多名民兵（其中有一部分是宝三区的民兵）在梅林集中，编成两个大队：龙华、民治、布吉的民兵编为一个大队，周吉任大队长，刘鸣周任副大队长，由周吉、刘鸣周、梁忠组成大队部，到南头配合受降工作；观澜的民兵单独编成一个大队，张仲亭任大队长，黄来任副大队长，由叶基率领开往深圳，配合潘应宁、郑珠明进行受降工作。

1945年8月15日，日本宣布投降。南京伪政权旋即自动解散。8月17日，美国总统杜鲁门签署命令，称在中国的所有日军只能向国民党政府及其军队投降。驻宝安日军遵奉其上级军令拒绝成编制向东纵投降，但不反对东纵收缴伪军枪支。

1945年8月中旬，东纵游击队开展对深圳日、伪军的受降工作。深圳是广九铁路线上的重镇，当时设有伪区署，并驻有日军一个联队（约1000人）和惠阳伪警察大队（100多人，被游击队从惠阳赶至深圳）。日本宣布投降后，驻深圳的日、伪军军心浮动，处于涣散状态。东纵游击队派代表与日军谈判。谈判前，一方面由观澜乡的民兵占领深圳外围的山头和交通要道，并派郑珠明短枪队进入深圳镇活动，以震慑敌人；另一方面，向日、伪军发出通牒，限令其缴械投降。谈判开始，日军采取拖延办法。他们说，他们已经投降了，枪是肯定要交给中国的，但要等上级命令，上头通知他们什么时候交就什么时候交。叶基等考虑到，在游击队与日、伪军实力对比悬殊的情况下，不能硬拼，必须把日、伪军分别对待，先解决伪军受降问题。因此，谈判中提出先要伪军缴枪，日军只得同意。

8月19日，游击队由郑珠明和庄澎带战士到伪区署，与伪维持会会长张维栋、惠阳伪警察大队副大队长（大队长吴任伯没有参加）谈判。在谈判中，郑珠明先向伪人员宣传形势，晓以大义，指明出路，然后要他们把全部枪支缴给游击队，并要求在24小时内答复。张维栋满口应承，惠阳伪警察大队大队长吴任伯开始不愿投降，但在游击队压力下，第二天一早就带着两个马弁乘火车逃往广州，其大队副向游击队报告，同意缴枪。8月20日晨，武装特派员潘应宁等带领民兵进入深圳镇接受伪军投降，缴获伪区署、惠阳伪警察大队枪支共300多支，还有医药、物资等，张维栋被送到路西东宝行政督导处教育后释放，其余伪军自动解散。8月24日，宝安军事特派室叶振基、潘应宁、郑珠明和宝三区联乡办事处庄澎、梁耀宗等进驻深圳镇，召开万人大会，庆祝抗日战争胜利。

宝安县城南头驻有日军一个联队和伪军一个联防大队。南头的受降工作，开始由黄树楷领导，梁忠、周吉带领布吉、龙华等乡民兵前往配合，还有卓就带领沙河武工队参加。民兵以乡为单位编成大队，大队的领导和区委人员组成总队部。不久，黄树楷、梁忠因工作需要调离南头，受降工作由周吉、卓就二人负责。

深圳镇受降的经验，受到上级的赞扬。深圳镇受降工作告一段落后，上级指示潘应宁转而负责南头的受降工作。8月29日，潘应宁、郑珠明、庄澎和投降过来的欧姓翻译等7人，到南头大涌村与周吉等人带领地方武装民兵到南头受降，遇到日、伪军反抗，双方开枪对峙几个小时。停火后，日军派翻译送来一封信和两坛酒要求谈判，游击队回信，表示同意谈判，潘应宁等听了汇报后，分析了南头招降受阻的原因，主要是没有像深圳镇那样把日、伪军暂时分别对付。因此，决定按照深圳镇的经验，运用政治攻势，各个突破，先解决南头伪军受降。

正当潘应宁等人研究如何与日军谈判的时候，事务长将日军约游击队派人去谈判的名片交给潘应宁，并讲述了接受日军这张名片的经过：他进南头城买菜，有几个日本士兵看见他胸前挂着"抗日"的胸章，知道他是游击队的，便上前拉着他，要他去见日本长官。他推说有事不能去，日本士兵便送给他一张名片，约游击队"长官"见面谈判。根据这一情况，游击队决定由潘应宁带两名战士和欧姓翻译前往赴约，由卓就、周吉带武工队和民兵在外围警戒。

第二天中午11时，潘应宁来到南头茶楼，几个日本士兵在等着，并准备好了酒菜。见到潘应宁一行，立即请吃饭。饭后，请潘应宁进营房见他们的长官。接待潘应宁的是一名日军大尉，日军大尉见到潘应宁满面堆笑，弯腰鞠躬，并说："你们是战胜国，我们是战败国，本来我没有资格与你一起谈话的，今天请允许我坐下来与你谈话。"谈判开始后，潘应宁单刀直入说："我们是东江抗日游击队，奉朱总司令命令来受降，请你们把枪交给我们。"日军大尉说："枪当然是要交给你们的，但要等上头的命令。"潘应宁提出先缴伪军的枪，日本大尉立即表示："他们是你们中国人，不关我们的事，完全可以先缴他们的枪。"潘接着说："那么今天晚上请到茶楼吃便饭，我们、你们、伪军三方派代表参加，边吃边谈伪军缴枪问题。"

8月30日，游击队在南头茶楼摆两桌小宴席，游击队和日军都选派五六名代表参加。伪联防大队长郑瑞不敢前来，只派了一名代表参加。因为伪联防大队长郑瑞没有来，谈判不成。日军大尉只得随同游击队一起来郑瑞家，潘应宁立即布置民兵包围郑瑞住宅，发现郑瑞已逃跑，便立即命令伪军的谈判代表将伪军集中起来，把枪全部缴给游击队，共缴获600多支枪，全部伪军教育后遣散。[①]

9月中下旬，国民党新一军和第十三军先后开至广九线。10月3日，新一军第三十师第八十九团在深圳公所（罗湖东门）举行受降仪式，日军主官第三十一混成联队德本光信大佐率驻宝安日军投降。[②]

抗日战争全面爆发后，中国共产党领导的游击队在南山地

---

① 参见《接受深圳南头日伪投降的经过》，载深圳市档案馆编：《民国时期深圳档案文献演绎》（1—4卷），花城出版社2001年版，第2093—2099页。

② 参见王硕渡：《抗战期间日军侵略深圳兵力调动考察》，《红广角》2015年第6期，第26页。

区开展敌后抗日战争。从抗战初的救亡呼声社国防前线工作队，到国民党军一五三师战时工作团、四五七旅九一三团政治部；从东宝惠边人民抗日游击队，到国民革命军第四战区第四游击纵队直属第二大队；从广东人民抗日游击队第五大队到东江纵队；历经8年浴血奋战，终于逼使日本侵略者投降，取得南山抗日战争的最后胜利，在中国人民反抗外来侵略者的历史上写下光辉的一页。

4

第四章
解放战争中的南山

第一节 东纵北撤

抗日战争胜利之后，国民党当局把矛头直指解放区，积极准备向人民革命力量发动进攻，内战一触即发。中国共产党为制止内战，1945年与国民党在重庆谈判，10月10日签订《政府与中共代表会谈纪要》（即《双十协定》），同意让出广东、浙江、苏南、皖南、皖中、湖南、湖北、河南南部等八个解放区，并将八个解放区的人民武装逐步撤退到陇海铁路以北及苏北、皖北解放区。根据中共中央的指示精神，广东人民抗日游击总队东江纵队准备北撤。1946年1月10日，中共代表同国民党政府代表正式签订停战协定。

但是国民党广东军事当局对停战命令置之不理，仍然按照原定计划对人民武装连续不断地采取军事行动，妄图在北平军调处执行部第八执行小组（简称第八执行小组）到达广州之前，消灭东江纵队江南、江北的部队。为应对严重内战的局面，江南地委书记黄宇在香港召集何鼎华、王士钊等东宝路西党政军领导干部开会，分析路西的斗争形势，宣布第一支队改组，何鼎华任支队长，鲁锋任副支队长，王士钊任政委，赵督生任政治处主任，并指定由王士钊任中共（广九）路西县委代理书记。1946年2月，王士钊和赵督生在香港九龙召开部分路西干部会议，动员路西干部重返东宝前线。会上还决定成立临时领导机构——工作委员会，由梁忠、叶振基、潘应宁等组成，负责领导龙华、布吉、上下梅林等地的宝安游击区的工作。

当第八执行小组到达广州后，国民党广东当局又拒不承认中共广东武装力量的存在，宣称广东没有中共领导的武装部队，只有零星的"土匪"，广东只有"剿匪"，不存在执行停战令的问题。为了促使国民党广东当局履行停战协定，承认广东人民抗日武装的合法地位，中共中央和广东区党委除指示要求各地人民武装坚持自卫斗争外，还通过各种渠道对国民党当局开展强大的政治攻势。中共广东区党委发言人通过报刊发表谈话，详细列举东江纵队的战绩，向国内各界人士表明事实真相。中共中央发言人也发表谈话，严正斥责国民党广东当局否认中共部队存在的谬论。

为了制止内战，实现中共武装部队北撤，根据中共中央的指示，中共广东区党委书记、东江纵队政委尹林平于3月9日到达重庆，举行中外记者招待会，揭露国民党广东当局发动内战、阻挠军调部第八执行小组开展工作的卑劣行径。1946年3月18日，中共代表团团长周恩来又在重庆举行记者招待会，让尹林平介绍广东内战情况。经过一系列的斗争，终于迫使国民党当局承认广东有中共部队的存在。4月2日，"三人会议代表团"就东江纵队北撤问题终于达成协议，确定：（1）承认华南有中共领导的抗日武装力量；（2）双方同意东江纵队北撤2400人，不撤退的复员，发给复员证，政府保证复员人员的生命安全，财产不受侵犯，就业居住自由；（3）东江纵队撤到陇海路以北，撤退运输船只由美国提供。

中共广东武装人员临时复员证
（深圳市史志办提供）

在谈判过程中，国民党当局继续调集军队进攻东江解放区。国民党反动军队7个师的兵力"清剿"惠东宝解放区，历时3个多月，采用"填空格"战术，村村驻兵，对游击区进行"围剿"，妄图消灭革命武装力量，结果遭到失败。4月18日，国共双方经过反复谈判，正式达成在广东的中共部队北撤等问题的初步协议，但国民党蓄意消灭人民武装力量的图谋丝毫未变，何应钦公然下令国民党广东当局乘东江纵队集中北撤之际消灭之。经过一系列激烈的斗争，6月24日，东江纵队江南、江北和粤北、东进部队冲破国民党的重重障碍，集中于大鹏半岛。1946年6月30日，东江纵队（包括珠江纵队、韩江纵队、南路、粤中、桂东南等部队的部分骨干）2583人，在沙鱼涌分乘美国3艘登陆艇，向山东烟台北撤。7月5日，抵达山东烟台，东江纵队终于胜利完成了战略转移的任务。

由于东江纵队主力北撤，留下的武装力量大部分复员，党组织实行特派员制，党组织的公开活动全面停止，相当一部分已经暴露身份的党员干部进行分散和隐蔽，使革命力量骤然缩小。无论在军事上还是经济上，国民党都占据了绝对的优势。南山地区的党组织和人民武装队伍进入艰难的隐蔽时期。

国民党对南山的反动统治

从1946年6月底开始，国民党广东当局军政要员先后在东江等地召开"治安会议"，成立各级"清剿"机构，部署"绥靖""清乡"计划，下令限期"肃清"各地的军事力量。国民党广东当局违背保证东纵复员人员生命安全的承诺，调集4个旅和8个保安团对东江纵队活动地区进行残酷的"清剿"，还妄图以"集训"为名，将中共复员人员"一网打尽"。国民党军进占惠东宝地区后，一方面抓丁拉夫，进行壮丁训练，强迫各地成立"自卫队"，加紧征兵、征粮、征税；另一方面，疯狂迫害东江纵队复员人员，强迫参加过抗日救亡各项工作的群众登记"自新"，肆意搜捕和屠杀人民群众，制造白色恐怖。东江纵队复员人员、地下党员、民兵干部、农会会员和进步青年受到残酷的迫害。1946年夏，由于水稻成熟时遭遇特大台风，早造歉收。但是，国民党广东当局只顾打内战，不管人民死活，竟宣布自8月起开始征粮，9月恢复征兵，并加收各种赋税，致使民不聊生，社会动荡。

与此同时，国民党在政治上强化保甲制度。他们通过调查户口，加强与乡保长联络，县政府直接管辖乡公所，取消区公所，扩大乡范围等措施，使保甲制度更加严密。①国民党县政府直接

---

① 参见东莞市委党史办傅泽铭整理：《东纵北撤后东宝地区的斗争》，载中共惠阳地委党史办公室编：《东江党史资料汇编》第8辑，内部印刷，1986年1月，第263页。

控制整个乡村，县政府与国民党党部及驻军串通一气，采取"联防联剿，联保连坐""强化治安"等措施，实行残酷的法西斯统治。在南山地区，1946年4月，原设十约、九街2个镇，南园、南厦、沙河3个乡被合并为南头镇、沙河乡。编成46个保、440个甲，5360户、19289人。1947年3月，因地方阻力太大，南头镇又被迫分设为莲城、十约2个镇及南屏乡。至7月，南山地区所设乡镇编为51个保、383个甲，5453户、19463人。1948年7月，南山地区设有莲城镇、十约镇、南屏乡、沙河乡，编成38个保、383个甲，5453户、18659人。①

---

① 参见《宝安县第一二区各乡镇保甲户口统计表》《人口统计报告表》《宝安县乡镇保甲户口统计报告表》，广东省档案馆3-1-78，转引自深圳市史志办公室编：《广东省深圳市抗战时期人口伤亡和财产损失》，中共党史出版社2010年版，第34—39页。

护乡团三大队与江南支队三团的革命斗争

一、从惠东宝人民护乡团到广东人民解放军江南支队

在东江纵队北撤的同时，中共广东区党委根据中共中央的指示精神，采取"保存力量、保存骨干、长期积蓄力量、等待时机"的斗争方针，党员分散隐蔽，各地党组织转入地下活动。1946年6月，中共江南地委组织部部长蓝造在坪山竹园召开会议，决定：凡抗战时在部队、政权工作过的党员回地方后，地方党组织不能与之联系，严防暴露；地方党组织转入地下活动，进行单线联系；派出特派员负责领导地方党工作。7月，江南地方党转入地下活动，将原党政军一元化领导的中共路西县委改为中共东宝县特派员，祁烽兼任特派员，卢焕光、黄永光任副特派员，隶属中共江南地工委领导，管辖宝安、东莞两县地方党的工作。

面对严重的斗争形势，1946年7月22日和8月23日，中共广东区党委发言人先后发表谈话，强烈谴责抗议国民党广东当局破坏北撤协议、迫害东江纵队复员人员和人民群众的暴行。中共广东区党委还以东江纵队北撤人员曾生、王作尧、杨康华、林锵云等人的名义发表通电，对国民党广东当局迫害东江纵队复员人员的罪行表示极大的愤慨，号召复员战士和人民群众"采取同一步骤，严肃自卫。人不犯我，我断不犯人，人若犯我，迫我至于绝境，自不能束手待毙"，应进行坚决的自卫斗争。

其间，复员回到香港新界的曾强，看到在抗日战场上英勇杀敌、为战胜日军立有大功的东纵战士遭受国民党迫害，生活无着落，燃起满腔怒火，决心回内地恢复武装，继续与国民党斗争。在其父曾鸿文支持下，找到隐蔽在香港的中共江南地区特派员祁烽。祁烽安排曾强和梁忠先回宝安，负责恢复武装斗争，并负责动员组织一部分在香港的原东江纵队复员人员回去，并交给曾强300元港币，作为初期活动经费。曾强到九龙、"新界"、元朗、大埔等地，联系原东纵留下来的骨干和战士一起回宝安恢复武装斗争，在很短时间内联络了曾光、林传、彭增磷、巫祺、杨奇、曾安、文造培、文德安等20多人。①

1946年11月6日，党中央对南方各省党组织发出工作指示："凡有可能建立公开游击根据地者，应即建立公开游击根据地"；"凡条件尚未成熟之地区，则采取荫蔽、待机方针，以等候条件之成熟"。根据中央的指示和广东的斗争形势，中共广东区党委于11月27日作出恢复武装斗争的决定，并提出长远打算，实行"小搞"、准备"大搞"的方针，以及反"三征"（征兵、征粮、征税）、反迫害；破仓分粮，减租减息；维持治安，保护群众利益；反对内战独裁，实现和平民主。同时决定在东江建立惠东宝建军委员会，由蓝造、祁烽、叶维儒、曾建、张军、罗汝澄、高固组成，并筹建惠东宝人民护乡团。

1946年12月，中共广东区党委派出第一批人员回江南地区活动。其中梁忠、曾强在宝安活动。要求他们根据"分散发展，独立经营"的方针，分头发动，联系东纵复员人员，逐步集结队伍，开展武装斗争。梁忠、曾强回到宝安，依靠当地地下党组

---

① 参见曾强：《恢复武装斗争的岁月》，载深圳市史志办公室、深圳市原粤赣湘边纵队战友联谊会编：《共忆峥嵘岁月——原粤赣湘边纵队深圳市战友回忆录》，海天出版社2007年版，第45—47页。

织，组织"复员同志自卫会"，迅速把被迫流散复员的东江纵队战士动员回队，并动员当地爱国青年参军，很快队伍扩大到100人左右。在地方党的配合下，取出东纵北撤时掩埋的部分枪支，正式成立武工队，曾强任队长，梁忠任指导员。

为了解决武工队活动经费，武工队组建临时税站，在一些要道设立流动税收点，赶走当地小股土匪、流氓，由武工队保护大中小商人安全过往，得到他们的欢迎。为了冲破国民党当局的严密控制，武工队开始在各地建立地下情报站，包括武工队活动地域内的观澜、龙华、乌石岩、南头等圩镇，以及与活动区域交界的东莞凤岗圩、大坪村等。其中南头分站站长为郑木。地下情报站帮助武工队及时得知国民党军动态，防备其进犯，同时与当地党组织取得密切联系，动员青年参军并组织原东江纵队复员人员归队。

1947年2月，蓝造在坪山北岭沙坑围召开干部会议，根据中共广东区党委的指示，会议决定，以群众自卫组织维护治安的名义，在江南地区成立惠东宝人民护乡团，蓝造任团长兼政委，叶维儒任参谋主任。护乡团隶属中共江南地区特派员领导，先后建立4个大队，其中第三大队活动于包括南山在内的宝安地区。护乡团提出"保护人民利益，与广大人民及各阶层人士团结一致，维护治安，反抗'三征'，反对内战，为实现和平民主的新中国而奋斗到底"的口号。惠东宝人民护乡团的成立，标志着宝安人民反对国民党反动统治的武装斗争进入新阶段。

1947年3月，根据中共广东区党委的决定，成立中共江南地方工作委员会（简称"江南地工委"），蓝造任书记、祁烽任副书记，统一领导地方党组织和重建武装斗争的工作，隐蔽于各处的地方党员也重新返回各自的组织，参加恢复发展党组织的活动和武装斗争。

1947年9月间，国民党派宋子文到广东，任国民政府军事委员会广州行辕主任、广东省政府主席兼广东省保安司令。宋子文主政广东后，出于其消灭华南人民武装力量，将华南"作为其最后挣扎的堡垒及最后逃命的退路"的目的，立即决定对内继续实行"三征"，竭泽而渔，尽量搜刮；对外则实行"黄埔开港"，以资源换美元，供其从事内战之需。宋子文又主持召开"绥靖"会议，决定调整机构，集中兵力，实行"军政一元化"，统一部署，起用"宿将"，加紧对广东各地人民武装实行军事"清剿"。制订分区"清剿"、军政合作、整训团队、"剿"抚兼施的"绥靖新策略"。

1948年年初，国民党广东当局发动第一期"清剿"，实行"分区扫荡，重点进攻"的方针，大规模进攻广东人民武装。国民党一五四师、虎门要塞司令部一个团、保八团、保十三团和东莞、宝安两县团防以及县警大队等2400多人，先后向东宝地区发动进攻。

为了粉碎宋子文对人民武装力量的大规模进攻，1948年2月，中共中央香港分局召开会议，就发展武装斗争、粉碎宋子文的军事"清剿"作出部署，确定"普遍发展，大胆进攻"及"以进攻消灭敌人的进攻，以发展消灭敌人的进攻"的方针，普遍发展与建立主力部队。3月，中共江南地工委决定，撤销东宝县特派员，成立中共东宝县委员会，黄华任书记。县委实行党政军一元化领导，统一领导军队和地方党的工作。县委派李明为特派员，负责宝安县地方党的工作。

1948年4月，中共江南地工委在坪山召开干部会议，根据中共香港分局指示，撤销江南地工委，成立中共江南地方委员会（简称"江南地委"），王鲁明任地委书记，蓝造任副书记，祁烽主管地方党的工作。江南地委统一领导江南地区的工作。会议决定对部队进行整编，成立广东人民解放军江南支队。

坪山会议后，江南地区的武装部队进行了统一整编，正式成立广东人民解放军江南支队（简称"江南支队"）。江南支队由蓝造任司令员，王鲁明任政委，曾建任参谋长，刘宣任政治部主任。支队下设5个团，其中惠东宝人民护乡团第一大队扩编为第一团，罗汝澄任团长兼政委，黄友、肖伦任副团长，邓华任参谋长，方汉光任政治处主任，下辖5个连队，为江南支队主力团，担任机动作战任务。护乡团第二大队扩编为第二团，李群芳任团长，叶源任政委，罗欧锋任副团长，王舒任政治处主任，下辖8个连队，还有地方武工队32个，活动于惠阳及宝安边境地区。护乡团第三大队扩编为第三团，张军任团长，黄华任政委，林文虎任副团长，活动于东莞及宝安地区。江南支队整编完毕后，各团和独立大队都进行了短期的整训，随后即积极展开军事活动，打击敌人，扩大活动地区和发展壮大部队。

广东人民解放军江南支队的成立，标志着包括南山在内的宝安人民解放战争进入新的发展阶段。

二、白石洲战斗①

1947年3月初，惠东宝人民护乡团第三大队在东莞县凤岗官井头村宣布成立。第三大队以地方党组织人员和东江纵队复员人员为骨干组成，活动在包括南山在内的宝安东莞地区。大队长关武（张军），副大队长李和（1947年11月，增派林文虎为副大队

---

① 史料见：李和《战斗在惠东宝大地上》；曾强《恢复武装斗争的岁月》；何鹏飞《"三虎"雄风——记"边纵"以龙华子弟为主体的战斗连队》。均载深圳市史志办公室、深圳市原粤赣湘边纵队战友联谊会编《共忆峥嵘岁月——原粤赣湘边纵队深圳市战友回忆录》，海天出版社2007年版，第7—31页，第44—56页，第208—213页。

长），政委欧林（杨培）。大队部设军事、政治、后勤卫生机关，配备精干干部，负责处理日常工作，曾强担任宝安交通总站站长。大队下辖一个中队。组建初期，总兵力不到200人，但骨干多，战斗力强。

根据统一领导、分散发展、逐步扩大的方针，惠东宝人民护乡团第三大队划分三个作战区域，其中路西宝安地区，负责人梁忠、曾强。各区建立一支一二十人的武工队，相应分为交通、情报、税收人员，逐步完善建制。在作战原则上，先打弱敌，后打强敌，先消灭分散的国民党区乡政权的自卫队、联防队和封建地主武装，然后集中力量打击国民党保安队。同时决定，第三大队的大队部和主力中队西进路西宝安地区，以羊台山为中心，建立游击根据地，打开局面，支持各区的斗争。

1947年5月初，第三大队抵达路西宝安地区的龙华、布吉。因部队还未站稳脚跟，力量不宜过早暴露，所以采取隐蔽的方式，活动于龙华、布吉偏僻的山区和村镇。晚上派出工作队分别到各村镇活动，扩大武装力量。其中刘宣、赵林来到龙华白石龙、长岭皮开展活动，组织一支武装队伍。11月，这支队伍正式成立，命名为惠东宝人民护乡团第三大队三虎队。三虎队得名于该支队伍由龙华、长岭皮20多名青年组成的两个班，加上从松岗文造培武工队抽调来一个班，合起来三个班，因此称三虎队。三虎队由南山上白石村的刘桂才任小队长，白石洲村吴炳南任副小队长，吴振文任政治服务员，三人都是东纵北撤后留下的骨干。三虎队由第三大队副大队长李和亲自带队，第三大队还有另一支小队叫钢铁队，由副大队长林文虎带队。

建队初期，在敌强我弱的形势下，三虎队以龙华的白石龙、黄帝田、长岭皮为活动区域，度过了几个月的艰苦时光。这一带群山连绵，林莽苍郁，抗日战争时期就是共产党抗日根据地，因此人民群众拥护共产党，支持自己的子弟兵。三虎队进入后，尽管国民党军频频"扫荡""清剿"，但根本无法找到三虎队的踪迹。三虎队在黄帝田的一条山沟里搭起了一个人字形的大草棚，两侧打起两排草铺，中间留一条小通道，供几十人睡觉。供给的粮菜，靠司务长罗明到白石龙附近的村中购买，然后由长岭皮的运输员张运娇肩挑手提运上山。有几次由于敌情紧张，为了隐蔽自己不暴露目标，部队白天不敢做饭（怕冒烟被敌人发觉），只好在天亮前做好饭。然后一大早吃饭，再每人用口盅装一盅饭（当午饭），全队钻到山沟密林里隐蔽。直到天黑之后，再下山做晚饭。连队利用这段时间进行军事训练和政治教育，虽然生活异常艰苦，但战士们都有坚强的革命意志，士气持续高昂。在黄帝田坚持的几个月，培育了队伍，锻炼了战士。

1948年3月，曾强调任三虎队队长，张玉任指导员。其间，第三大队副大队长林文虎带钢铁队少数战士，在布吉掩吓（维新寺）消灭国民党军一个连，缴步枪40多支，创造以少打多的成功战例。曾强与副大队长李和经常研究如何学习钢铁队的打仗经验，迅速把三虎队发展壮大，成为部队的主力连队。同时，切实做好情报工作，准确了解敌情，然后主动出击，打有把握之仗。4月，惠东宝人民护乡团第三大队整编为广东人民解放军江南支队第三团，三虎队隶属江南支队三团。

1948年5月，三虎队开始走出大山，奔向人民解放战场。是月，情报员曾万能送来情报：国民党驻布吉保安十五团三营八连连长黄和轩，经常带一个排或一个班护送粮食和物资，由清水河经过。三虎队决定出山第一仗在清水河打伏击。李和派出三虎队刘桂才一个排进行伏击。当天，保安队由连长黄和轩带队经过清水河，进入伏击圈后，排长刘桂才下令，集中火力猛烈射击，黄和轩当场受伤，带着他的卫兵逃走，保安队伤亡很大。这次战斗，缴获轻机枪1挺，步枪数支。

清水河伏击战后，继续寻找攻打国民党军目标。为了扩大影响，决定打击宝安县城到深圳之间的据点。不久，胜利攻克沙头海关分关据点，打击了国民党军的嚣张气焰。

1948年5月下旬，李和、曾强、张玉等开始商讨攻打白石洲的战斗。白石洲位于宝深公路西段，距离南头城仅四五公里，国民党宝安县保安大队派有一个排驻守，营房设在村内一座四层炮楼，下面构筑两道工事，易守难攻。这支保安队在当地欺压抢掠群众，群众对他们非常憎恨。打这一仗，最有利的条件是，排长吴炳南是白石洲村人，可以会同他亲哥吴士逮对保安队进行侦察。

经过研究，一致决定攻打白石洲保安队据点，即派出吴炳南负责侦察。吴炳南侦察回来汇报敌情后，大队领导与三虎队领导讨论，一致同意这一战采取以少打多的战法。其打法是：组成10人左右的短枪精干队伍，当天晚上深入村内，到离保安队炮楼100米左右的一间草房隐蔽下来。等到次日保安队用晚餐时进行主攻，使保安队来不及应战，从而将其一网打尽。

战斗任务布置下来后，三团领导对参战的10名突击队战士进行动员，由曾强负责指挥，全体战士战斗热情高涨，下定决心打胜仗。当晚，战士们由白石龙黄帝田出发，路经长岭皮，到白石村停了下来。

白石洲战斗发生地炮楼（墙上留有当年的枪眼）（周剑锋摄）

吴炳南哥哥吴士逮来到后，由其带队进入白石洲村草房住下，顺利过了一晚。然而天亮之后，有两个小孩在草房门口玩耍，看见战士们在草房内。虽然这两个小孩子没有惊慌，没有喊叫，但突击队还是担心这两个孩子无意间走漏风声。

情况突变，战斗的部署也必须随即变化。曾强考虑，这次战斗只能进，不能退，若是退出，被保安队发觉，将给队伍带来更大损失。遂决定改变大队原决定在保安队用晚饭时强攻的部署，改在保安队用早餐时强攻。决定改变，曾强立即要吴炳南转告吴士逮，侦察保安队用早餐的时间。同时，要求战士们做好准备，务必速战速决，把保安队全歼，并指定由吴炳南带头强攻。不久，吴士逮告知保安队早餐开饭了。战斗随即打响，战士们突然一起冲上去，吃早饭的保安队来不及反应，全部被控制并缴了枪。

这时战士们发现，炮楼内还有排长和两个保安队员未出来吃饭。吴炳南随即冲进炮楼，被保安队排长开枪击中头部，当场光荣牺牲。接着，战士黄老吉和牛头也受了轻伤。他俩虽然受了伤，但仍然拿着缴到的步枪，继续向炮楼里的保安队员射击。

杨马带准备往炮楼上冲。曾强连忙制止，并立即拿着驳壳枪在炮楼门一角隐蔽，突然举枪猛烈射击，正好射中保安队排长。曾强随即大吼：再不出来缴枪，就放地雷把炮楼炸掉。顽抗的保安队排长害怕了，举起双手缴枪投降。这次战斗共俘保安队30多人，缴获步枪30多支。三虎队牺牲1人，受伤2人。

为了迅速运回烈士遗体与缴获的枪支，除战士们每人拿一支步枪随时准备战斗外，拆下其余步枪的枪栓，由战士们背着枪栓，拆下枪栓的步枪、伤员、吴炳南的遗体，由俘虏背上立即退出现场。到达龙井村后，俘虏被教育释放。龙井村群众帮助运送枪支和伤员，返回白石龙营地，大队部和连队其他战士兴高采烈欢迎突击队胜利回来。参加白石洲战斗的每位战士都得到大队部奖励的一件内衣，上面印着红字"集体战斗模范"，缴获的30多支枪分配给各班。后江南支队还传令嘉奖。第二天，三虎队从白石龙到布吉马安堂村，为战斗中英勇牺牲的吴炳南开追悼会。

白石洲战斗后，三虎队开始频繁投入战斗，其中在宝安地区有固戍、牛地铺等歼灭战，王京坑、鸡公山、石凹突围反击战，攻打平湖的战斗等。因取得多次战斗胜利，队伍得到壮大，武器配备也得到很大改善。三虎队与钢铁队在惠东宝并肩作战，成为主力连队。

1949年元旦后，三虎队全连奉命编入中国人民解放军粤赣湘边纵队东江第一支队（简称"东一支"）主力的战斗序列。抵达惠东安墩后，整连成建制编入东一支主力独立二营，成为该营的二连。3月，由陆丰河田出发向紫金、五华进军，先后解放紫金的九和、龙窝和五华的华阳。5月组成粤赣湘边纵队主力部队，三虎队编入主力一团三营三连，投入解放广东的战斗。三虎队中南山籍战士牺牲4人，分别是：在白石洲战斗中牺牲的排长吴炳南，在平湖战斗中牺牲的刘桂，在陆丰战斗中牺牲的副连长刘桂才、刘桂能。

三、减租减息与建立民兵基干队

1947年5月初，惠东宝人民护乡团第三大队在副大队长李和、政治委员杨培率领下，转战路西宝安的长岭皮、木古、羊尾、鲤鱼塘、白石龙一带，以白石龙、望天湖、长岭皮为基地，根据中共广东区党委关于"除了建立一般精干主力之外，仍须保持有各种形式的武工队、地方性的不脱离生产的队伍活动，以致配合"的指示，推动各乡建立政权和发展武工队与民兵组织，配合地方武装作战。大队部一度驻在长岭皮村。周吉、何赋儒、刘鸣周、游森、吴有业、张子修、张灼修、邓仕祺等，在长岭皮村组建县武工队（路西武工队），何赋儒为队长，黄彪为副队长，队员10多人，主要任务是发动群众、筹建各乡武工队，扩大武装。1947年5月，龙华乡武工队成立，乡长游森兼武工队长。9月，民治乡武工队成立，乡长刘鸣周兼武工队长。不久，沙河乡武工队成立，队长何赋儒。在地方党组织和沙河乡武工队的努力下，沙河乡建立了乡人民政权。

各地武工队建立起来之后，机动灵活，广泛开展破仓分粮、借枪借粮及筹措资金、输送情报等斗争，配合主力作战，打击乡村反动武装，摧毁反动政权，瓦解敌军，建立农会和民兵组织。但斗争十分艰苦，也有多次失利，遭受损失。

1947年11月，沙河武工队协助护乡团第三大队，夜袭珠光村的国民党保安队。仗打得很激烈，但是据点久攻未下，三大队已牺牲2人，受伤3人，损失两支驳壳枪。因伤亡太大，不得已撤出战斗。受了重伤的第三大队副中队长廖仕不治身亡，长眠在长源革命烈士纪念碑下。翌年4月15日，沙河武工队成功收缴大涌吴屋村地主武装，缴轻机枪1挺，步枪8支，子弹1000多发。

1948年2月15日，中共中央致电香港分局，就新解放区土改问题指示：“分别巩固区和游击区。在巩固区逐步进行土地改革。在游击区只作宣传工作和隐蔽的组织工作，分发若干浮财。不要公开成立群众团体、不要进行土地改革，以防敌人摧残群众。”

4—5月，根据党中央指示，长岭皮来了江南支队的减租减息、扩军工作队，负责人为郑颖、朱薇，他们是香港惠阳青年会第二批回乡救亡工作团的成员。工作队开始是在村里办夜校、教识字，同时开展文艺活动，如唱歌、跳舞、演木偶戏等，相机发动群众搞减租减息，祠堂里经常挤得满满的。长岭皮首富吴金生和吴金水两兄弟是比较开明的士绅。1940年村里组织抗日自卫队,吴氏兄弟借出8条枪。1942年6月,39名白石龙青年被国民党顽军抓到龙华浪口,后又转到观澜大布巷严刑拷打,吴金水以保长的身份把他们保释出来。他们还资助被营救的在港文化名人。在1946年年底恢复武装斗争初期,在一般人都不敢接触护乡团的情况下,吴氏兄弟在钱、粮方面给护乡团很大的支持。

在这次触及地主、富农根本利益的二五减租减息运动中,工作队不仅在群众中做了宣传动员工作,也对地主、富农进行耐心、细致的开导和教育。特别说明:二五减租并不是要没收地主、富农的粮食,而是按政策把该退给农民的粮退了,把该还给农民的钱还了,接着签一份新的租约就行。政府保证农民也要按照政策准时交租付息,不得借故拖延。吴氏兄弟当场答应。由于政策宣传到位,再加上有榜样在前,长岭皮的减租减息工作很快完成。长岭皮的经验一经传开,路西其他村庄的减租减息运动普遍迅速展开。

减租减息既不使地主、富农利益受太大的损害,避免了他们对党的基层政权和武装斗争的抵触、破坏,又减轻地主、富农对贫苦农民的剥削,从而调动了农民的积极性。工作队因势利导,动员村民保卫已经取得的胜利果实。这样,长岭皮群众被充分发动起来参加武装斗争,没有家庭负担的年轻人报名参加正规部队,属于家庭主要劳力的当民兵或者参加武工队,年纪小的当交通员,妇女去税站或情报站服务。其中报名应征参军的有32人,他们中有吴罗清、吴财、吴珠生、吴珠妹、吴庆祥、吴茂青、吴友生、吴国民、吴国安、吴运财、吴观带、吴汉来、吴仕娇、吴官妹、吴福华、张桂英、吴运生、吴细妹、吴生仔、吴娇仔、吴仁安、吴美才、吴就光、吴仕英、吴胜华等。长岭皮扩军的成功极大地鼓舞布吉、龙华、沙河和梅林的其他村庄,他们也纷纷效仿，农民青年陆续参军，部队迅速壮大。路西地区的工作从此打开了局面，进入了一个新阶段。[①]

长岭皮开展减租减息和扩军工作的经验，受到粤赣湘边党委书记尹林平的热情赞扬与高度评价，其经验在路西乃至整个江南地区引起轰动。恢复武装斗争初期，护乡团曾试图以小队伍、小战斗来扩大影响、壮大队伍。结果无论是东莞还是路东、路西，除给国民党军造成一定的威慑之外，武装力量发展缓慢而有限。开展减租减息后，虽然国民党军队四处"清剿"，江南支队的人数非但不减反而由过去的2791人猛增到7200多人。机动可集结使用的主力部队1200人。江南支队第三团活动的地域宝安，在粉碎宋子文第二期"清剿"的半年多时间内，就为纵队主力和支队主力输送了11个整连、1800人之多。长岭皮的经验也对纠正五岭、翁源、北江和九连地区因盲目进行土改而造成根据地丢失、武装力量削弱以及人民群众受迫害的错误，起到正面引导作用，为整个粤赣湘边区的武装斗争发展提供了宝贵经验。

长岭皮村32名青年加入由长岭皮、樟坑和望天湖的民兵共同组建的民治武装基干民兵队（简称民基队），队长邓望，长岭皮的吴国民任副队长。1949年3月，民基队发展到70多人，扩编为半脱产的民治武装基干民兵中队，中队长邓望。战斗中，民治武装基干民兵中队又很快发展到118人，随即改编为民治武装基干民兵连（简称民基连），连长邓望，副连长是长岭皮的吴勤发。7月，全连调离家乡集训，成了全脱产武装队伍。8月，民基连有70多人，加上各武工队抽上来的40多人，合编为中国人民解放军

---

① 参见《铁骨凌霜——尹林平传》《战斗的足迹——战时广东儿童教养院老战士回忆录》《东宝烽烟——粤赣湘边纵队东江第一支队第三团史》，均转引自《深圳"小延安"——长源纪事》编辑委员会编：《深圳"小延安"——长源纪事》，香港东方文化出版社有限公司2013年版，第32—41页。

粤赣湘边纵队东江第一支队第三团警卫连，连长何强，指导员陈汉，副连长吴勤发。下设三个排：一排长邓月平，副排长何恩华；二排长邓新才、副排长张桂友；三排长廖元辉，副排长翁观福。原连长邓望调任一支队三团副官。[①]警卫连跟随东江一支队三团投入解放广东的战斗。

在长岭皮这片红色的土地上，人民群众为解放战争的胜利，作出重大贡献与牺牲，涌现出一批优秀儿女。

吴勤发是一位抗日战争时期"白皮红心"的伪保长。1946年7月，原沙河独立大队的刘桂才在家养伤被敌人抓获。吴勤发利用保长身份，通过国民党军营部刘文书的关系，花钱将刘桂才赎保出来。事隔一个月，叛徒又出卖了一批本来隐蔽得较好的东江纵队战士，吴勤发不得不离开家乡与何赋儒、何观德、邓望等人转移到内伶仃岛税站去工作。不久，吴勤发、何观德、邓望三人被抓，坐牢一年多。

护乡团恢复武装斗争的战斗打响后，吴勤发又投入战斗。一次，一名武工队战士，被子弹打穿胸腔，倒在他家门口。他找到吴勤友，两人一同把这名伤员抬到上木古去医治，救活了这名战士。这时，吴勤发是两个孩子的父亲、一家四口之中唯一的劳动力。东一支三团的政治委员黄永光（后任宝安县委书记兼宝安县长）认识他后，力劝吴勤发到部队去工作。当黄永光得知吴勤发因为穷，两家人共用一头牛耕种时，指示何赋儒从税站没收的耕牛中，牵一头给吴勤发家使用。吴勤发按照黄永光的指示，脱产担任了民基连的副连长。民基连改编为中国人民解放军粤赣湘边纵队东江第一支队第三团警卫连时，吴勤发担任副连长。

---

① 参见《深圳"小延安"——长源纪事》编辑委员会编：《深圳"小延安"——长源纪事》，香港东方文化出版社有限公司2013年版，第10—11页。

张桂英小时候因家贫被父母卖给人家，后几经流浪，从四川来到宝安长岭皮，嫁给村民吴水发。不久，丈夫病死，张桂英孤身一人，还背着一身丈夫治病欠下的债。颠沛流离的生活，苦难不幸的遭遇，也练就她沉着、机智、坚定、勇敢的性格。1948年4—5月，江南支队工作队来到村里，进行减租减息与扩军宣传，她天天到场听宣传，认定共产党是为人民谋利益的党，游击队是老百姓自己的

"嫂子"张桂英（桃源街道长源社区提供）

队伍。她第一个报名，成了民基队的一名女民兵。其家也成了游击队之家，为游击队储存转运物资，接待进入根据地的地下党人员，接待税站收税人员等。

一次，一名自称香港"记者"的人手持进步报刊《华商报》的介绍信前来采访，接待的是三虎连的副连长刘桂才。两人见面没谈上几句话，刘桂才因为要赶去龙华开会，就让张桂英帮他接待。张桂英连忙为这名香港"记者"做饭，可那香港"记者"却在房间里东翻西看。张桂英的家是部队药品、物资的秘密存储站，连民基队的人都不知道，这使张桂英起疑。她慌忙停下手中的活，以倒茶水名义，与这名香港"记者"面对面地坐下，想借谈话分散此人的注意力。张桂英随便问是否认识华商报社某个人（这人是民基队一名民兵），而这名香港"记者"竟然说他们两人的写字台都连在一起。这让张桂英疑心更重，又试探着问他是否认识张桂英。这名香港"记者"却说张桂英是报社的副主编。张桂英心里觉得这个香港"记者"问题十分严重。于是，她装出若无其事的样子，一面稳住香港"记者"，一面暗地里派人

立即向上级报告。很快,四名短枪队员进来,抓住这名香港"记者"。经审讯,这名所谓香港"记者"交代,他是国民党保安八团的特务,他们扣押了真的《华商报》记者,再冒名顶替前来刺探三虎连和活虎连上调后三团的战斗力,企图借机向三团发起进攻。

有一天天刚亮,国民党保安队突然来长岭皮搜查。而张桂英家在头天晚上刚运来一批胶鞋和药品,要藏已经没有办法,关门不让保安队进来更是不可能。她急中生智,把药品、胶鞋堆在中间,然后把被褥衣服乱七八糟地遮在上面,接着打开大门,哭诉被搜查的委屈。本该到她家搜查的士兵看到屋内乱七八糟的样子,以为已经搜查过而去了另外一家。张桂英家躲过搜查,保护了部队物资。

还有一次,国民党保安队突然包围了村子,吴运财、吴汉来等6人来不及撤退,只好躲到张桂英家里。张桂英不慌不忙,先把枪支放进簸箕悬在梁上,再把6人领到牛栏里用稻草盖好,然后披头散发,把牛粪抹在身上、脸上,化装成一个疯子,并满口胡言乱语,一名保安兵狡猾地站在她面前,盯着她看了很长一段时间。躲在草堆里的吴运财亲眼看见,张桂英把一块牛粪掰碎放进嘴里,打消了这名国民党保安兵的怀疑,保护了战友的安全。

在国民党保安队的一次突袭中,税站的张发来不及转移被抓,并在严刑拷打下招了供。保安队要张发带他们去抓其他税站的人,张发答应去劝降。他劝降的第一个人是张桂英。张发向张桂英说起,自己眼饱肚饥的日子过够了,天天大把大把地收钱,可是摊到自己身上的就是每天9两米、2钱油、3分钱,还得提着脑袋过日子。张发还要求张桂英今后税站不管是来了什么人,还是干了什么事,都要向上面报告。张桂英知道张发叛变了,抽出驳壳枪,打开保险。张发慌忙退到门口,转身逃跑。

长岭皮解放前夕，传奇"嫂子"张桂英去了香港。宝安解放后，在长岭皮打过游击的副县长周吉、区长何赋儒，特地来到长岭皮，寻找这位为革命立下大功的传奇女英雄。听说她去了香港后，嘱咐村里一定要派人去香港把她接回来。但因打听不到张桂英的消息无法联系，张桂英始终没有能回来，留给人们的是深深的遗憾与无限的崇敬。周吉去世前，将一张张桂英的照片交给了儿子周运琪，并在照片背面郑重地写下一句话："这是一个对革命有功的同志，可惜一直没有找到她。"①

吴福华是民基连的文化教员。1948年时16岁，上小学四年级，在长岭皮村活动的周吉、何赋儒以及本村的吴灶金、吴木财等，看到他人小胆子大，又喜欢唱歌跳舞，就选他当儿童团长，后来他又加入了青年团，担任团支部书记，同时担任民兵连的文化教员。

吴福华当了民兵还照样读书，有任务时就暂停上课。有一天，部队紧急通知民基连到下梅林集中，地点却不知道，因为行动保密并随时可能改变，只有自己去寻找。吴福华接到通知，放下书包与他的伙伴吴仁安一起出村，先到民基连经常去的龙华窑下村，接着又去了且山头、石岩，但都没有找到。到黎光村时，天都快黑了，他们向村民讨了点吃的继续寻找。直到晚上10时，终于在黄麻布找到民基连，受到连长邓望表扬，战后还发给他一把金立密左轮手枪用于自卫。

后来，这把左轮手枪与他形影不离，上课也放在抽屉里。有一次，国民党保安队来学校搜查，说是有一个学生有枪。当保安队来到教室门口时，吴东财老师走上前去掏出三青团的证件。而

① 以上史料参见《深圳"小延安"——长源纪事》编辑委员会编：《深圳"小延安"——长源纪事》，香港东方文化出版社有限公司2013年版，第61—68页、第126—131页。

吴福华立刻把手伸进抽屉打开保险，准备保安队发现时就开枪。保安队看了三青团证件后，吴老师缴上一把木头手枪，打发走保安队，转危为安。

民兵们也学习部队做群众工作，唱歌跳舞搞活动，配合部队开仓分粮，减租减息。吴福华几次带领长岭皮民兵到平山搞宣传，平山对面隔条河就是九祥岭，九祥岭驻有国民党保安队，等于来到保安队鼻子底下。

吴福华所在的民基连多次配合部队打击国民党正规军与保安队，晚上经常去保安队的驻地骚扰，白天就在山路边打伏击，搞得保安队人心惶惶。1949年4月，国民党的小股部队经常从上石塘经过长岭皮去南头。民基连副小队长吴国民带领民兵在山上打埋伏，国民党兵经过时，大家一起开枪。后来国民党兵再也不敢走这条路了。

有一次，民基连配合东一支三团掩护地方政府和税站转移。完成任务后，在黄帝田的山里分散隐蔽。国民党兵从三面向这里进攻，藏在山洞里的吴美添和吴珠妹等被发现，结果吴美添、吴珠妹牺牲。全村人都担心民兵们的安危，直到天黑国民党兵撤走，吴福华等参战民兵才陆续回到村里。

吴汉来在1948年6月参加民基连，当时刚满16岁。不仅年龄小、个子也是最矮的，背枪时枪托还会拖在地上。他先后参加沙河、丫髻山、黄帝田等战斗。

在长岭皮这片洒遍烈士热血的土地上，人民群众对为民族解放献身的烈士充满了崇敬之情。村子里的麦地巷有座小小的"金塔"及一块纪念碑，下面安葬着二女三男五位烈士的忠骨。

三位男烈士分别是：廖仕（又名廖寿），男，1920年生，坪山碧岭新沙村人。1938年参加惠宝人民抗日游击总队，1947年春参加惠东宝人民护乡团，在第三大队任副中队长。1947年11月，在攻打沙河乡珠光村国民党县保安大队的战斗中牺牲。吴美添，男，1922年生，长岭皮本地人、村农会会长。1948年5月参加广东人民解放军江南支队第三团民基连，1949年4月在黄帝田突围战中牺牲。吴珠妹，男，1930年生，长岭皮本地人，1948年5月参加广东人民解放军江南支队第三团民基连，1949年4月在黄帝田突围战中牺牲。

　　两位女烈士名字长期无人知道，被称为无名女烈士，后来才查清楚她们的身份：李冬燕（绰号"印度娃娃"），1930年生，广东省广宁县古水镇下滂村人。幼年丧父，被送到广东儿童教养院第三分院读小学；抗战胜利后，考入广州省立女子师范学校简师部。1949年2月底，与校友钟齐浩（卫生员）一同进入广九路西地区工作。关嫘（迪萍），1929年生，广东南海市九江镇人。5岁父亡，8岁随母移居香港，13岁进入广东儿童教养院第七分院读小学，15岁考入省立江村师范学校简师部，毕业后受聘于该校附小任教。1948年12月加入粤赣湘边纵队东江第一支队第三团任油印员。1949年3月3日与李冬燕同时在去战地医院学教护途中，在长岭皮被国民党便衣杀害。[①]

---

①　参见《深圳"小延安"——长源纪事》编辑委员会编：《深圳"小延安"——长源纪事》，香港东方文化出版社有限公司2013年版，第42—47页。

第四节

宝师、宝中的学生运动[①]

宝师（宝安简易师范学校的简称）、宝中（宝安县立中学的简称）的学生运动，首先从宝师开始，并以宝师为主力，后期宝中与宝师一起掀起学生运动高潮。

1948年春，中共东宝县委通过关系，派共产党员曾百豪到宝师担任老师，以教师身份做掩护，团结教育广大学生，吸收先进分子参加中国共产党领导的外围组织——东宝人民解放大同盟（简称大同盟），开展学生运动。

宝师是宝安县公立学校，创办于1947年，学制为三年。学校分为两期招生，设4个班，每班人数40—50人。学校设在南头关口村郑氏宗祠里，条件极其简陋，大部分学生住在用竹子苫盖的竹棚里。校长杜绍经是国民党宝安县政府秘书，教务主任李修德由国民党县政府指派，教职工有：总务吴嘉德、数学教师陈光中、国文教师曾作恭、英文教师曾百豪（地下党），童子军教师曾右文、体育教师黄少康、图书管理员龙晞（地下党）。

---

① 本目史料参见：林志强、张育新、池基明、张明忠《一九四八年宝安简易师范学校学生运动的回顾》；李基、杨志能《宝安革命史上的一次学生运动》；龙邦彦《青年先锋在行动——"边纵"时期新青团（共青团）宝安中学地下支部纪事》。均载深圳市史志办公室、深圳市原粤赣湘边纵队战友联合会编：《共忆峥嵘岁月——原粤赣湘边纵队深圳市战友回忆录》，海天出版社2007年版，第473—482页、第486—490页。

　　曾百豪来到宝师后，住在南头商会会所，经常邀请一些要求进步的学生，到他的住处阅读《华商报》、《群众》杂志等进步报刊，给学生讲革命形势和革命道理，使学生们认清国民党当局的独裁本质，提高政治思想觉悟。有时也让学生为他给西乡固成小学教师潘以行（地下党）送信。条件成熟后，曾百豪再向学生们宣传东宝人民解放大同盟的性质与宗旨，吸收他们入盟。

　　1948年8月，曾百豪首先吸收学生李基（李国荣）入盟。再通过李基吸收林玉汉（林志强）、张若望（张育新）、张明忠、池基明等同学入盟。5名学生在曾百豪的住所举行集体宣誓仪式，正式成立东宝人民解放大同盟小组，李基任组长。从此，宝师有了一个在共产党领导下的外围革命组织。

　　大同盟小组首批5名盟员在一起活动。为了安全起见，随后发展的盟员都是单线联系，没有横向关系。此后，曾百豪单线吸收郑美珍（郑铮）入盟。李基单线吸收杨志能（杨道能）、邱百友、李国平入盟。图书管理员龙唏（地下党）通过郑美珍，介绍发展郑绮秀（郑毅光）入盟。杨志能单线发展戴文远、刘振中、吴元友等入盟。宝师的革命力量不断发展壮大。

　　根据宝师招生规定，每个学生每月补助粮食4斗米，所以很多贫困学生慕名而来。开学后，学校利用补助粮向学生提供课本、书籍与膳食。开始一段时间伙食还算正常，但后来供饭量时多时少，还经常出现饭荒，学生争饭吃的现象时有发生。部分学生先后搬出到校外租房住，自己另起炉灶。1948年下半年，学校当局无理克扣学生的补助粮，严重影响学生伙食。一些靠补助粮就读的贫困学生面临失学困境，因而发出惩治腐败的声浪。宝师的东宝人民解放大同盟小组决定，抓住克扣补助粮事件，组织一次全校性的罢课游行。经过地下党员曾百豪的批准，在李基为组长的核心成员和全体盟员的带领下，秘密串联组织发动全校师生参加，斗争矛头直指国民党宝安县政府。

根据曾百豪的指示，大同盟小组对罢课游行有关事项都作了周密的考虑和安排。分工是：李基掌管全局，林志强和张育新负责写标语、口号和油印，池基明和张明忠等负责散发传单和寄送《告全县同学书》等。为方便工作，转移敌人的视线，在游行前，林志强、张育新、张明忠等人研究退掉了原来共同租住的房子，重新租用宝中学生自治会主席龙邦彦家的房子，并介绍龙邦彦认识了李基。写标语、口号的地点选择在郑美珍单独的住处，因她本人是大同盟小组盟员，而其哥郑兆荣是宝安县警察局局长，在她住处出入不会引人注目。标语写完、传单印好后，大同盟小组全体盟员连夜出动，贴完学校内外和游行的街道、路段。经过充分的准备和精心的组织，保证示威游行有序进行，得到广大群众的支持。

上午上课前，正式宣布罢课游行。遵照曾百豪的嘱咐，游行中，大部分盟员分散在游行队伍中，不担任游行队伍的领导职务，分散插在队伍中掌握动态，防止出现暴力行为，随时做好队伍的宣传鼓动工作。

上午，宝师全校学生列队从校门出发，途经教场直往县政府请愿，要求解决学生的饥饿问题。由于是在国民党县指挥中心的眼皮下，出现"反内战、反迫害、反饥饿"的大"地震"，一时震惊了国民党保安团和警察局，他们匆忙调集军队，在宝安南头教场古城门段和国民党宝安县政府路段设卡拦路，派出重兵把守城门，在城墙上架起数挺机枪，不断向游行队伍鸣枪恐吓。在这紧急关头，大同盟成员毫不畏惧，敲着鼓，打着旗，带领广大师生继续高呼口号，稳定了队伍的情绪，保持了队伍旺盛的斗志。师生们勇往直前，冲破敌人层层封锁。学生陈伟雄看到县警的机枪对准游行队伍时，立即从后面跑到游行队伍的最前头与国民党当局交涉，斗智斗勇。在广大师生顽强斗争下，县政府被迫派出代表与学生代表进行谈判。经过一个多小时的唇枪舌剑，县政府被迫接受了学生们提出的补发所克扣粮食的要求，游行斗争取得胜利。

在学运前夕，宝师大同盟小组为了争取社会上的广泛支持，扩大影响，也向宝中发出《告宝中同学书》，号召宝中学生支持宝师学运。宝中学生自治会接到《告宝中同学书》后，对宝师同学的遭遇深表同情和义愤。因为在1948年夏天，宝中也发生过类似情况。当时国民党宝安县政府欠发宝中办学经费，影响了学校的正常教学，宝中学生自治会不得不组织学生罢课、游行、请愿。宝中学生自治会不顾校长陈展区的强烈反对，立即召开学生自治会干事会议，商讨声援宝师学运事宜。随后召开学生大会，发表支援宝师学运的宣言，得到了广大学生的积极响应，在精神上、行动上给了宝师学运极大的鼓舞和支持。

游行罢课虽然胜利结束，但国民党县政府不甘心在学运中的失败，在学生复课后就反复地追查学运的组织者。国民党县警察局对林志强和张育新审查了大半天，一无所获，才不得不将他们放回。接着，国民党县警察局又安排便衣特务，暗中监视大同盟积极分子李基、林志强、张育新、张明忠、池基明等人的住所，准备抓捕进步学生。恰在此时，大同盟成员郑美珍发现家里桌子上有哥哥国民党县警察局局长郑兆荣的文件，上面写着要抓捕李基、林志强、张育新、张明忠、池基明5人。关键时刻，郑美珍立即找到郑绮秀，将这重要情报向曾百豪报告。由于情况危急，地下党组织随即决定，组织这些学生马上离开学校，通过香港九龙地下党联络站，经皇岗、上梅林步行到白石龙、樟坑（荔枝园）转移到游击区。后张育新、张明忠分到向南队，李基分在"定龙"组工队，林志强分在刘鸣周武工队（组工与武工合

宝安学运领导成员合影（右起：曾百豪、李基、张俊儒、杨道能、李国平、林玉汉、邱百友）（深圳市史志办提供）

并），池基明分在缉私队，投入直接的武装斗争。

在大同盟小组骨干学生转移到游击区后，曾百豪也按照党的指示，离开学校回到游击区，被任命为宝安县委直接领导的中心支部的书记。不久，曾百豪被派驻香港，作为宝安县委地下代表，负责南头、西乡、深圳一带的地下党工作，开展收集情报和策反敌军警的活动，并从香港输送进步青年回宝安参加革命队伍。在宝安解放前夕，又被任命为宝深军管会副秘书长，为解放深圳、南头和接收九龙海关作出了贡献。

在宝师学运中，因学生杨志能没有暴露身份，曾百豪在离校前，决定让他继续留校，接受龙唏的领导，伺机发展同盟组织，迎接解放。这时，宝师大同盟小组转入秘密活动。1949年上半年，杨志能先后吸收了刘启衍、吴义平、吴作新、吴元福、吴玉仁、吴仕友、刘汉仁等一批学生入盟。为进一步扩大组织，大同盟决定由戴文远吸收宝中进步学生龙邦彦入盟，然后再通过龙邦彦在宝中发展大同盟组织。

1949年暑假即将结束时，国民党宝安县县长陈仕英被解放军俘虏，引起敌人极大恐慌，国民党军警在县城范围内展开大搜查。为防止意外，龙唏转移到固成小学。一天，组织上通知杨志能、龙邦彦到固成小学听报告，并接受任务。告诉他们：党中央已打算在1949年解放华南沿海等省，国民党为保存实力，正在迅速撤军台湾。要加快全国解放的进度，就要加快发展组织。但是在白色恐怖的情况下，工作必须胆大心细，防止遭到垂死挣扎之敌的残害。还组织他们学习毛泽东的《论人民民主专政》，学习写隐形字（用稀糨糊写字，字干无色，涂上碘酒即现黑字），便于秘密联系。在固戍小学，还介绍龙邦彦与即将升入宝中的学生姜定中认识，后南头与固戍两地由姜定中联系。

宝中位于中山公园侧畔，对面就是国民党的监狱楼，戒备森严。而宝中礼堂常是国民党政府召开大会的会场，军警及便衣队不停巡逻及监视，防备相当严密。龙邦彦他们一方面注意安全，一方面积极行动，先后在宝中发展了曾树荣、曾肖兰、陈淦良、吴若霞等人。至解放前夕，宝中校内已发展50多名盟员，为宝安地区革命斗争增添了一批新生力量。宝中大同盟小组派出盟员，分别监视各军警驻点的活动情况，搞到情报后及时向上级报告。

1949年10月上旬，中国人民解放军挺进广东，国民党军队兵败如山倒，每天都有很多溃兵由南头蛇口从海上乘船逃跑。宝安县城南头一带盛传有四个师的国民党军队从赤湾到伶仃岛，经雷州半岛撤到海南岛。杂牌军吴东权也已率残部撤到大铲岛，南头半岛一片兵荒马乱。国民党宝安县政府的在职人员和警察也惶恐不安，各谋出路。但是，国民党当局并不甘心失败，在群众中对共产党大肆造谣中伤，企图煽动不明真相的群众破坏革命。对此，地下党决定，由东宝人民解放大同盟秘密印发传单、张贴标语和人民政府布告进行辟谣，安定人心。同时，地下党指示大同盟小组全力做好护城护校工作。当时部分学生与群众误信谣言，匆忙逃往香港。大同盟小组就努力辟谣，秘密教唱革命歌曲，要求同学们留下来共同护校。他们向九街自卫队（村民的武装组织）发放宣传品，要他们维护城内的治安，防止敌人破坏，保护人民财产。

宝中大同盟小组还与南头商会秘密联系，组织群众为迎接解放军入城做好准备工作。姜定中从固戍带来了毛主席、朱总司令的相片及标语底稿，由龙邦彦画毛主席、朱总司令的大幅画像，由杨志能、戴文远、曾树荣、曾肖兰、吴若霞、陈淦良及两校新入盟的盟员写标语做旗子，还买了不少鞭炮，有钱出钱，有力出力。制作与贮藏地点主要是龙邦彦家中，少量物资贮存在曾肖兰的校外宿舍，龙晞也经常秘密来到南头进行指导。当时，宝安县警察局有地下党员监视敌情，并且约定，在得知敌军退尽之时，把警察局楼顶的国民党旗降下为信号，解放军即可进城。其间，大同盟成员张贴大量标语、散发大批传单，城内外及公路边的明显处都贴上了革命标语。

1949年10月16日，宝师、宝中两校大同盟盟员看到警察局的国民党旗子降下，即组织两校学生火速集合，举起欢迎横幅和毛主席、朱总司令画像及旗子，到东门公路边列队，准备欢迎解放军进城。不久，边纵的金虎队沿公路由北向南而来，群众高呼口号欢迎，随即放鞭炮、唱歌，敲锣打鼓，一起游行到教场集会。解放军进城一两天之后，大同盟盟员与政工队组成宣传队，不断在街头宣传党的"四面八方"政策，即"公私兼顾，劳资两利，城乡互助，内外交流"等，以安定民心。还与南头联乡政府一起，参加庆祝宝安县解放大会的筹备工作。

1949年12月间，由宝安团县委书记潘以行主持，在宝安县立中学礼堂召开大同盟全体盟员转团大会。潘以行宣布：凡自愿参加东宝人民解放大同盟的盟员，正式转为中国新民主主义青年团的团员，随即举行宣誓，并成立总支部，下分宝师、宝中两个团支部，杨志能担任团总支书记并兼任宝安县学联主席，戴文远、龙邦彦分别担任宝师、宝中团支部书记。

宝师、宝中的学生运动在宝安地区影响很大，不仅是党领导的南山人民革命斗争重要组成部分，也是整个宝安县革命斗争的一部分。宝师、宝中学生在斗争中得到锻炼，增强了革命意志，为宝安县的解放作出了积极的贡献，也为宝安解放后的经济社会建设储备了大批干部与人才。

第五节 宝安县城解放

一、粤赣湘边纵队与宝安县委、县政府成立

1949年年初，辽沈、淮海、平津三大战役胜利结束，国民党军队的主力已基本被消灭，人民解放军不但在质量上，而且在数量上都占绝对的优势，人民解放战争在全国的胜利已成定局。在广东，宋子文在组织两期"清剿"相继失败后离开广东，由余汉谋接任广州"绥靖"公署主任，薛岳接任广东省政府主席兼保安司令。而江南地区中共组织领导的人民武装，在游击战争中取得了一系列重大胜利，巩固了以坪山为中心的惠东宝沿海根据地。

为加强和统一粤赣湘边区党组织和军事斗争的领导，1948年12月15日，中共中央香港分局经报请中共中央批准，决定正式成立由尹林平、黄松坚、梁威林、左洪涛、黄文俞、严尚民组成的中共粤赣湘边区委员会（简称"粤赣湘边区党委"），尹林平任书记，黄松坚、梁威林任副书记。粤赣湘边区党委管辖江南地委、江北地委、珠江地委及北江地委、五岭地委、九连地委。

1949年1月1日，根据中共中央1948年12月27日的批示和香港分局指示，中国人民解放军粤赣湘边纵队宣告成立，尹林平任纵队司令员兼政委，黄松坚任副司令员，左洪涛任政治部主任。《中国人民解放军粤赣湘边、闽粤赣边、桂滇黔边纵队成立宣言》明确宣布："本军作战目的，志在解放各该地区人民群众，

推翻帝国主义、封建势力、官僚资本主义之独裁统治，配合全国人民解放军，为彻底解放全中国，建立新民主主义的新国家而奋斗。"　"接受中国共产党之领导，服从人民解放军总司令部之指挥，对于中央之每一主张以及中国人民解放军总司令部的每一命令指示，当具体而坚决执行之"。宣言要求全体指战员，"必须人人学会歼灭敌人和唤起民众的两套本领，必须提高战斗力和坚决执行命令，执行政策，执行三大纪律八项注意，以完成配合南下大军解放华南的光荣任务"，号召"全华南的工人、农民、知识分子、华侨、工商业家、开明士绅、民主党派、人民团体一致的动员起来，为支援本军的行动而奋斗，为彻底解放全华南、全中国，建立新民主主义的新中国而战斗"。

中国人民解放军粤赣湘边纵队所辖部队进行统一改编，原广东人民解放军江南支队改编为粤赣湘边纵队东江第一支队，下辖7个团和2个独立营，司令员蓝造，政委王鲁明，副政委祁烽，参谋长曾建，政治部主任刘宣。活动在南山的主要是东江一支队三团，团长麦定唐，副团长何棠，政委杨培，政治处主任黄永光。①人民武装战斗力进一步提高，武器装备也通过缴获而得到改善。

1949年3月，革命形势迅速发展，中共香港分局对新政权的建设作出指示："各县政权，拟普遍从形式上建立，以便对敌作政治斗争，采取'包袱县长'形式，随军转动。但每个地委所统辖的较大地区（如全县百分之八九十受我控制地区），必须搞个完整的县政机构，以为取得经验，作为示范，来培养行政干部，便于将来全面发展时有能力接收各县县政。"6月，遵照中

---

①　参见曾强：《恢复武装斗争的岁月》，载深圳市史志办公室、深圳市原粤赣湘边纵队战友联谊会编：《共忆峥嵘岁月——原粤赣湘边纵队深圳市战友回忆录》，海天出版社2007年版，第56页。

共江南地委的指示，东宝县人民政府成立，县长杨培，副县长曾劲夫。同时成立三个区政府和四个区委，其中，宝安区区长周吉，区委书记张辉。宝安区委成立后，积极发展地方党组织和武工队。

1949年7月22日，中共中央华南分局发出指示，要求各地党委"加紧准备迎接大军南下的工作"，指出野战军南下作战在即，必须"动员全党与广大群众"，认真做好各方面的准备工作。7月29日，粤赣湘边区党委发出《做好准备工作迎接大军解放指示》，向全区军民发出了迎军支前的总动员令，号召全体军民组织起来，"每家每户，人人准备为慰劳大军的柴草、粮米、猪及各种常用品，使大军所到之处，均得人民热烈的慰问与拥护"。根据华南分局和粤赣湘边区党委的指示精神，江南地委对迎军支前工作很早就作出部署。8月10日，江南地委发出"配合南下大军，紧急动员，发动热烈的大规模的支前运动"的指示，要求"努力发动和组织广大劳动青年、妇女群众积极参加民工战勤，修桥筑路，磨军米、送军粮，设立茶水站，作交通向导，慰劳过境大军"。

1949年8月下旬，中共江南地委副书记祁烽在东莞梅塘召开东宝县委扩大会议，传达华南分局的指示和决定。他指出：形势发展很快，广东即将解放，要从思想、组织和工作上跟上形势发展的需要，在工作上要积极做好建党、建政、扩军、筹粮、支前等工作；在组织上要建立东莞和宝安两县的县委和县政府。江南地委指示，成立中共宝安县委和县人民政府。县委由黄永光、周吉、张辉、王纪平、袁蔚霞组成，县委书记黄永光，县委隶属中共江南地委；宝安县人民政府由黄永光任县长，周吉、曾劲夫任副县长。同时，为做好接管城市的工作，成立了宝深军事管制委员会，刘汝琛、黄永光分别担任正副主任，刘汝琛代表中共江南地委领导宝安县的工作。

东莞梅塘会议后，刘汝琛和黄永光回到宝安县乌石岩的泥岗村，于1949年8月29日至9月3日在泥岗村召开第一次县委会。参会的有刘汝琛、黄永光、周吉、张辉、袁蔚霞等。会议除传达江南地委8月下旬的指示精神和学习入城政策及入城守则外，还明确了下列几个问题：进一步明确县委分工，县委书记黄永光，常委黄永光、周吉、张辉；组织部部长张辉，宣传部部长王纪平，青妇书记袁蔚霞；确定宝安县人民政府科级干部，县政府秘书黄哲，公安局局长刘鸣周，民政科科长张子修，军事科科长何赋儒，粮食科科长梁耀宗，财政科科长龚锡贤，建设科科长任洪，教育科科长王纪平（兼），公安局秘书曾鸿文；确定成立宝三区、宝四区党委和人民政府，深圳镇人民政府及南头、固西联乡办事处。其中深圳镇镇长陈虹、副镇长庄泽民，南头联乡办事处主任温巩章、副主任郑乃尧；建立和健全各乡人民政府和乡党总支领导人选，决定召开区、乡党员和武工队队长会议，把各项工作落实到基层。

大军南下，支前任务紧迫、繁重。根据中共江南地委的通报，估计有15万名南下大军经过宝安围歼残敌，需准备15万担粮食和7万名支前民工。为适应形势需要，完成支前任务，中共宝安县委成立以周吉为主任、张辉为副主任的支前委员会。各区也设立支前委员会，乡设立支前指挥所，村设支前指挥员。各地动员年龄18岁至45岁的男子和年龄20岁至40岁的妇女报名填表、编队，参加支前工作队。在县委领导下，很快在全县掀起了支前迎军的热潮，各乡成立了战勤队，并组织了向导、担架、后勤和卫生人员，准备为部队服务。同时在短期内完成筹粮10万担的任务。

1949年9月12日，宝安县委在龙华窑下村召开区、乡党员和武工队队长的会议。参会的有县委委员以及何伯琴、吴有业、刘仁、李明、刘鸣周、何赋儒、张子修、何强、陈琴等。会上根据上级指示，向各区、乡布置落实建党、建政、扩军和筹粮等工作，并就配合大军解放深圳、南头进行研究和部署。会后，张辉和袁蔚霞到各区、乡开展工作，黄永光、周吉在刘汝琛的领导下，筹备入城事宜。

为进一步落实解放深圳、南头的准备工作，宝安县委于1949年9月25日至10月上旬，集中一批准备接管城镇的干部在石岩小王田村举办学习班，学习入城的有关方针、政策和研究制定入城守则、纪律等。在此期间，建立起宝深军管会的办事机构，由王纪平任军管会秘书长，黎锦韬、曾伯豪为副秘书长；同时抽调东宝税务处的蓝杰、谭刚、何财等筹备接收九龙关。

1949年9月底至10月初，在中共宝安县委的领导下，宝安地区党员队伍不断壮大，各乡党的基层组织也逐步建立起来。其中涉及南山地区的有：民治乡总支（南山地区长岭皮村等隶属之），书记张美华，组织委员邓瑞华，宣传委员邓彦章，下辖6个支部，党员46人；乌石岩总支（南山地区白芒村隶属之），书记李基，组织委员廖宋光，宣传委员钟禄发，下辖5个支部，党员49人；沙河乡总支（含今南山区西丽街道、桃源街道、沙河街道、粤海街道北部），书记刘仁，组织委员张灼修，宣传委员吴振平，下辖7个支部，有党员41人。先后在龙华、民治、石岩、沙河等地建立了9个武工队，全区有联防民兵900多人。

中共宝安县委的成立，促进了区、乡党组织的建设与发展，加快了宝安人民武装力量的发展，同时进行了支前组织动员与接管县城的培训，为宝安县城及南山地区的解放作了充分的准备。

二、白石洲事件与九龙关起义①

九龙关是全国五大海关之一，也是华南第一大关，全关拥有内外勤员、海务人员、技工、关警和职工等1300多人。九龙关的机构和人员均分驻于两侧。在南山设有南头、白石洲两个缉私卡，设有蛇口、大铲两个支关。

在九龙关，原有中共地下党员林大琪、李国安2人。1948年秋，他们接到中共港澳工委关于"保护关产，迎接解放"的指示，认为只有通过爱国主义教育，千方百计策划起义，依靠广大职工力量，才能把大量关产包括武装设备转移到内地来。因此，他们利用每月假日相逢的机会，通过谈心交朋友的方式，与关员们谈论时事，分析形势，发现积极分子，团结进步力量。经过一番细致工作，于1949年年初，成立了党的外围群众组织"学习小组"（实为"护产小组"），由林大琪、李国安先后担任小组长，主要任务是团结爱国员工，宣传党的政策，做好保护关产迎接解放的准备。

在准备九龙关起义过程中，发生了白石洲事件，成了促成谈判起义的一个契机。

1949年10月13日，九龙关负责缉私工作的英国人税务司史锋氏和亲信副监察长杨俊虬到深圳窥察边境动静，不料在白石洲缉私卡巡视时，被关警扣留做人质，提出要海关发给每人两个月薪水作"应变费"。在港的英国人税务司经蔚斐闻讯惊惶失措，因为游击队袭击过沙鱼涌支关，以为这次也是游击队的行动。情急之下，经蔚斐反复盘算，决定与共产党地下组织谈判，以同意举行海关起义为筹码，换取两名被扣留人质的释放，以及建议解放

---

① 参见李国安：《原九龙海关起义回忆录》，载深圳市档案馆编：《民国时期深圳档案文献演绎》（1—4卷），花城出版社2001年版，第2729—2738页。

后仍可继续在九龙设关征收港币关税。这不仅可以使英国人史锋氏获得安全释放，而且通过与新中国谈判达到维持九龙关原状的目的，利用香港这个地盘来维护英国在九龙关的权益。

随后，经蔚斐召开高级职员会议，提出只要在白石洲被扣留两人能得到释放，愿意与中共地下党负责人谈判，并表示在人民解放军解放边境时，他可带领全关响应起义。会上，学习小组成员、二等监察长黄昌燮也在场，黄当即表示可以设法同地下党联系。中共港澳工委在听取黄昌燮汇报后，考虑到与经蔚斐谈判，可以先夺取边境的指挥权，以掌握起义的主要力量。据此，决定指派新华社香港分社社长黄作梅出面谈判，谈判原则是赞同经蔚斐响应解放举行起义和释放扣留在白石洲2人的要求，但是，第一要立即停止调动缉私舰艇到台湾去；第二应保护九龙关在港的一切财产，等待移交。

1949年10月15日晚，黄作梅由黄昌燮陪同，前往经蔚斐寓所谈判。谈判中，按照中共港澳工委提出的原则，顺利达成协议。这时，经蔚斐又提出发两个月薪水给关警，并表示解放后还在九龙尖沙咀火车站设关征收港币税款。黄作梅对发给两个月薪水表示同意，但对在九龙设关征税问题未作表态。

会谈之后，地下党说服白石洲关警释放史、杨两人，经蔚斐即通知海事办公处停止调动船只，把所有缉私舰艇停泊在港待命。白石洲事件圆满解决。后中共港澳工委又通知经蔚斐撤回当时在深圳缉私总部的副监察长杜炽芬，以黄昌燮取代之，并调陈钟和马绍永到缉私总部为黄的助手，另调无线电报员黄少文到总部电台工作，经蔚斐均照办。这样，中共港澳工委掌握了缉私总部在边境的指挥权，并掌握了在边境的武装力量和电台。

1949年10月14日，广州解放，两广纵队南下直驱樟木头，九龙关缉私总部在罗湖山顶升起五星红旗宣布起义。同时，通知了边境所有关卡人员坚守岗位，保护关产，迎接解放。国民党残余地方军队逃跑之前，曾企图袭击南头缉私卡，掠取枪支弹药和关产，原副监察长黄澄率领关警坚决抵抗，保护了南头缉私卡全部关产。

1949年10月21日，宝深军事管制委员会主任刘汝琛带领一批干部（包括李国安）来到罗湖山顶，接收了缉私总部，并派出军事联络员到边境接受所有关卡。当日下午，税务司经蔚斐按照事先达成的协议，在香港公主行五楼原九龙关总办公楼，召集在港全体职工，号召大家起义，响应边境解放。同时，在香港通电北京海关总署，表示九龙关已与前总税务司署断绝关系，接受北京海关总署领导，负责保护全部关产安全，听候指示。

1949年10月24日，九龙关原代理副税务司张中炜奉令向海关总署呈报九龙关区接管前后情况，接管时计有职员工1134人，各式舰艇27艘，汽车12辆，枪支1190支，港币420万元，银元5800元及房地产一批。11月15日，九龙关接管委员会正式成立，刘汝琛任主任，李国安、蓝杰为副主任，谭刚、何财为委员。缉私总部和边境各支关悬挂中华人民共和国国旗，宣告由英帝国主义把持九龙关历史的结束。

三、宝安大队解放宝安县城

1949年8月1日，中共中央决定组成以叶剑英为第一书记的新的中共中央华南分局，并确定由第二野战军第四兵团和第四野战军第十五兵团组成独立兵团，由叶剑英、陈赓统率，进军华南，承担解放广东全境的任务，以实现从南面包围和配合歼灭白崇禧集团的战略计划。

1949年10月1日，中华人民共和国宣告成立。参加广东战役的人民解放军野战部队抵达集合地点，陈赓指挥着左、右、南三路大军以摧枯拉朽之势，迅猛向前推进。其中南路军的两广纵队从赣县的江口出发，取道信丰、定南，于1949年10月8日进入广东和平县。10月9日，南路的粤赣湘边纵队到达龙川的佗城与两广纵队会师。

早在1949年9月12日，宝安县委在龙华窑下村召开的区乡党员和武工队长会上，边纵东一支三团政治部主任兼宝安县委书记黄永光，介绍了中国人民解放军第二野战军第四兵团（右路军）、第四野战军第十五兵团（左路军）以及两广纵队和粤赣湘边纵队主力（南路军）的战绩和动向，并郑重地宣布：解放宝安要靠我们自己的力量。

这时在宝安作战的部队为中国人民解放军粤赣湘边纵队东江第一支队第三团一部[1]，即宝安大队部分力量，宝安大队的三虎和活虎两个连已于1949年1月整编制上调纵队主力，7月五虎队和双虎队两个连又上调纵队主力和东一支独立营。在四个连上调后，宝安大队仅有剩余战士加上一些武工队员组成的金虎队约150人，战斗力大不如前。为此，周吉向上级反映情况。上级委派曾强任宝安军事特派员、周吉任宝安政治特派员，迅速发展和扩充武装连队。因此，把原来以邓望为连长的民治武装基干民兵连80多人加上各乡抽调上来的武工队员40多人整编为警卫连，计130多人。何强任连长，陈汉任指导员，吴勤发任副连长，加强宝安大队的军事力量。

1949年10月10日起，两广纵队第二师、粤赣湘边纵队独立二团，在东江一支、二支、三支的配合下，完成由河源向惠州进逼的攻势后，宝安的守敌便如惊弓之鸟，惶惶不可终日。随着10月

---

① 参见中共惠阳地委党史办公室《东一支战史》编写组：《中国人民解放军粤赣湘边纵队东江第一支队战史》，载中共惠阳地委党史办公室编：《东江党史资料汇编》第8辑，内部印刷，1986年1月，第11页。

14日广州解放，驻守在粤东重镇惠州的国民党一〇九军一九六师逃离，驻守在宝安邻县东莞的国民党军队也退逃。在宝安任职的国民党要人逃往香港，驻守在宝安的国民党军队撤向了大铲岛、内伶仃岛和万山群岛。县城南头和西乡一带只剩国民党警察总队、保二营和沙井地方反动联防队共300多人。面对如此形势，上级指示宝深军管会直接负责深圳、南头两地的接管工作。刘汝琛负责接管深圳，黄永光负责接管南头。

1949年10月14日，县委书记、东一支三团政治处主任黄永光，副县长、东一支三团二营教导员周吉，率领粤赣湘边纵队东江第一支队第三团宝安大队的金虎连、警卫连以及松岗文造培领导的武工队300多人，由谭头村向沙井出发，开始解放宝安的战斗，群众在路边燃放鞭炮。部队驻扎在衙边村的义德堂，沙井宝民中学的教导主任、地下党员郑鉴枢立即前来向黄永光介绍几座国民党炮楼情况，并建议通过乡长的母亲对炮楼里的联防队劝降。黄永光采纳其意见，向那位乡长母亲耐心宣传党的政策和当前的形势。乡长母亲答应去炮楼劝降，几座炮楼里的联防队共60多人列队前来缴枪。随后，以中小学教师为主体的沙井各界人士在义德堂召开庆祝大会，挂上早就准备好的毛泽东和朱德的画像。庆祝会后，部队连夜转移到石岩。

以政治攻势解决国民党残留武装的沙井做法，在相邻的西乡产生了共振。10月15日，西乡党总支宣传委员梁仓派人送来消息，驻守在西乡的国民党宝安县警察第二大队队长陈泽芹（又名陈充中）准备起义。黄永光、周吉立即集合队伍，抄近路由白芒赶到西乡。部队赶到西乡上合村时，起义的国民党宝安县警察80多人已在大队长陈泽芹的带领下列队架枪，在大祠堂前的坪上等候。部队顺利接受国民党警察第二大队起义，即日解放西乡，下午举行庆祝西乡解放军民联欢会。

在人民武装的胜利进军下，国民党政权迅速土崩瓦解，宝安县城南头局势极为混乱。抗战胜利后受党组织委派深入虎穴的中共地下党员温巩章利用自己的社会关系作掩护，已打入国民党宝安县党部任组织干事，并被选为县参议员，掌管机要档案。为配合部队做好县城南头的接管工作，温巩章在黄永光、莫儿、曾伯豪、龚锡贤等的直接领导下，紧张地为接管部队提供国民党当地的各方面重要情报，并在政局混乱之中，巧妙地保存宝安县各主要部门的敌伪档案。他不顾个人安危，和党的外围组织——东宝解放大同盟一起，对残留在县城的国民党军政人员和警察局200多人开展宣传教育，策动他们缴械投降，有效地控制了县城的局势。

1949年10月16日，东江第一支队第三团宝安大队金虎连与警卫连在温巩章与东宝解放大同盟盟员配合下，迅速冲进国民党宝安县警察大队在南头的驻地，没等其反应过来，全部缴了枪，顺利接管了国民党宝安县政府和军警队伍，宝安县城获得解放！

获得新生的南头人民无不欢欣鼓舞，一甲、大新街、南园、九街等主要街道到处是红旗、标语，各团体和人民群众兴高采烈地在城门敲锣打鼓，燃放鞭炮，热烈欢迎人民解放军部队。

随后，县委和县政府在南头郑氏大宗祠门前的广场上，召开欢迎人民解放军部队入城大会。在临时搭建的主席台上，新上任的县长黄永光、副县长周吉先后讲话，给英模单位和个人颁发了锦旗和奖状。黄永光在热烈的掌声中庄严宣告宝安解放了，并对全县人民提出三点要求：（1）加强团结，努力战斗，肃清国民党反动派的散兵游勇，搞好社会治安，建立革命的正常秩序，尽快成立乡政府；（2）协助政府顺利完成接管任务；（3）迅速恢复交通，安心经商办厂。同时警告反动分子，赶快觉悟，走向光明，如执迷不悟继续捣乱，必将受到严厉惩处。讲话结束后，艺宣队员上台演出，1000多名观众情绪高涨，尽情享受解放的舒心和翻身的荣光。

1949年10月20日，中共宝安县委机关进入县城南头，隶属中共江南地委领导。部队进城后，县委、县人民政府一方面做好原国民党军政人员的申报登记工作，另一方面发动群众征粮筹粮。在人民群众的协助下，县城的秩序迅速恢复。不久，南头地区联乡办事处正式成立，温巩章任联乡办事处主任，郑乃尧任副主任。①

1949年10月20日，中共宝安县委、宝安县人民政府进入南头城办公。图为宝安县人民政府旧址　（深圳博物馆提供）

宝安县城与南山地区的解放，宣告了南山新民主主义革命取得了伟大胜利，也宣告国民党反动派在南山20多年统治的结束，南山人民在中国共产党的领导下，经过曲折的道路、艰苦的斗争，终于建立了人民当家做主的新政权，走上了光明的道路。

---

① 参见谢伟明整理：《解放深圳、南头的经过》，载深圳市档案馆编：《民国时期深圳档案文献演绎》（1—4卷），花城出版社2001年版，第2693—2700页。

第六节 南山全境的解放

宝安县城解放后，南山的大铲岛、内伶仃岛还被国民党军队的残兵所占领。为了宝安县全境的解放，人民解放军发起大铲岛、内伶仃岛战斗，歼灭与击溃岛上守敌，两岛回到人民手中。

一、两广纵队炮团解放大铲岛战斗①

1949年9月底，中国人民解放军两广纵队炮团奉命由江西赣州南下，于10月中旬抵达广东博罗县。王作尧副司令指示：除留两个连由参谋长傅志刚率领坚守博罗城外，全团紧急西进直插龙华圩，配合第一师和第二师四、五团以及粤赣湘边纵队第六团围歼孤立在罗浮山附近的国民党军第一〇九军第一五四师。第一五四师孤立无援，被迫战场起义。

在人民解放军南下大军的迅猛攻势下，驻东江地区国民党军除第一五四师外，其余纷纷逃往中山县和沿海岛屿。根据形势的发展，纵队司令部指示，炮团立即进驻东莞，稍为休整后，继续南下，除留一个炮连进驻虎门沙角、封锁珠江口外，全团火速向宝安县城南头挺进，防止盘踞在内伶仃岛和大铲岛的国民党军逃窜。

部队进驻宝安县城南头时，父老乡亲们热烈欢迎子弟兵回

---

① 傅志刚：《解放大铲岛》，载深圳市档案馆编：《民国时期深圳档案文献演绎》（1—4卷），花城出版社2001年版，第2701—2704页。

来。中共宝安县委支前委员会主任、宝安县副县长周吉主持召开欢迎大会，欢迎子弟兵进驻宝安。在欢迎大会上，副县长周吉和炮团团长袁庚分别讲话，部队和当地群众都得到极大鼓舞。

大铲岛位于宝安县城西南方向的珠江口上。盘踞在大铲岛的国民党军队依仗内伶仃岛国民党驻军的援助和海军在海上的力量，经常开枪和炮击出海捕鱼的渔民，抢劫渔民的财物，渔民不敢出海捕鱼，人民生活不得安宁。据此，纵队司令部指示炮团组织力量，尽快把大铲岛上国民党军这颗钉子拔掉，保障人民生命财产的安全。

根据指示，团长袁庚立即召集团机关和营连干部会议，研究部署解放大铲岛的作战方案。根据岛上敌情、地形以及炮团炮火可直接支援的情况，登岛的地点选择在大铲岛的东端，炮火在南山棚头咀支援。兵力部署是：团参谋长傅志刚、组织股长徐育率警卫连一个排、工兵连一个排，作为攻岛的突击部队，傅志刚负责全面指挥，徐育负责政治工作和战俘、战利品的处理；警卫连一个排由连长吴桂来带队，工兵连的一个排由指导员马力、副连长雷雨带队，作为攻岛后续部队；二营的两个炮连负责登岛部队的火力支援，并迅速抢修由南头至棚头咀运炮道路和构筑阵地。解放大铲岛的准备工作就绪。

1949年11月6日凌晨，傅志刚和徐育率突击部队进驻蛇口赤湾隐蔽，并研究具体行动方案。依据国民党军的滩头阵地情况和已征集的3条机帆船的运载能力，由徐育、雷雨率两个班乘第一条船，作为抢占滩头阵地的兵力，巩固阵地后向纵深发展；傅志刚率两个班乘第二条船紧跟前进，作为向纵深发展扩大成果的兵力；吴桂来率两个班乘第三条船担负支援任务。战斗行动方案制订后，部队即行休息，封锁消息，严格保守秘密。

天亮后，接团部命令，要攻岛突击部队立即出发。傅志刚即令部队按计划编队，快速登船，并令雷雨做好船工的思想工作，立即开船，快速前进，抢占滩头阵地。当部队航渡距大铲岛约100多米时，岸上炮兵即向国民党军滩头阵地炮击，并向纵深延伸射击。傅志刚立即命令部队全速前进，抢滩登岛。国民党军在炮团强大炮火轰击下，稍作抵抗后，便掉头逃窜。登岛部队则全速挺进，抢占制高点，并乘国民党军慌乱之际，发起冲锋追击，使他们毫无喘息机会。在部队抢占制高点后，傅志刚、徐育指挥部队追击国民党军，命吴桂来带的两个班随后打扫战场，搜索继续前进。国民党军如惊弓之鸟，仓皇逃向大铲岛南湾，企图向内伶仃岛逃窜。攻岛部队赶到时，国民党军残部已登船离岛。攻岛部队立即集中火力向船上射击，令其迅速返航靠岸。在部队猛烈的火力威胁下，船只好转向靠岸。徐育率两个班即行登船检查，命令船上国民党军放下武器投降。国民党军纷纷举手投降，一名国民党军官跳水逃跑，但游不到50米即倒游回来投降，冻得直打哆嗦，哀求给他衣服换。经查此人是国民党少将、高级参谋徐达。战俘由徐育所率两个班进行审讯和清点人数，傅志刚率部队继续打扫战场，肃清国民党军残兵。

这次战斗共俘国民党军少将参谋以下80多人，缴获金条数条，美国香烟数十箱，大米、毛毡、派克笔、冰糖、白糖等一批物资及港币1万多元，攻岛部队无一伤亡。

战斗结束后，天气突然变化，刮起四五级西北风。征集的三条船早已返航，岛上只有一艘缴获的大帆船，人多、风大，无法离岛返回南头。当时又无任何通信设备，无法向团部报告情况。为防止内伶仃岛国民党军的反扑，登岛部队派出两个观察小组，监视海面情况，然后在大铲村做饭休息，清理缴获物资。由徐育带领一部分战士继续审讯战俘，宣传人民解放军对战俘的政策。

当晚8时30分左右，突接观察哨的报告，在岛的西面海域发现两艘国民党军舰艇，向大铲岛炮击。傅志刚决定：由其率警卫连负责在岛上监视国民党军的动向，徐育率工兵连上大帆船，加强易登岛地段的兵力，防止国民党军袭击；战俘留在大铲村，派两个班看守。国民党军舰艇向大铲岛炮击20分钟后，炮团炮兵即向国民党军舰艇开炮还击。国民党军舰艇见势不妙掉头逃窜。时隔30分钟，国民党军舰艇又向大铲岛驶来，并向岛上开炮。炮团岸上炮兵早已准备，立即向国民党军舰艇开炮还击，持续10多分钟，国民党军舰艇逃去，再也不敢窜犯。

当晚天气很冷，部队因轻装登岛，没有带御寒衣物，但战士们顽强地坚守岗位，战胜了严寒。次日下午，风力大减，团部即派两艘大渔船来接攻岛部队，加上缴获的大帆船，分别运载部队、战俘和战利品返航。回到南头时，南头人民热烈欢迎攻岛部队胜利归来。11月15日，宝安县人民政府在南头广场召开宝安县各界庆祝解放大会，教育、工商、农会及各区乡的妇女会、农会等1万多人参加。

大铲岛的解放，保障了渔民生命财产的安全，孤立了盘踞在内伶仃岛的国民党军，为人民解放军解放内伶仃岛创造了有利的条件。

二、第四十四军三九○团解放内伶仃岛战斗

随着南山陆上地区的解放，社会秩序开始稳定，经济逐步恢复，人民生活得以安定。

1950年2月，宝安县委召开全县党员大会。大会决定对全体党员实行登记，并作初步审查；整顿组织，健全机构，建立会议制度，改变领导方法，密切上下级联系，加强党群关系；对党员干部进行整风，提高思想水平、政治觉悟，调动党员的积极性，发挥模范带头作用，提高党在群众中的威信。3月，中共宝安县

委划归中共珠江地委领导，县委领导班子作了调整，由沙深宝边委书记祁烽兼任县委书记，黄华任第一副书记，黄干任第二副书记。4月8—10日，宝安县第一次农民代表大会召开，成立宝安县农民协进会，周吉任主任，马伦任主席。

1950年2月，中国人民解放军粤赣湘边纵队整编，撤销第三团，该团第二营移防宝安县，改编为独立营。同时，原宝安县大队改编为独立营第三连。独立营共4个连、1个排，约500人，驻守沙头角、深圳、南头、沙井一带边防线。4月下旬，按全国统一编制，独立营改为宝安县大队，执行内卫、剿匪、保护土改等任务；大队部驻南头大新街，辖4个区中队，隶属中国人民解放军珠江军分区领导。

1950年3月初，中国人民解放军第四十四军一三〇师三九〇团经过长途跋涉，从汕头市转驻虎门要塞，准备消灭残留在沿海岛屿上的国民党军队。不久，三九〇团接到上级关于渡海作战解放内伶仃岛的任务。[①]

内伶仃岛距蛇口17公里，全岛面积5.54平方公里。随着宝安县陆上全境与大铲岛的解放，国民党军退守内伶仃岛。岛上驻有国民党军官兵1000多人，舰艇27艘，并有空军支援。

参战部队三九〇团战斗力强，是一三〇师主力团。该团的前身是1945年9月进入东北的晋绥三十二团的两个连，10月以此为基础组建辽吉军区保安一旅三团。几经整编，1948年1月为东北野战军第七纵队第十九师第五十七团，11月改称中国人民解放军第四十四军第一三〇师第三九〇团。1949年4月，随第四十四军编入第四野战军第十五兵团建制，由天津向华中华南进军。10

---

① 参见赵全斌：《解放内伶汀（仃）岛》，载中共广东省委党史研究室编：《广东党史资料》第17辑，广东人民出版社1990年版，第244—245页。

月，参加广东战役，尔后担负粤东地区剿匪任务。渡海作战对该团是一个新的考验，因为该团指战员基本属于北方"旱鸭子"。

作战任务下达后，三九〇团立即制订水上练兵计划，要求全团指战员尽快学会游泳、掌船、使风、摇橹、在帆船上射击、海上自救互救等本领。为尽快熟悉海上作战，部队先在指战员中找出出生在水乡懂得水性的战士当教员，提出"一帮五，三对红"的口号，掀起了海上练兵的热潮。可是，到了"无风三尺浪，有风浪滔天"的海上，船在海里直打转，怎么也冲不出海浪。

部队领导意识到必须请当地渔民老乡来当教员，帮助训练。但因虎门一带刚解放不久，渔民老乡怕解放军在此驻扎时间不长，国民党回来要被"算账"，因此不敢公开与部队接近。为了尽快学会海上本领，部队领导到海边渔民船上，耐心做渔民老乡的思想工作。同时，为了不暴露部队行动的意图，也打消渔民老乡的顾虑，就先从连队里挑选懂点水性的战士向老乡学习，学会后再当教员，教会其他参战官兵。

经过一段时间的基础训练后，开始海上大练兵。部队雇了老乡的船学摇橹、掌舵、使风、瞄准射击等。但是，战士们一出海，就有劲使不上，手不听使唤，脚也站不稳，严重晕船，不停呕吐。只几天的工夫，每个人都明显消瘦体力下降，但是没有一个人打退堂鼓。战士们咬着牙顽强坚持，吃在海上，练在海上，晚上睡觉也在海上。经过一个月的强化训练，战士们终于可以驾帆船闯大海了。

在渡海作战训练的同时，第一三〇师的榴弹炮团进驻宝安，进行解放内伶仃岛战斗的准备。榴弹炮团避开白天国民党军飞机侦察空袭，利用夜幕掩护，将30门榴弹炮悄悄布防到蛇口小南山上，构筑起炮兵阵地。

1950年4月18日清晨，解放内伶仃岛战斗开始。三九〇团二营向岛的侧后迂回，一营从正面进攻，二连担任进攻突击连，一连为二梯队。7时，营指挥船发出"前进"的信号，战士们在蒙蒙细雾掩护下，驾着帆船，从虎门出发，直插内伶仃岛东湾。一小时后，已经看到内伶仃岛了。远望内伶仃岛，就像一艘大兵舰停在珠江入口处。[①]这时，二连的四艘登陆商船按计划驶出队形，向海岛的滩头冲去。与此同时，一三〇师榴弹炮团30门大炮从小南山向岛上猛烈开炮。炮弹在船队上方呼啸而过，成片地落在滩头和小山上。在炮火掩护下，三九〇团主攻部队迅速抢滩登陆。驻岛国民党军不敢顽抗，纷纷登舰逃跑，来不及登舰的100多人，全部被俘虏。随后，三九〇团指战员再次登上5艘商船，追击登舰逃跑的国民党军。在伶仃洋上，三九〇团与国民党军27艘军舰、炮艇两度交战，击沉国民党军舰艇2艘，毙俘国民党军官兵100多人，取得全胜。国民党军舰艇无心恋战，狼狈逃往万山群岛，内伶仃岛获得解放。

内伶仃岛（田新舟摄）

解放内伶仃岛战斗中，三九〇团主攻连炮二连连长常元岑、副班长徐国钧、战士贾士刚、庞连栋、吴月钧、毕登光、闻国林、许凤春，十连政治指导员郑克昌、六连班长杨春德、警卫连班长王巨文，七连战士全阿龙、十连战士张国清、十一连战士孙

---

① 参见赵全斌：《解放内伶汀（仃）岛》，载中共广东省委党史研究室编：《广东党史资料》第17辑，广东人民出版社1990年版，第244—245页。

柏昌，以及海员刘洪旺（东莞县人）、潭惠光（中山县人）等16人壮烈牺牲。1950年5月20日，中国人民解放军三九〇团在宝安县城南门教场建立解放内伶仃岛纪念碑，以纪念牺牲烈士。

内伶仃岛战斗的胜利，标志着宝安县全境获得解放。同时，也为解放万山群岛积累了经验，搭建起解放万山群岛的跳板。在中国共产党的领导下，南山人民开始谱写历史的新篇章。

第五章

中华人民共和国成立后南山经济社会建设

第一节 老区经济与基本建设的发展

　　宝安县全境解放后，立即开始政治、经济建设，医治战争创伤。其中革命老区的建设，尤其得到重视。

　　南山的革命老区，基本地处山丘，为传统农业耕作区，包括耕地、鱼塘、荔枝园、荒地等。老区经过土地改革，后又走上互助合作道路。1958年10月，成立人民公社。后又经过多次人民公社体制调整，至1961年年底，公社、大队、生产队体制才基本稳定下来。

　　1962年，南山20个老区自然村，分属于南头公社的新围、塘朗、珠光、白芒、大冲（由中华人民共和国成立前的"大涌"改称）5个大队以及沙河农场。其中：属于新围大队的有九祥岭、大冚、王京坑、麻冚4个村，属于塘朗大队的有上面光、福林、杨屋、长岭皮4个村，属于珠光大队的有文光、茶光、新屋、光前、龙井5个村，属于白芒大队的有白芒、牛成2个村，属于大冲大队的有阮屋、大冲五队2个村，属于沙河农场的有上白石、新塘、塘头3个村。含有老区村的5个大队，有生产队71个，1231户，5125人，劳动力2046人，有耕地面积16396亩，其中水田14840亩、旱地1556亩。

　　后来生产队不断合并。至1967年，仍为5个大队，有生产队43个，1186户，5523人，劳动力2232人，耕地16148亩，其中水田14550亩、旱地1598亩。至1973年，仍为5个大队，有生产队35

个，1466户，6650人，劳动力3064人，耕地面积15697亩，其中水田13737亩、旱地1960亩。[①]

一、小额贸易政策与经济恢复发展

南山地区解放时的各个老区村以农业为主，兼有渔业生产。村里的水田以种植水稻为主，亩产量约165公斤。旱地和山地则种植果树与其他经济作物。经济作物主要有花生、甘蔗、大豆、番薯、木薯等等，果树有荔枝、龙眼、沙梨、芒果、香蕉、李子、黄桃、柿子、菠萝、橘子等。每家每户还养一两头猪和一些鸡、鸭、鹅，少数人家养牛用于耕田。

此外，村民利用与香港"新界"毗邻的优势，把多余的农副产品拿到香港市场去卖，增加收入。1951年开始强化边界管理，但仍允许边境农民持证过境耕作，并进行少量农副产品交易。1956年封锁边境后，规定不准边防地区群众把自己生产的产品拿到香港市场上去卖，或兑换生产和生活必需品，群众收入也显著减少。

1958年5月，中共中央作出全国性"大跃进"总动员的决议。6月，宝安县进行"大跃进"动员，提出实现晚造水稻亩产800斤、力争1000斤的高指标。7月又提出晚造生产指标，要求水稻亩产1000斤，甘蔗亩产1万斤，户平均生猪存栏6.1头，家禽60只，炼钢1280吨。9月，宝安开展全民"大炼钢铁运动"。西沥片区的上沙河摆起20多个大锅做饭，为上山砍柴炼钢的青壮年和老人孩子们准备早中晚餐。全村的人集中起来到公共食堂吃饭，

[①]　以上包含老区的大队、生产队、人口、劳动力、耕地面积等资料，来源于1974年南头公社编1962年度、1963年度、1965年度、1966年度、1967年度、1968年度、1969年度、1970年度、1971年度、1972年度、1973年度的"基本情况"表，原件存南山区档案馆。

三餐米饭任吃，浪费极大。农民家的锅铲，凡是铁的东西，甚至门上的铁栓也拆卸下来送给公社炼钢。

珠光大队组成一个青年示范队，在珠光和光前两村搞密植试验。首先在一块水田里下足基肥，待水稻长到1个月后，将10多亩水稻拔起移植到1亩田里，规格要求越密越好，密集到一只鸡蛋在上面都掉不下去。秧苗密集无法生长，就人工吹风，两个人拉着大床单在田边跑来跑去，但是秧苗仍然全部枯死。由于插下去的秧苗太密集，拖迟了生产时间，又只插百分之三十的田地，加上严重自然灾害影响，1959年和1960年宝安农业大面积减产。①

大减产的严重后果，首先是公社的食堂办不下去，村民们生活无以为继，陷入饥荒状态。所幸西沥老区村依山傍水，没有粮食的时候，可以上山采摘山果野菜，吃香蕉树的嫩秆或木薯的茎块根，下河捕捞鱼虾，因此没有出现饿死人的情况。一些青壮年设法到香港谋生。珠光大队200多人，40多个劳动力，跑了10多人。生产受到严重影响，很多地都荒了，村里的房子有的成了空房。

面对群众饥饿和逃港压力，宝安县委开始反思，寻找新的途径解决所面临的实际困难。1959年，中共广东省委第一书记陶铸两次来到宝安。县委第一书记李富林向陶铸汇报说：宝安能否出口点小商品去换取外汇，稻草只能用于回田，到了香港却能赚钱，野花、草蜢、河冲什鱼、稻草等出口，既可以解决人民群众的生活困难，又可以增加收益，不影响国家大宗贸易。这个想法得到了陶铸的同意，开始放松边防管理。群众从香港带回粮油衣

---

① 郑锦祥口述，唐冬眉、申晨撰写：《亲历者口述改革开放30年》，载深圳市宝安区史志办公室编《宝安史志》2010年第4期（总第35期），第10页、11页。

物，回村度荒渐渐多起来。

　　宝安县委初尝甜头，决定进一步推动"小额贸易"，积极开放边防，谋求更大的发展。1961年8月13日，宝安召开边防工作会议，提出《关于适当放宽进出口管理政策意见（草案）》，提出适当放宽边防管理政策，切实解决边防地区人民群众恢复和发展中必须解决的问题。9月25日，省委批复，原则上同意适当放宽边防地区农业渔业进出口人员的管理，保障边防地区人民下海过境生产的正当权利，以促进生产的恢复和发展，提高人民生活水平。当时，对香港开放"小额贸易"的做法在宝安各地实行。在南山老区，村民利用出口稻草的机会，运出一些价值较高的农副产品，再买回一些生活用品或生产资料，还有的争取到在香港亲友的资助，饥荒得到缓解。

　　1961年11月3日，一位省领导致信宝安县委，指出边防区生产队自行运出的产品品种过多，要求收缩"小额贸易"政策。信中指示，实行该政策的地区范围只限于港九交界的管理线起，深20华里以内地区的居民；每人每次出入境携带的物品，以不超过5市斤和价值人民币5元为限，过境耕作的农民每人每月进出携带物品的次数最多不得超过5次，来往探亲访友的每户每月最多不超过5人次；今后准许运出的只限于禾草、烧柴、山草、木炭、糠头、牙灰、海沙、草绳等八种商品，其他土特产品在完成交售任务后，应一律交国家收购，所得外汇应以换购生产资料为主，生活资料应限于20%的幅度以内等。但是，为了广大人民群众的切身利益，县委领导继续同意出口八种商品以外的产品，生产继续得到恢复。

　　1962年3月14日，广东省委作出正式规定，对过境耕作农民携带入境的物品，实行"三个五"的规定，即每月限5次，每次重量不超过5公斤，物品估值人民币5元以内的，免税放行。1962

年10月中共八届十中全会后，加强边防管理。1963年初，广东省委全面布置开展打击投机倒把运动，小额贸易在"左"的重重压力之下基本上被停止。1964年开展"小四清"运动时，一些基层干部还因此受到了错误的处理，"三个五"也被取消。①

　　但是，由于小额贸易政策的实施，加之国民经济的调整，老区人民生活有所好转，老百姓能吃饱饭。在20世纪60年代中期，老区村一个壮劳力，一天收入0.3—0.6元。长岭皮村和福林村低一点，约0.3元，而光前村最高约为0.6元。村民拿钱还要凭票才能购物。

　　1966年5月"文化大革命"开始，南山革命老区的经济发展再次受到影响。但1970年后，随着社会秩序的稳定，经济又开始

新塘村1973年农民集体种植水稻（沙河街道办事处提供）

发展。1970年，包括老区村的新围、塘朗、珠光、大冲4个大队②，水稻播种面积21290亩（分早造、晚造），总产3772吨。花生1587亩（分夏收、秋收），总产84.35吨。饲养生猪4184头。总收入120.06万元，纳入群

---

　　① 参见詹延钦：《六十年代初宝安的开放实践及其影响》，载深圳市宝安区史志办公室编《宝安史志通讯》2000年第4期（总第11期），第31、32、33页。
　　② 老区村共涉及5个大队，但1974年白芒大队划属石岩公社，1979年设立南头区时，南头区包含南头公社、西乡公社、蛇口公社，石岩公社属于龙华区，故南头区的统计资料只包括老区4个大队。

众分配75.48万元，户均660元，人均174元，劳均339元。[①]

从20世纪70年代初开始，老区村利用河塘，养一些福寿鱼、鲫鱼、大头鱼等。上面光村有鱼塘5亩，杨屋、福林村各有鱼塘2亩，光前村有两个占地面积各1亩多的鱼塘，龙井村有一个1亩多的鱼塘。逢年过节，打出鱼塘里的鱼，分给村民食用。上面光、杨屋、福林和长岭皮村，有的农民农闲时上山打猎，猎物有兔子、黄猄、果子狸、野猪等，也有的去村旁的大沙河里捞鱼摸虾。新屋村村民农闲砍柴、割草，然后挑到南头去卖，换回一些油、盐、米等生活必需品。村民都养一些鸡、鸭、鹅、猪等。1974年，含有老区村的4个大队，水稻播种面积21083亩（分早造、晚造），总产3788吨。甘蔗1023亩，总产1440吨。荔枝产量504吨。花生1696亩（分夏收、秋收），总产116吨。木薯321亩，总产132.4吨。饲养生猪4253头，其中集体739头、个人3514头。养淡水鱼100亩。总收入137.15万元，纳入集体分配86.35万元，户均816元，人均176元，劳均375元。[②]

至1978年，含有老区村的4个大队，水稻播种面积20210亩（分早造、晚造），总产3811吨。甘蔗947亩，总产2363吨。荔枝产量32吨。花生2019亩（分夏收、秋收），总产124吨。木薯379亩，总产272吨。饲养生猪6213头。养鱼365亩，其中淡水养殖219亩、海水养殖146亩。总收入125.5万元，纳入集体分配

[①]　参见南头区委党委办公室编：《1970—1979统计资料》，1980年3月印，存南山区档案馆，第44、45、46、47页，第70、71、72、73页，第97、98、99、100页，第128、129、130、131页，第158、159、160、161页，第187、188、189、190页，第228、229、230、231页。

[②]　参见南头区委党委办公室编：《1970—1979统计资料》，1980年3月印，存南山区档案馆，第44、45、46、47页，第70、71、72、73页，第97、98、99、100页，第128、129、130、131页，第158、159、160、161页，第187、188、189、190页，第228、229、230、231页。

75.67万元，户均737元，人均152元，劳均404元。[①]经济发展一直处于20世纪70年代中期的水平。北部西沥老区农业单一，一直以种植水稻、花生、甘蔗、荔枝四种农作物为主，属田多劳力少地区，被称为"南头粮仓"。水产均为淡水养殖，产量一直维持在2500公斤上下。

二、西沥水库兴建与道路建设

中华人民共和国成立至1959年年底，宝安县兴修了2000多项大小水利工程，挖土1100多万立方米，初步改变了宝安的干旱状况。但水旱灾害远没有解决，其中1959年水稻早造受旱面积6万亩，受浸的地区有55个村庄。1959年年底，中共宝安县委为确保农业生产的更大发展，确保全县人民生命财产的安全，提出"苦战一冬春，彻底消灭水旱灾"的口号，一举上马全县十大重点水利工程。

西沥水库（1983年改称西丽水库）修建，是全县十大水利工程之一。为加强对全县十大重点工程的领导，佛山地委书记兼宝安县委第一书记李富林亲自领导全县水利建设运动，县委、县人委领导均亲临一线指挥，其中直接指挥西沥水库修建的是县委书记费铭华。

西沥水库位于南山北部老区的西北部，水库蓄水区涉及同样是革命老区的西沥村、西沥向西村、上王里村、下王里村4个村，需整村搬迁150户、574人。库址的老区人民以大局为重，背井离乡，搬迁至南头大冲、蛇口等地。

① 参见南头区委党委办公室编：《1970—1979统计资料》，1980年3月印，存南山区档案馆，第44、45、46、47页，第70、71、72、73页，第97、98、99、100页，第128、129、130、131页，第158、159、160、161页，第187、188、189、190页，第228、229、230、231页。

160

西沥水库由宝安县水电局负责设计，1959年冬正式动工，由超英公社（含后来的南头公社、西乡公社、蛇口公社）1万多人参加施工。工程主要建设项目是主坝、副坝各1座，以及溢洪道、输水涵等，重点是主、副坝的铺土和碾压工程。工地除有两辆拖拉机压土之外，大坝填土完全靠人工。民工们或是挑土上坝，或用手推车运土，以愚公移山、不畏艰险的精神，开山取土、移山填土。民工们生活条件艰苦，居住在简陋的工棚里，口粮仅可果腹，有些民工甚至出现水肿病。由于每天的劳动工时长，劳动强度大，在体能付出超过极限的情况下，不时有民工昏倒在工地。有的妇女孩子还没断奶，就背着婴儿上了工地，平时把孩子丢在工棚里，劳动间隙时才匆匆忙忙给孩子喂奶。

工地还组织各种形式的劳动竞赛，组成以向秀丽、董存瑞、黄继光等命名的突击队，评选先进模范人物，开展插红旗、树标兵活动，以加快工程进度。西沥水库施工中，也汲取其他工程进行工具改革和革新经验。如用木桩压土、铁锹压土、牛拉犁土（双铧犁与五一步犁）、码头装土、漏槽装土、人拉耙平土、牛拉耙平土、牛拉列车运土、牛拉木板耙平土、坑道码头装土、火药炸土、拖拉机犁土等。通过工具技术改革，工效迅速提高。①

1960年12月1日，西沥水库顺利完工，工程投资124.33万元（其中国家投资44.55万元，其余由地方自筹）。水库拦蓄发源于羊台山南麓的白芒、麻𡐤（今麻磡）、大𡐤（今大磡）、田下4条河流，集雨面积29平方公里，正常水位29米珠基高程，相应

---

① 参见詹延钦：《20世纪五六十年代宝安十大水利工程建设》，载宝安区史志办公室编：《宝安史志》2009年第2期（总第29期），第42、43页。

库容2650万立方米，土石方量约40.64万立方米。主要建筑物有主坝、副坝各一座，以及溢洪道、输水涵等。主坝为砼心墙T坝，坝顶33.86米珠基高程，坝顶长486米，坝高21.76米。副坝为均质土坝，坝顶高程33.5米，坝顶长70米，坝高6.5米。水库大坝与溢洪道连接处建有溢洪道闸室，用于蓄水泄洪，泄洪随溢洪道进入大沙河，最终入海。

20世纪80年代，兴建长岭皮水库引水渠，将长岭皮水库的水通过长西引水渠输水入西沥水库。2001年，深圳市东江水源工程建成投入运行后，水库主要是东江水。

西沥水库建成后，为宝安灌溉、防洪、发电发挥了积极的作用。每到夏季，降雨不断，西沥水库起到防洪作用，防洪保护面积4000亩；遇到天旱，起到灌溉作用，利用水力发电设计灌溉面积1.8万亩，灌溉范围包括南头公社和西乡公社等地，改变了"三天不雨小旱，十天不雨大旱"的面貌，为农业生产创造了极为有利的条件。此外，水电部门在泄洪坝上建起发电站，利用灌溉引水发电，设计装机容量2×80千瓦，年发电量40万千瓦时，向南头墟镇供电，1965年并入电网，至1980年因蛇口供水改变输水涵而报废。

1980年深圳经济特区成立后，随着深圳市城市经济的高速发展和城市规模的不断扩大，西沥水库转变为兼具城市供水和防洪功能的中型水库，主要面向深圳市铁岗水库、大冲水厂、蛇口供水公司转输供原水。1989年灌溉用水完全终止，全部改为城市供水。

中华人民共和国成立时，南山地区内，连接老区与外界的有3条比较长的砂石公路。一条是南天路，从南头经上沙河、白芒到东莞天堂围，一条是宝深路（即深南路），从宝安县城经大冲、下沙河到深圳镇，还有一条岩口路，从石岩经白芒、上沙河到蛇口。老区村庄内，都是狭窄弯曲的土路或者田埂路。20世纪60年代，在上沙河地区修建西沥桥，沟通大沙河东西两岸。其间，深南路跨越大沙河的大冲桥，也由木桥改建为石桥。1974年，王京坑村的村民自行修建伯公下桥。1977年，白芒村自行修建白芒村石拱桥。

　　至1978年时，南山革命老区除上述3条砂石公路外，其他皆为土路。其中：长岭皮村、福林村、杨屋村、上面光村通往上沙河的道路，是宽约3米的土路，是这四个村外出的主要道路；龙井村、光前村和新屋村村民外出的主要道路也是通往上沙河的一条宽约3米的土路，另外有一条只能单人通过的小道，是沿着沙河往南通往大冲村的田埂。沙河地区上白石村、新塘村、塘头村通往沙河街的也是2.5米宽的土路。20世纪60年代，部队修筑一条从白石洲通往光前和龙井村的国防公路，宽约3米，后来修通到上沙河，这条公路成为当时通往外面的主要道路。

20世纪70年代羊台山脚下的王京坑村（西丽街道办事处提供）

第二节 老区社会事业发展与民生改善

一、老区社会事业的逐步发展

文化事业发展。中华人民共和国成立后，老区文化活动渐渐增多。每一两个月，县里（后来是公社）电影队到农村巡回放一次电影。20世纪70年代，插队在老区的知青成立宣传队，经常举行一些文艺表演活动。每逢年节，有比较活跃的传统文体娱乐活动，有登山、拔河、打乒乓球、听唱粤曲、舞狮、舞龙、划龙舟、下象棋、打麻将、打扑克等。

最出名的传统文化活动，是长岭皮村的舞麒麟表演，相传已有100多年的历史。舞麒麟集歌、舞、乐于一体，所舞麒麟的骨架用竹篾扎成，皮用各色彩布做成。分成头、尾两截，中间穿孔，舞者站在穿孔处将麒麟系在身上。春节期间，入村上街挨家挨户恭贺新年。表演时，一个男青年舞动麒麟头，另一个男少年牵动麒麟尾，随着打击乐表现麒麟舔脚、采青等动作以及喜怒哀乐的情绪。舞麒麟结束后，还有武术表演，或者是徒手单打、双打，或者是拿着武器的单打、双打等，最后由师傅或长者出场表演。舞麒麟者大都身怀武功，且舞麒麟的套路与武功的套路基本一脉相承，舞麒麟成为那个年代村里标志性的文化娱乐项目，今已被确定为区级非物质文化遗产。

教育事业发展。中华人民共和国成立后，南山革命老区的教育事业有明显发展。在上沙河地区，有创办于20世纪30年代的国民中正小学，其时易名为上沙河小学，后又改称新围小学，今为西丽小学。在白芒与大冚地区，有白芒、大冚两

珠光小学学生在简陋的条件下上课学习（20世纪70年代）（桃源街道办事处提供）

所私塾。1952年，政府将其与上、下王里两村的资源整合，分别改建为白芒小学、大王小学。1959年，由于西沥水库的兴建，原上、下王里两村搬迁，大王小学又改名为大冚小学，并在"文化大革命"期间开设过附设初中班。20世纪70年代初，在牛成村创办永成小学，20世纪70年代末并入白芒小学。在塘朗地区，1950年，政府将塘朗、上面光、长岭皮三所私塾合并为上塘小学，有4个班、在校生120人，1958年更名为塘朗小学。在珠光地区有珠光小学，有4个班、在校生100人。还有位于光前村郑氏祠堂的光前小学，后并入珠光小学。1978年，南头公社共有中学1所，小学15所，教师164人，在校生2647人，其中中学生428人。①

在沙河地区，有下白石村小学，学生为来自上白石、下白石、白石洲、新塘4个村的村民子女。1953年，下白石村小学停办，沙河地区4个村的村民子女到大冲小学上学。1959年，创办

---

① 参见南头区委党委办公室编：《1970—1979统计资料》，1980年3月印，存南山区档案馆，第210页。

沙河小学，有3个班，学校在接收边防驻军子女的同时，也接收当地村民子女入学。在大冲地区，有创办于抗战时期的大冲小学。1950年，有一至五年级学生85人，教师4人。1968年，由县出资，社员出工，重建大冲小学，建起7间教室，学校初具规模。

卫生事业发展。中华人民共和国成立时，老区没有医疗机构与卫生设施，农民生病要去县城南头就医。1950年，创办珠光医疗站，面积约60平方米，为当地群众医治小伤小病。1965年，开始建立大队卫生室。老区村所属5个大队，各选派2至3名有志从医的青年，参加县卫生部门举办的卫生知识培训班，学习中西医的基本知识。这些青年学成后回到所在大队，被称为"赤脚医生"，为村民免费看病的同时，还担负疾病预控的职责。1978年，南头公社有卫生院1所，合作医疗站12个，医护人员（含赤脚医生）72人。[①]1960年11月，沙河农场在上白石村建立广东省农垦厅沙河农场医务所，有医务人员4人。1962年8月，更名为广州军区沙河农牧场医务所。1965年10月，更名为广东省光明华侨畜牧场沙河分场医务所，地址迁至下白石村一坊，有医务人员8人。1967年发展成沙河医院，医生、职工增加到几十人，医院也对外看病，成为20世纪六七十年代南山地区比较有规模的医疗机构。

二、沙河农场兴建与群众生活的改善

中华人民共和国成立初，沙河地区有上白石、下白石、白石洲、新塘4个村，其中上白石、新塘村为革命老区村。村民们

---

① 参见南头区委党委办公室编：《1970—1979统计资料》，1980年3月印，存南山区档案馆，第210页。

亦农亦渔。农业上种植品种有水稻、甘蔗、番薯、荔枝等，有水田3000亩，水稻亩产一般只有三四百斤；有蚝田1000亩，海面积2500亩。每年农历十月到翌年五月，是蚝田的收获季节。养蚝村民根据天气情况，平均每月有10多天的下海捞蚝时间。特别是农历十月开始，晚上退潮时是最佳的捞蚝时刻。这时，深圳湾与对面的香港元朗海面间出现两条河，即深圳河、元朗河，水深及腰，水流颇急。养蚝村民4人一组，撑小船来到河边，1人下水拉船，两人下水摸蚝，1人在船上固船。

1959年11月，为加强边防建设，佛山专区农垦局在沙河地区创办国营沙河农场，范围为东至小沙河和苗山的分水岭，南濒深圳湾，西沿大沙河，北以黄粉岭、龙尾山北侧为界，总面积12.836平方公里。上白石、下白石、白石洲、新塘四个自然村都在农场范围内，农民带着耕牛、农具，及其耕种管理的田地、蚝田及500多亩果园入场。每个村为一个生产队，共四个生产队。进场的村民仍然为农业户口，劳动力成为农场工人，但子女还不能享受正常的城市户口入学待遇。

1960年4月，宝安县在石岩塘头村修建铁岗水库，库区蓄水范围内的南头公社石岩生产管理区塘头村共86户、200多人，青壮劳动力116人，被集体搬迁安置到沙河农场，仍建为塘头村，沙河农场由4个生产队变成5个生产队。

村民进场之后变成农场工人，劳动报酬由原来的记工分改成每月发工资。农场工人月工资平均为19.17元，工资收入比公社的社员要高，比国家正式职工稍低，村民的劳动热情大大提高。农场从各个生产队抽调人员组成基建队、果树队、水产队、畜牧队、农业队，同时还办起了酿酒厂、榨油厂、榨糖厂和商贸公司，生活购物也更加方便。

农场以种植水稻为主，有水稻田3000亩，以养蚝和出海捕鱼为辅。佛山农垦局下拨给农场一台东方红拖拉机，可以犁地耙田，也可以收割稻谷。20世纪70年代又增置了一台，农场里还有一辆美制大道奇卡车，一台波兰产的四轮拖拉机，犁地和收割时经常用这些农业机械，成为当时的一道景观。小的地块也常用耕牛犁地耙田。收割稻谷的季节，部队也常常派官兵来帮助收割。

进入沙河农场后，群众口粮、食油由分配变为供给。1963年，每个劳动力每月可分口粮12.5公斤、花生油62.5克（16两制2两），小孩口粮5公斤，高于农场外的群众生活水平。至1967年，生活逐渐得到改善，每个劳动力每月口粮上调到20公斤、油250克，小孩口粮10公斤，后来涨到劳动力22.5公斤、小孩12.5公斤，与邻近村民相比，生活水平要高。20世纪60年代，农场在新塘村建有养猪场，存栏1000多头；在白石洲建有养鹅场，养鹅600多只；另外还有占地8亩的鱼塘养鱼。肉、蛋与瓜果蔬菜，均按人口和工分分配。此外，村民每家每户都养一两头猪，一二十只家禽。农闲时节，有的村民到海边捕捞贝类、虾、蟹、鳝之类海产品到集市上出售，增加收入。

至1978年，沙河农场稻谷产量亩产300公斤左右，畜牧业队除了养殖鸡、鸭、鹅外，同时也增加猪、羊的养殖。至1992年，沙河农场共有人口1785人，其中农业人口1474人，属于当地村民的农业人口1224人，调入迁入的农业人口250人。农场还创办了沙河小学、沙河医院，改善了村民就学和医疗条件，方便村民就读、看病。

沙河农场管理体制也经历多次变化。1962年，沙河农场改由广州军区司令部管理。1965年，沙河农场划归惠阳专区管理。1966年，改由广东省直属农场管理局管理，更名为光明华侨畜牧场沙河分场。1981年，沙河农场从广东省华侨农场分离出来，更名为广东省沙河农场，隶属于广东省沙河华侨企业公司（华侨城集团前身）。1993年，广东省沙河华侨农场划归深圳市管辖，最终演变为现在的沙河集团。

　　沙河农场创办在三年困难时期，对发展生产、提高老区人民生活水平，起到很大作用。

第六章

南山老区改革开放的巨大成就

中国改革开放的第一"开山炮"与南山的全面改革

党的十一届三中全会后，全党上下解放思想，开启了改革开放和社会主义现代化建设的伟大征程。南山革命老区得风气之先，1978年冬恢复过境到香港耕作。1979年2月，广东省委、省政府正式批复同意边境社队自产的农副产品和海水、淡水产品，在完成国家任务后作为小额贸易出口，所得外汇40%留给社队，用于进口生产资料和生活必需品；深圳市农村非边境地区社队的同类产品，也可按上述办法交由县外贸公司代办出口，所得外汇40%留给社队。这一批复无论从内容上还是从地区上，都比"文化大革命"前的边境小额贸易政策有较大的突破和扩展。1980年，党中央、国务院正式批准广东在改革开放中实行特殊政策、灵活措施和创办经济特区。与此同时，交通部香港招商局着手在宝安县蛇口公社筹建工业区，成为与宝安县改市后积极对外开放并行发展的另一个重要事件。在蛇口工业区直接推动和改革开放大潮影响下，南山地区改革开放迅速起步，革命老区也开始发生翻天覆地的变化。

一、蛇口开发区创建与改革先行先试

1978年10月，原籍宝安的东江纵队老战士袁庚被任命为交通部所属香港招商局常务副董事长，主持香港招商局工作。袁庚起草了《关于充分利用香港招商局问题的请示》，经交通部党组讨论研究之后，于10月9日上报中共中央和国务院。请示提出：招商局的经营方针是"立足港澳，依靠国内，面向海外，多种经营"，争取五至八年内将招商局发展成为运营香港航运业的综合性大企业。这份请示三天之后即10月12日，得到中央批准。由于香港地价昂贵，袁庚等人很快提出新的思路，即利用毗邻香港的地区廉价土地、劳动力，结合香港和国外的资金、技术、图纸、专利和设备等有利因素，开发工业区。

这一构思得到广东省革委会的大力支持。同年11月22日，广东省革委会副主任刘田夫与袁庚等人在省革委会小会议室开会，商谈招商局用地一事。双方原则上同意在广东省宝安县邻近香港的沿海地带筹建出口工业区，建立一批与交通航运有关的工业企业的构想，工业区将由招商局参考香港的做法进行经营管理。12月18日，交通部部长叶飞、副部长曾生与刘田夫在省委招待所进一步商谈筹建工业区问题，国家经委副主任郭洪涛和招商局袁庚等人参加了会议。会议商定，工业区地址在宝安县沙头角、蛇口、大鹏三个公社中选择一处。接着，广东省革委会办公厅和招商局干部先后到蛇口、沙头角、盐田、大鹏作实地考察，通过比较选择，最后选定在蛇口建工业区，面积2.14平方公里。

1979年1月初，招商局代交通部和广东省革委会起草《关于我驻香港招商局在广东宝安建立工业区的报告》，并联名上报国务院。报告要点是：第一，招商局初步选定在宝安县蛇口公社境内建立工业区，这样能把境内廉价的土地、劳动力，与境外的资金、先进技术和原材料结合起来，对实现我国交通航运现代化和促进宝安边防城市工业建设，以及对广东省的建设都将起到积极作用。第二，招商局工业区建设项目有：货箱（集装箱）制造厂、钢丝绳厂、玻璃纤维厂、拆船厂和氧气厂等5个厂。占地约300亩，需用劳动力，第一期1000人，以后发展到3000人，由广东省安排解决。第三，工业区可作为宝安撤县建市后的市区一部分。第四，工业区第一期建设由招商局投资人民币7000万元至1亿元。所需建筑材料和设备，由招商局负责。产品以出口为主。利润按三七分成，即广东占三成，招商局占七成（包括与外商合作的分成）。第五，工业区拟从1979年上半年开始测量设计，下半年开始建设，1980年上半年建成投产。第六，工业区进口的建筑施工设备、建筑材料、生产用的原材料、燃料和工业区工人的生活必需品等免税放行。

同年1月31日，中共中央副主席、国务院副总理李先念批准了这份报告。邓小平、华国锋等中央领导对这份报告也先后表示了支持。香港招商局蛇口工业区正式诞生，这是全国第一个开发区，很快成为国内对外开放的一面旗帜。[①]

（一）蛇口工业区的创办[②]

1979年2月，招商局正式开始了蛇口工业区的筹建工作。2月28日，招商局和广东省公路勘察规划设计院、交通部第四航务工程局，分别签订蛇口工业区"三通一平"（通水、通电、通路，平整土地）设计委托书。3月12日，招商局参考新加坡、菲律宾等国有关开辟出口加工区、自由贸易区的条例、法令，结合中国国情和港商意见，初步制定《招商局蛇口工业区投资暂行条例（草案）》。4月1日，蛇口工业区筹建指挥部成立，全面负责工业区基础工程建设、劳动力招聘和后勤保障等。6月，交通部第四航务工程局承包航道、码头、五湾土地平整工程，广东省交通厅公路局承包公路工程，500多名工人及技术人员进入施工

---

① 参见深圳市史志办公室著：《中国共产党深圳历史·第二卷》（1949—1978），中共党史出版社2012年版，第287、288、289页。

② 参见深圳市南山区区志编纂委员会编：《深圳市南山区志》，方志出版社2012年版，第340—349页。

现场。7月2日，为打通五湾与六湾间到海边的通道，并获取石料填海，工程队在五湾和六湾的山丘间爆破开山，点响蛇口工业区建设第一炮。此次爆破，被称为中国改革开放的第一声"开山炮"。

1980年年底，基础建设项目扩至"五通一平"（通水、通电、通路、通航、通信，平整土地）。1981年年初，4000余名工人、近20个工种同时在蛇口工地施工。1981年4月，经过1年9个月的努力，蛇口工业区基本完成第一期"五通一平"工程，同时引进14个项目，总投资额5亿港元，其中有集装箱厂、轧钢厂、铝材厂、面粉厂、油漆厂、制氧厂、机械翻修厂、游艇厂、标准厂房、别墅、餐厅、外商住宅区等，还建造办公楼、食堂、职工住宅等，并开始回收投资，回收率和收益均超过当时香港市场的浮动利率。工业区以其特有的高质量和高速度，形成开发一片、回收一片，再开发、再回收的投资格局，在国内外产生巨大影响。

1981年6月16日，新华社播发电讯，题为"蛇口工业区建设速度快"，报道招商局蛇口工业区以特有的经营方式，用不到两年时间，在一片荒芜的海滩上，完成整个工业区的基础工程和公用设施的建设，开始一系列工厂企业的建设，初步建成一个以工业为主、综合发展的现代化港口工业城。同日，《人民日报》全文刊载新华社电讯稿，指出"蛇口方式已引起人们广泛注意"，第一次将蛇口工业区的经验称为"蛇口方式"。随后，中央人民广播电台外语频道播出时，又将"方式"译为"model"（即"模式"），"蛇口方式"改称"蛇口模式"。自此，"蛇口模式"开始传遍神州大地。香港《文汇报》《大公报》均相继以"蛇口模式"为题，报道、评论蛇口工业区的经验。

1984年1月26日，中共中央政治局常委、中共中央顾问委员会主任、中央军委主席邓小平到蛇口工业区视察，肯定蛇口工业区经验。至1985年，工业区投资3.13亿元，完成"五通一平"基础建设主要项目。至1988年，中央和地方三级财政从蛇口累计收入6.78亿元，其中，中央从蛇口海关得到关税3.26亿元，深圳市从蛇口海关得到代征工商统一税1.76亿元，蛇口区地方财政收入1.76亿元（其中拨回工业区市政建设费9200万元）。

（二）蛇口工业区改革的先行先试①

蛇口工业区从成立之日起，就承担着改革试水的重任。开发和建设蛇口工业区的过程中，招商局充分运用中央赋予的自主权，大胆改革管理体制，在中国内地第一个推行定额超产奖励制度，第一个公开登报招聘人才，第一个实行职工社会保险制度，最先尝试对工程项目以招标方式发包管理，中国内地施工企业与香港建筑商及日本、英国、美国建筑商共同竞标。蛇口工业区的改革，成为中国改革开放的一面旗帜，极大地推进了中国改革开放的历史进程。

第一，工资奖金制度改革。

1979年，交通部四航局承担蛇口工业区第一期工程之一的600米顺岸码头的施工任务，使用的全部是从日本进口的新挖土机和翻斗车，由于当时沿用的奖励办法是每月在工人中评定一、二、三等奖，按等级分别发给7元、6元、5元奖金，没有评定奖金的量化指标，奖金差距也不大，对工人的激励效果甚微，每天每车只能运土40—50车，严重制约施工进度。10月，工业区指挥部在四航局承担工程中，实行定额超产奖励制度，规定每人每个工作日劳动定额为运泥54车，完成定额者每车奖励2分钱，超

---

① 参见深圳市南山区区志编纂委员会编：《深圳市南山区志》，方志出版社2012年版，第280—288页。

过定额则每超一车奖4分钱。实行定额超产奖励制以后，劳动效率大大提高。司机提前上班，天黑不愿下班，要由车队长督促下班，下班以后还主动检修车辆。这样每人每天一般运泥80—90车，最多的一天运泥130车，施工进度迅速加快，原计划1980年3月底完成的工程，提前一个月完工。

1980年4月，国家劳动总局和交通部相继下发文件，纠正所谓"滥发"奖金问题，规定职工年奖金额不超过两个月的平均工资。由于改变奖金制度，超额无奖励，挫伤工人积极性，完成的工作量和工程进度明显下降，第一次出现没有完成月计划的现象。5月17日，蛇口工业区建设指挥部向交通部、国家进出口委员会、广东省委特区管理委员会递呈《关于蛇口工业区特区基本建设按经济规律办事实行定额付酬办法的请示报告》，并附相关调查报告，请求采取定额制超额增加付酬方法。5月下旬，《关于深圳市蛇口工业区码头工程停止实行超产奖，造成延误工期，影响外商投资建厂》的新华社《国内动态清样》，送到中共中央总书记胡耀邦手中。7月30日，胡耀邦作出批示。根据胡耀邦批示精神，国务院副总理谷牧同日批示：既实行特殊政策，交通部、劳动局这些规定在蛇口就完全可以不实行。8月1日，蛇口工业区获准实行定额超产奖励，四航局恢复定额超产奖励办法。此事件后来被称为"四分钱风波"，由此开始了中国分配制度的改革。

自1979年起，蛇口工业区在工资上执行"低于香港，高于内地"的政策，按照国家10类工资的标准及按原来的级别支付基本工资，另加相当于工资100%—150%的工业区补贴，并一定几年不变。被职工戏称为"嵌了金边的铁饭碗"。

1982年9月，蛇口工业区充分利用中央给予的特殊政策，在全国率先进行工资制度改革。主要内容为：（1）工业区直属企业职工的工资由基本工资、岗位或职务工资、浮动工资三部分组成，各占比例分别为：40.8%、37.2%、22%。（2）相应缩减对职工住房与伙食的补贴，取消对生活服务公司所属食堂的补贴，将这部分补贴款摊入职工的工资内，职工住房租金提高约38%。（3）建立与工资挂钩的考核升级制度。（4）建立随着生产发展和物价指数上升而相应增加工资的制度。（5）发放加班工资和年终双薪，职工加班发放加班工资，12月给职工发放相当于1个月工资的双薪。新的工资制度被称为"结构工资制"。

1988年7月，蛇口工业区决定在直属单位进行第二次工资制度改革。改革主要内容包括：实行职级工资制度，即建立由职务、职级系列和薪点工资标准组成的职级工资系列，取代原有的基本工资和职务工资。1991年，蛇口工业区对1988年工资改革形成的职工收入结构进行适当调整：在原职工收入结构的基础上，增加住房基金和工龄津贴。至此，工业区职工的收入结构为：职务工资+住房津贴+三项补贴（边防补贴、物价补贴、副食品补贴）+伙食补贴+浮动工资。其中浮动工资（即奖金）=月奖+季度奖+年终奖+年终双薪+总经理基金。

几次工资改革，突出"薪随岗定，岗动薪动"的原则，明确差别，将收入分配向贡献大、能力强者适度倾斜，基本奠定与市场经济相适应的分配制度。

第二，用人制度改革。

首先，公开招聘干部。1980年起，经国务院副总理谷牧同意，蛇口工业区在全国范围内直接面向社会招聘各类专业人才，报名者一律通过考试（包括笔试和面试），择优录用，要求受聘人员具备立志改革的思想和献身精神，一般具备大专以上文化水平；除具备高级职称的专业技术人员外，超过45岁的一般不录用；对从内地调入的不同级别的干部，冻结原有行政级别，根据工作需要和本人实际能力聘用或安排工作；无论是对职能机构或直属公司，还是对"三资"企业，都不人为划定或设置行政级别。1982年3月28日，蛇口工业区再次就招聘各种专业人员问题直接向谷牧副总理和中共中央组织部呈送请示。经批准，11月，蛇口工业区在清华大学、同济大学、上海交通大学、浙江大学、上海海运学院等高校招收34名应届本科毕业生和研究生。此后，蛇口工业区公开招聘干部成为制度，需要增加干部均通过公开招聘的方式进行。

其次，实行中层干部聘任制。1983年5月起，蛇口工业区对中层干部（直属单位和各专业公司的主任、经理、副经理、助理经理等）的任用，废除委任制，实行聘任制。被聘任经理对公司的各项业务经营活动有统一指挥权和人事调配权；对副职的聘请有建议权、否决权，对副职的工作有指导权，对副职的意见有否决权；对本单位各部门的负责人有任免权；在工业区管委会规定的范围内，对本公司的资金、物资有使用、调度、处置权等。1990年后，蛇口工业区有限公司按照现代企业制度要求，进行中层干部聘任。

再次，实行劳动用工合同制。1979年蛇口工业区成立时，明确企业用工为合同制，由工业区劳动服务公司负责企业劳动用工，所有劳动力一律采用合同制，经过考核、审查和面试，由用工单位择优录用，订立劳动合同。同时规定在工业区范围内允许合理的劳动力流动，企业对职工有选择权、试用权和辞退权，职工对企业也有选择权和辞职权。此外，工业区还制定《外资企业、合资企业职工超时工作的规定》，保障合同工的各种正当权益。

第三，项目招投标改革。

1979年，招商局修建连接蛇口五湾码头与广深公路的沥青专线公路，长7.68公里、宽7米。由广东省公路局承建，实行的是行业垄断的"不二价"。快建成时，工程停工，工人撤走，公路两头各留有约200米长、10多米宽的口子。原因是，负责指挥施工的一名副处长提出要另加10多万元奖金，与招商局讨价还价，变成工业区基础工程建设"卡脖子"问题之一。1980年9月3日，新华社将蛇口工业区遇到的这一问题刊登在第2447号《国内动态清样》上，胡耀邦当日作出批示："谷牧同志：中央现在决心坚决反掉各种形形色色的官僚主义，这个建区是否确有卡脖子的官僚主义，是否有拦路打劫的官僚主义，建议你抓住这个麻雀，弄个水落石出，必要时制裁一点人（最好是采取经济制裁），否则不但官僚主义克服不了，四化遥遥无期。"结果，那位副处长被撤职，200米路面在24小时内浇筑完毕。

这件事使招商局痛下决心：率先对基建工作进行改革，实行工程招标，从而迈出基建体制改革的第一步。1980年年初，中瑞工程有限公司的基础工程首次实行招标，这在全国是第一次，产生广泛影响。是年，中国国际海运集装箱股份有限公司厂房、工业区第一凸堤码头等工程公开招标，所有招标工程，质量、造价、竣工时间及奖罚等均通过承包合同来保证，节省工程造价约20%，提高建设速度约30%，工程质量和施工技术也获得改进和提高。

第四，住房制度改革。

1981年，蛇口工业区在全国率先打破传统的职工住房统建统包及低租金的做法，采用按住房造价加管理费计租的办法，开始职工住宅商品化改革。主要内容有：住宅实行按质按面积论价，由职工自由选租；在住房面前人人平等，职务级别同住房面积脱钩，领导干部没有多要住房的特权，与职工一样，多要房多付租金，少要房少付租金。1984年，蛇口工业区制定《职工住宅经营暂行规定》，实行租售结合、以售为主的住房制度。

第五，民主选举与监督。

1982年，蛇口工业区开始进行领导班子成员民主选举试验。当年9月10日，筹备将蛇口工业区建设指挥部改为管理委员会，由办公室和劳动服务公司抽人组成专门小组，对管委会组成人选进行民意测验。根据两次民意测验提出的管委会人选，由蛇口工业区临时党委提名，征得深圳市委同意并报交通部党组批准，1983年4月4日正式组建蛇口工业区管理委员会。此次民意测验，是蛇口工业区民主选举的开端。1985年4月，蛇口工业区第一次采取干部、职工公开投票的方式，直接选举工业区第二届管委会领导成员。按照投票结果，并经上级批准，第二届管委会由9人组成，任期两年，第一届管委会7名成员中有3人落选。这是国内第一个由直接选举产生的领导机构。

1987年4月9日，蛇口工业区党委、管委会讨论成立工业区有限公司及公司董事会有关事宜，制定董事会选举暂行办法和选举工作细则。5月8日，工业区正式投票选举首届董事会中7名董事，连同招商局集团委派的4名董事，组成蛇口工业区有限公司首届董事会。1990年10月30日，通过董事候选人选举和候选人答辩，进行蛇口工业区有限公司第二届董事会选举。1993年12月31日，蛇口工业区有限公司进行第三届董事会选举。

此外，蛇口工业区还进行信任投票与民主监督。1983年7月19日，蛇口工业区首次举办新闻发布会，由工业区领导直接向职工宣布工业区的重大决策与有关政策、重要经济情况以及与职工利益相关的各种问题，回答质询，接受批评，领导与职工直接见面。至1985年11月，工业区共举行新闻发布会30多次。1983年蛇口工业区管委会成立后，试行管委会成员罢免制度，规定每年进行一次信任投票，不信任票超过半数时领导班子集体自行解散或个人自动辞职。1984年4月22日，蛇口工业区首次举行对管委会领导班子和成员的第一次信任投票。招商局召开新闻发布会，如实向广大干部、职工公布投票结果和82张票上的批评意见。1986—1992年，蛇口工业区分别举行工业区管委会第二次、第一届董事会、第二届董事会信任投票。

第六，观念更新。

1981年3月下旬，蛇口工业区建设指挥部总指挥袁庚经过几年思考，对开发建设蛇口提出"时间就是金钱，效率就是生命，顾客就是皇帝，安全就是法律"的口号。4月初，蛇口工业区建设指挥部楼前竖起用红漆书写的"时间就是金钱，效率就是生命"的牌子。1984年2月24日，邓小平在北京同几位中央领导人谈话时，肯定蛇口工业区提出的"时间就是金钱，效率就是生命"的口号。"时间就是金钱，效率就是生命"这12个字成为中国改革开放之初最为响亮的口号。10月1日，蛇口工业区写有"时间就是金钱，效率就是生命"口号的彩车，参加首都庆祝中华人民共和国成立35周年游行活动。在全国出现市场经济"姓社姓资"争论时，蛇口工业区在蛇口主干道工业大道上竖立起又一块标语"空谈误国，实干兴邦"，这一口号再次震撼全国。

（三）蛇口工业区的建设[①]

1979年7月2日，蛇口工业区在荒芜的海边破土动工，建设从通水、通电、通车和平整土地开始，后扩展为包括通邮电、通航、通海陆客运、通铁路的"七通一平"。1981年，工业区抓住国家开发南海石油的市场机遇，为南海石油开发提供后勤服务，引进项目14个。

---

① 参见深圳市南山区区志编纂委员会编：《深圳市南山区志》，方志出版社2012年版，第349—357页。

1984年1月26日，中共中央政治局常委、中共中央顾问委员会主任、中央军委主席邓小平到蛇口工业区视察，称赞"你们搞了个港口，很好！"邓小平参观万吨级邮轮"明华"号，题名"海上世界"。此后，该邮轮成为全国第一家海上娱乐中心，蛇口特色景观。后经批准，蛇口工业区管辖范围由2.14平方公里，扩大至10.88平方公里。1986年，蛇口工业区生产总值8.29亿元，其中工业增加值2.5亿元，工业产品出口率69.5%。

1987年起，蛇口工业区随着配套设施提升和自身经济实力增强，招商引资优先扶持高科技和高附加值产业，尽可能引进资金密集、土地使用率高、技术先进、投资规模大的大中型骨干企业，引导辖区企业朝高科技方向发展。

1988年，蛇口工业区发展转型，作出发展海、陆、空联运的决策，利用蛇口港可成为深水港优势，把港口建设放在第一位，提出"以港口为重点、面向海外、全面发展"战略，决定港口建设超前投资，陆续调整、整合、改造企业专用码头、商用公共码头、航运和货物代理企业、陆上运输企业，逐步提升传统物流产业。港务公司利用五湾码头客运站西侧300多米顺岸码头成立集装箱部，经营上海—蛇口—香港中转业务和零星集装箱货物。1989年，蛇口工业区汽车运输公司改组，成立蛇口安达运输股份有限公司，经营汽车货运、客运，国内联运代理，货物仓储，汽车、船舶维修及配件销售等。

1990年，工业区外引内联工业企业累计开工138家，正常开业138家，有大中型企业10家、小型企业128家；港澳台商、外商投资企业118家。是年，工业产值24.7亿元，工业出口值43462万美元。招商局蛇口工业区港务公司更名为蛇口招商港务有限公司，后成为深圳市西部物流基地。

蛇口工业区的改革极大地影响了南山，在南山厚植了改革的基因，不仅使南山作为改革开放的排头兵载入史册，而且推动南山从深圳的边远农村成长为与福田—罗湖中心并列的深圳市另一城市中心。

二、南山地区开放开发热潮

宝安县毗邻香港，地理位置特殊，历史上有对外贸易传统。早在1977年9月，邓小平就对深圳口岸的对外接待工作作出批示。随后，国务院有关部门和广东省对深圳口岸进行调研。为了加快发展广东的对外贸易和对外加工业，宝安县委、惠阳地委多次向广东省请示，将宝安县改设为深圳市，得到广东省大力支持。1979年1月13日，广东省就宝安县撤县建市工作正式向国务院提交报告。1月23日，广东省委发出《关于设立深圳市和珠海市的决定》，先在内部宣布。同年3月5日，国务院批复同意广东省设置深圳市，深圳市正式成立，这也意味着深圳市对外开放迈出重要一步。

1980年8月26日，第五届全国人民代表大会常务委员会第十五次会议通过了由国务院提出的《广东省经济特区条例》，批准在深圳设置经济特区。深圳经济特区东起大鹏湾背仔角，西连珠江口之安乐村，南与香港新界接壤，总面积327.5平方公里。南山区在特区范围内。在蛇口工业区的影响下，南山借特区的东风，迅速掀起开放开发的大潮。除南部蛇口工业区外，紧靠蛇口工业区处建起南油开发区，中部建设华侨城开发区、深圳科技工业园开发区，新建深圳大学，北部的西沥水库开发为西丽湖旅游度假区。

（一）南油开发区建设[①]

1983年，广东省和深圳市政府决定利用为南海油田勘探开发提供后勤服务的机会，综合开发南头半岛。11月2日，广东省常务副省长李建安主持召开关于开发深圳南头区域工作会议，深圳市市长梁湘、省建委主任杨国庆及中国南海石油联合服务总公司、深圳特区建设公司等单位负责人参加会议，决定由深圳特区建设公司与中国南海石油联合服务总公司合作成立南海石油深圳开发服务总公司（简称南深总），负责综合开发建设南头区域，后称南油开发区。12月7日，深圳市政府发文，确定南深总负责全面综合开发建设南头半岛至西乡一带约38平方公里区域，包括南头半岛中段及西南，东濒深圳湾，南与蛇口工业区为邻，西临珠江口，北接南头古城区。

南油开发区按照边组建、边开发、边建设、边经营方针，组建机构，筹措资金，勘测地形，制订规划，开展市政工程和基础设施建设，广泛招商引资，组建骨干企业。

1984年，南油开发区以发展工业为主，重点开发建设中心区域。南深总在开发区兴建工业厂房、住宅与其他楼宇，为工业、港口、商贸等提供基础设施和配套服务设施，为员工提供住所。开发区大力开展招商引资工作。1985年4月，南油钜建发展有限公司成立，南深总与中国建筑工程总局第五工程局、香港钜建有限公司合资经营，注册资本475万美元。

1986年11月，深圳海星港口发展有限公司开业，南深总与新加坡森昶打桩私人公司合作经营，注册资本1000万美元，合营期限30年，主要负责妈湾以及铁路仓储等设施的建设和管理，全部

[①]　见深圳市南山区区志编纂委员会编：《深圳市南山区志》，方志出版社2012年版，第361—365页。

建设资金由森昶公司提供。至1987年，外引内联企业36家，协议引进资金2.32亿美元、2.72亿港元、1.32亿元。南深总组建直属公司11个，注册资本由400万港元增至4000万元人民币。

1987年4月，南油大道（后改名南海大道）一期工程竣工。至1987年，南深总投入2.5亿元，开发土地3.3平方公里，修建干线道路10.8公里，供排水管道36.6公里，兴建房屋32.3万平方米，供电、通信、学校、医院、银行及商业网点等服务设施基本配套，具备较完善的投资环境。南油开发区还利用妈湾良好建港条件，兴建妈湾港，建设以港口、仓储及临港工业为主的生产基地和物流中心。

从1988年开始，国家治理经济环境，整顿经济秩序，南油开发区面临资金短缺、市场疲软和水电供应不足等困难。南深总压缩基建规模，开发重点项目，完善制度，深化内部改革，保持经济平稳发展。是年11月25日，妈湾港区4号简易码头建成投产。全年共铺设供水管道37.02公里，接通大冲水厂，初步解决用水供需矛盾。1989年6月，南深总与新加坡添裕有限公司合作兴建的3.5万吨石化码头开业。是年，南油开发区新建港湾大道、内环西路、创业路、登良路、向南路、粤海路等，续建南山大道、南油大道，初步形成开发区交通网络。

1988—1991年，南油开发区重点开发月亮湾和妈湾片区，同时完善中心区配套建设，开发建设投入6.2亿元，兴建房屋105万平方米。协议引进资金13亿元、港币1.3亿元，引进一批规模较大、技术含量较高的项目。海星港口、乐意仓储、南油石化、海港石化、南油物业、钜建、中兴、深日钢材、光大木材、银海自行车、远东石油工具、南油保税仓等项目开业投产。

1992年3月12日，南深总召开股东会议，确认南油开发区土地范围23.01平方公里。其中：陆地9.17平方公里，占40%；滩涂和海域13.84平方公里，占60%。至1995年，南油开发区建成4个工业区、1个港口仓储区、1个中心生活区和多个居住小区，有400多家企业，初步形成港口、仓储、能源、旅游、商贸、房地产、纺织印染、电子电器、建筑材料、石油化工等产业门类。

南油开发区还办有文化教育卫生事业。1986年，南深总投资创办华明学校，设学前班、小学部、中学部。1988年1月，南油培训中心成立，承担员工培训和继续教育任务，同时面向社会办学。1989年7月20日，《深圳南油报》试刊，为四开四版企业内部发行半月报。12月，南油幼儿园成立。是年，南深总东滨卫生所改为公司第一门诊部。1992年，华明学校中小学分开，分别称南油中学、南油小学。是年年底，第一门诊部升格为南深总医院；开办南油有线电视台，播出15个频道节目。

（二）华侨城开发①

深圳特区华侨城位于深圳市南山区深圳湾沙河地段，依山面海，东邻深圳市中心区，西接深圳市高新技术产业园区，北靠广深高速公路，南临深圳湾，与香港元朗隔海相望。

1982年，全国人大常委会副委员长、国务院侨务办公室主任廖承志提出将深圳沙河农场办成引进华侨资金、技术和人才，开展侨务工作的经济开发区。

1985年2月，全国人大常委会副委员长、全国人大华侨委员会主任叶飞提出建设"深圳特区华侨城"设想。3月29日、6月22日，叶飞就开发建设深圳华侨城一事，两次写信给国务委员谷牧。4月29日，国务院侨务办公室向国务院呈交书面报告，建议由香港中旅集团开发建设深圳特区沙河华侨城，很快得到国务院

---

① 参见深圳市南山区区志编纂委员会编：《深圳市南山区志》，方志出版社2012年版，第366—373页。

批复。8月28日，国务院侨办和特区办联合发出《关于香港中旅集团开发建设深圳特区沙河华侨城的通知》，决定从沙河华侨工业区划出4.8平方公里，参考蛇口工业区的模式，由香港中旅集团负责开发经营，建设成具有工业、商业、旅游业、房地产业与文化艺术设施的外向型开发区——深圳特区华侨城，作为新时期侨务工作的窗口和基地。

1985年10月1日，沙河华侨企业公司与香港永明公司合作兴建的深圳湾大酒店开业，投资9000万港元，占地10万平方米，建筑面积3.7万平方米，主楼是西班牙式建筑，富丽堂皇，客房308间，与香港元朗隔海相望。

1986年5月，深圳市政府批准设立华侨城经济发展公司，注册资本300万元，华侨城建设正式启动。7月，华侨城开发东部工业区，依照"依山就势，错落有致，单体建筑富有特色，整体建筑和谐统一"的规划要求，每栋建筑精心设计、精心施工，建设美观实用的标准厂房。8月，成立深圳华侨城房地产有限公司，总资产139万元、净资产1万元。10月，深圳特区华侨城建筑安装工程公司成立，由建筑工程公司、水电工程公司、沙河工业分公司、金属制品厂和装饰分公司合并组建，为建筑三类施工企业。

1987年，华侨城经济发展总公司确定房地产开发"为华侨城建设服务、为改善投资环境服务、为华侨城建设筹措资金服务、为改善职工居住服务"的经营方针，立足于城区环境建设，东组团、西组团、荔枝苑等小区建设以职工住宅为主，并按市场规律开发东方花园别墅区。东方花园占地18万平方米，靠近深圳湾大酒店，环境优美，别墅设计独特，造型新颖，可直观海景，售价每套190万—240万港元，分两期完工，很快售罄。是年9月，锦绣中华主题公园动工，投资8000万元，用地30万平方米。是年，广东省光明华侨电子工业有限公司获准生产收录机、电视机。

1988年，华侨城开发第一个商业别墅住宅区东方花园。1989年国庆节，华侨城第一个主题公园锦绣中华微缩景区开业，第一天接待游客超3万人次；新侨宾馆开业，与锦绣中华一路之隔，客房36间。

1990年6月22日，中共中央总书记江泽民视察锦绣中华，称赞锦绣中华是祖国大好河山的缩影，是爱国主义教育的场所。是年，开发海景花园高层商品住宅，由此带动湖滨花园、桂花苑、中旅广场等开发项目。

1991年10月1日，中国民俗文化村主题公园建成开放，投资1亿元，占地23万平方米。年底，锦绣中华开业一年半收回投资，被国家旅游局赞为中国旅游发展里程碑。同年，华侨城海景酒店建成，占地2686平方米，客房196间，总投资3000万元。1992年1月21日，邓小平视察民俗村和锦绣中华，在"布达拉宫"景点前合影留念。是年，两园全年接待游客超过730万人次。1986—1994年，华侨城销售商品房27.6万平方米，销售收入10.32亿元。

（三）科技工业园开发①

1984年秋，深圳市委、市政府致函中国科学院，请求帮助制订深圳科技工业园规划；并在深圳市工业发展委员会组建深圳经济特区工业园开发公司，负责科技工业园的立项开发事宜。12月，中国科学院地理所陈汉欣、广州地理所蔡人群，以及建设部中国城市规划院宋启林等6位专家，组成选址考察组，考察车公庙、上下梅林、西丽新围村及深圳大学东侧至大沙河一带4个候选园址。深圳市委书记、市长梁湘根据专家组考察结果，提出深圳湾畔大沙河以西至深圳大学东边粤海门为首选园址。翌年1

---

①　参见深圳市南山区区志编纂委员会编：《深圳市南山区志》，方志出版社2012年版，第374—382页。

月，市委、市政府确定深圳科技工业园的选址，并提出与中国科学院合办意向。

1985年3月，中国科学院从近20个研究所、院部调集并聘请院外经济研究专家30多人，组成规划组开赴深圳。规划组通过对国内外高技术产业发展状况的分析研究，提出在深圳创办高技术产业开发区的可行性报告，并编制完成高技术产业开发区规划方案。高技术产业开发区定名为深圳科技工业园；定位为以引进国内外先进技术、引进外资，开拓新技术产业，开发和生产高技术产品为宗旨，以电子信息、新型材料、生物工程、光电子、精密机械等领域为重点的生产、科研和教育相结合的综合性基地；规划面积3.2平方千米，分三期开发建设，首期开发20万平方米，二期开发92万平方米，三期开发深南路南侧210万平方米。

1985年4月，深圳市政府与中国科学院正式签署共同创办深圳科技工业园的协议。6月，深圳科技工业园总公司（简称科技园总公司）正式注册，注册资本2000万元，深圳市政府与中国科学院各占股份50%。7月30日，举行奠基典礼，首期开发深南路以北、北环路以南、东至大冲村、西至麻雀岭红线范围内土地1.12平方公里。9月，科技园总公司在八卦岭工业区租用厂房，与新加坡维用公司、航天部骊山公司合资兴建的华星科技公司投产，主要生产计算机软盘驱动器，成为科技园首家合资企业。11月，科技园总公司与机械部郑州三磨研究所组成的深圳郑园超硬材料开发公司开业，生产人造金刚石和磨具等产品。翌年6月，广东省首家高新技术企业——深圳长园应用化学有限公司在科技工业园内成立。1987年1月，深圳金科特种材料有限公司开业。至此，园区有10家企业开工生产，一批有中科院背景的企业进驻科技工业园，带来技术、资金与人才。

1987年7月，广东国际信托投资公司出资1000万元，参股合办深圳科技工业园；深圳市政府与中国科学院土地使用权出资1400万元（各占50%）。总注册资本增至4400万元，深圳市政府、中国科学院、广东国际信托投资公司持有股权，分别为38.64%、38.64%、22.72%。是年，首期开发的20万平方米园区基本实现"七通一平"，入驻科技工业园区并开工生产的企业达到10家。

1988年第二期开发建设开始，科技工业园由初创阶段转入发展阶段。是年始，科技工业园主要引入高新技术企业。其中：海曼光电有限公司主要生产照相机闪光灯管、热敏元器件等产品，产品90%以上远销国际市场，市场占有率达60%以上，在国际市场上有较好的发展前景。台湾电脑专家朱邦复以技术入股，科技园总公司提供资金、场地、技术人员，成立两仪科技发展有限公司，开发出"全汉字编码输入与字形输出"和"聚珍整合系统"，具有国际领先水平。科兴公司、丹蒂丝公司、新华宇海洋环境工程公司等相继投产运作。科技园总公司在继续搞好园区环境建设的同时，加强招商引资，加快发展高新技术产业。是年，新加坡商家独资的维用大厦、投资2100万美元的澳科电缆公司厂房、以生物工程为标志的康泰公司分别奠基、开工。年内，先后交付使用的办公楼、厂房、住宅、职工餐厅共12万平方米。至1990年，先后铺设道路网5公里，通水、通电、通信管网总长10公里。1991年3月，经国务院批准，深圳科技工业园成为全国首批27个国家级高新技术产业开发区之一，享受国家高新技术开发区相关优惠政策。至年底，科技园总公司控股或参资合办的各类企业43家，60%的项目列入国家、省、市重点项目，中科院所属科研机构的辐射交联热缩材料、聚丙乙烯改性塑料、PTC热敏器件、织物整理剂等一批科研成果，在科技工业园实现产业化。

至1995年，科技工业园成立10周年，实现基本建设总投资约

10亿元,已开发或在开发土地90.7万平方米;完成建筑物120项,建设总面积为51.3万平方米;入驻企业达到80多家。至1995年,科技开发与创新的重要项目有:长园应用化学有限公司的高分子系列产品、热缩电缆套管;深圳海曼电光有限公司的闪光灯管;深圳康泰生物制品有限公司的基因工程乙肝疫苗;深圳晋园不锈钢公司的厚度0.46—0.5毫米细薄管;深圳科兴生物工程公司的注射用重组人干扰素α1b(商品名赛若金);深圳华星科技有限公司的微机病毒免疫卡;深圳金星材料技术有限公司的稀土永磁系列产品(Nd-Fe-B和Sm-Co);深圳意杰公司的高精密金属膜电阻器、分立精密网络电阻器;深圳华德威无损检测技术公司的微电脑X射线探伤仪;深圳丰德电子有限公司的1微米线宽自动投影光刻机;深圳深明技术公司的GPS导航定位仪;等等。深圳科技工业园进入国家级高新技术开发区18强,其中园区单位面积产值和人均产值名列榜首,全年工业产值7.63亿元。

(四)西丽湖开发[①]

西丽湖度假村位于南山区北部大沙河上游西丽水库畔,占地1.2平方公里。1979年9月,深圳市旅游(集团)公司贷款1000多万元,动工兴建西沥水库度假村。1982年竣工对外开放,主要包括景区宾馆、别墅等服务设施,集餐饮、住宿、客运、游览、购物、娱乐、体育于一体,为深圳市最早开发的旅游风景区之一。1983年廖承志题词"西丽湖",西沥水库度假村更名为西丽湖度假村。是年,投资1.5亿元,进行二期工程建设。1984年竣工,主要有1200米湖边长廊、高台跳水池、旋转餐厅、湖滨公园、宾馆等。其中,有包含40多个游乐项目的游乐场,有两个可供1300

---

① 参见深圳市南山区区志编纂委员会编:《深圳市南山区志》,方志出版社2012年版,第584页。

人同时就餐的大餐厅，小餐厅凌波阁酒楼以供应粤菜、东北菜为主，旋转餐厅和大堂酒吧为游客提供各式西餐，有70多部大中小豪华汽车的客运车队、大小会议室20多间以及商场、商店等综合服务设施，成为深圳市民度假休闲的首选之地。1990年，西丽湖度假村被评为深圳首批三星级旅游企业之一。

（五）深圳大学组建[①]

深圳大学位于南山区深南大道南侧与南海大道东侧交汇处。1983年5月10日，为支持深圳经济特区的建设与发展，经国务院批准，设立深圳大学，为全日制普通高等院校；行政由广东省和深圳市双重领导，以深圳市为主，教学业务以省高教局为主。初设外语、经济管理、法律、建筑4个系，下设工业经济、商业经济、金融、法律、英语、建筑等6个专业；同时成立深圳大学特区经济研究所。经教育部同意，教学人员主要从北京大学、清华大学、中国人民大学、中山大学等全国著名大学招聘，首届招收本科生212人。

建校伊始，深圳大学尝试在教学、行政、后勤管理等方面推行改革：突破全国传统的专业设置，根据深圳经济特区建设的实际需要设置专业；在全国率先实行学生交费上学制度、毕业生不包分配制度、学习学分制度；实行修学年限弹性制，本科最长可申请延至8年；实行双修制，允许学生在完成必修课程的同时跨院跨专业选修任何已开课程；推进高等教育国际化，推广双语教学，引进和使用外国先进原版教材；教职工实行聘任制、能力资格制、岗位责任制；后勤管理服务实行社会化。

1984年2月，深圳大学校区开工建设，占地100万平方米。8

---

① 参见深圳市南山区区志编纂委员会编：《深圳市南山区志》，方志出版社2012年版，第941—942页。

月，包括教学大楼、学生和教职工宿舍等16栋大楼以及道路、给排水、供配电等配套设施在内的一期工程竣工交付使用，完成建筑面积5万平方米。是年，增设中国语言文学系等4个系。针对特区急需人才的状况，成立夜大（11月更名为深圳大学半工半读高等专科学院），夜大初设中文秘书、工商管理、法律、英语、会计等专业；成立新能源研究所、比较文学研究所、国学研究所；成人教育招生近500人，全日制在校生984人，全校教职员工278人，其中专任教师121人。

1985年，开始招收留学生。1986年，承担各级各类科研项目138项；获市级以上科技成果奖4项。1987年，全校系（部）达到18个，建筑面积19万平方米，全日制在校生3536人，教职工749人；成人教育增设"开放学院"，成人教育在校生4000多人。

至1990年，深圳大学建筑面积24.62万平方米，在校学生3211人，其中专科551人、本科2660人，教职工843人，其中专任教师408人，有教授30人、副教授112人，大学馆藏图书32.99万册。深圳大学为深圳市第一所全日制大学，为深圳经济特区建设培养了大量急需人才，为经济特区的快速发展作出突出贡献。

三、老区以"两服务"为方向的农副业生产[①]

伴随南山地区改革开放热潮的兴起，老区农副业生产也快速发展。1980年，老区开始推行家庭联产承包责任制。在福光村，村民每人分得5亩水田、2亩旱地和5株荔枝树；长岭皮村每个村民分得水田1.5亩、旱地0.5亩、自留地0.2亩；新屋村每人分旱地2亩、水田1.6亩；龙井村每个村民分得水田8亩、旱地8亩；光前村

---

① 参见1983—1991年部分年份南头区工作总结、南头区1983—1991年部分年份《农业年报》（年报表式系由农业部编制）。

每个村民分得水田10亩、旱地20亩。受1978年的"逃港"风波影响,青壮年劳动力一部分去了香港,也有少数村民外出务工,造成劳动力缺乏。因此,大部分村民把土地包给外地人耕种,自己耕种一小部分;也有的村民完全自己耕种,只在农忙时请人帮忙插秧、收谷,村民人均收入增加到300元。大冲大队在实行生产责任制后,全大队下设6个生产队,215户、760人,其中劳力248人。大队以农业为主,兼养蚝、种植荔枝等,有荔枝面积42.3公顷、11170株,产量34吨;水面养殖55.3公顷,其中海洋养殖47.3公顷、鱼塘8公顷;全年收入16.9万元,其中农业11.9万元、林业0.2万元、畜牧业0.3万元、工副业1.3万元、鱼蚝业0.2万元、其他收入3万元。农业收入中,粮食收入占6.7万元。

沙河地区的光明华侨畜牧场沙河分场实行生产责任制,将耕地分配给村里从事农业生产的劳动力作责任田耕种,年终交足承包粮食后,超量部分归自己所有,每月工资照发。果树分配给各户承包管理,除每株每年向场里缴纳承包款外,其余收入归各户所得,果树本身属农场的固定资产。当时主导村里经济发展的依然是沙河分场,村里没有自主权,也无属于本村的集体经济。1980年,沙河分场的牛子岭、果林场等地,面积约4.8平方公里,改建为工业区,成立沙河华侨企业公司,又称沙河工业区。

1981年,加强老区水利基础设施建设,兴建长岭皮水库,集雨面积7.8平方公里,另从石塘坑引水入库的引水面积1.3平方公里,水库

20世纪80年代初上白石村的荔枝园(沙河街道办事处提供)

正常水位53.6米（黄基），相应库容551.3万立方米，总库容768万立方米，属小型水库。水库包括主坝1座、副坝3座、输水涵1座、溢洪道1座，是桃源、西丽地区水源工程的重要组成部分。后又征用新围村、塘朗村土地108.59亩，其中山地11亩、水田97.59亩，兴建长岭皮水库至西丽水库的引水渠道，提高西丽水库的供水能力。家庭联产承包责任制调动了老区人民生产积极性，是年，大冲大队收入56.4万元，比上年增长2.34倍，其中农业收入34万元、畜牧业收入10.1万元、工副业收入3.7万元、渔蚝业收入8.5万元。农业收入中，粮食收入18.9万元。

1982年，桃源地区有耕地面积6806亩，其中水田5438亩、旱地778亩，集体经营5897亩、自留地319亩。种植水稻8790亩（播种面积），总产3.84万公斤；经济作物有荔枝1751亩、产量1304担（一担等于50公斤），菠萝341亩、产量2500担，橙柑191亩、产量206担。此外还有番薯、甘蔗、花生、蔬菜、畜禽等生产。全年总收入121.53万元，其中农业84.32万元、林业6.5万元、畜牧业24.25万元、工副业3.2万元、渔业0.54万元、其他2.72万元。

1983年，南头区成立，下设大新、南山、西丽、沙河、蛇口、水湾6个办事处，辖有老区的为大新、西丽、沙河3个办事处。其中大新办事处有大冲村，西丽办事处有珠光村、坪山村、光前村、大𪧐村、新围村、塘朗村、上面光村、长岭皮村、白芒村、麻𪧐村，沙河办事处未设行政村。是年，中共

20世纪80年代上白石村的农田（沙河街道办事处提供）

南头区委、南头区办事处（后为南头管理区）根据南头地处特区、毗邻香港、交通便利、自然资源丰富的优势，确立"为出口服务，为特区服务"（简称"两服务"）农副业生产发展方向，把区内农业生产区域划分成三大片，中片、南片重点发展蔬菜、水果和海水养殖；北片山区主要发展畜牧、杂果和淡水养殖，发展传统出口农副产品，开发一批鲜活商品的生产基地，促使外向型农业的发展。

　　1984年，随着特区建设事业的发展，耕地面积和农业人口逐年减少，南头区致力搞好农业生产布局的调整，发展农副产品的生产和加工，使农业逐步向"贸、工、农"方向发展。全区办起林果、蔬菜、养殖场20多家，投资上千万元。全区耕地面积15044亩，全年种植水稻15905亩（播种面积），总产4466担；蔬菜7288亩，总产151018担；水果8344亩，总产约13219担。其中水果、蔬菜是传统出口产品。水果以荔枝、甜桃最为闻名，在港澳市场享有盛誉。水产总产36300担（含蛇口办事处），其中蚝产量4500担，海洋捕捞2700担，鱼塘养殖1900担，淡水养殖2500担；水产品销售总额247万元，其中出口额170万元。[①]

　　是年，西丽办事处大冚村党支部书记杨石坚，根据南头区农业"两服务"的发展方向，宣传南头区每种植一株荔枝树奖励3元钱的政策，号召村民开荒种果树，并明确"谁开荒谁种，谁种谁收"，村民开荒种果的积极性空前高涨，当年全村种果树600亩。翌年，开荒种果树热潮遍及整个西丽。办事处根据西丽老区山地多的实际，提出"靠山吃山、吃山养山、治穷致富"的口号，制订"以农促工，以工补农，工农并举，发展农村商品经

---

　　① 　参见深圳市人民政府南头管理区：《深圳市南头管理区经济概况》，1985年2月，存南山区档案馆，全宗号C41，目录号A12·1案卷号6，件号1。

济"的发展规划，发动农民开荒种果、挖塘养鱼、饲养禽畜，发展以家庭为基础的商品生产。

至1985年，南头区提出的农业"两服务"发展方向得到全面实施。南头区扩大鱼塘2300亩，种植菠萝、香蕉、甜桃等杂果1200亩，引进日本"巨峰"等良种葡萄1.4万株，种植蔬菜5000亩，产量15万担，生猪出栏量5000头，家禽30万只；鱼塘发展到7000多亩，水产品总产量（含海洋捕捞）21955担，比上年增长1.8倍。新种荔枝1.1万株，总数9.7万株，荔枝产量1.14万担，出口1400担；在拓展平面养蚝的同时，大力推广高产的立式吊养蚝排生产，全区有蚝田1.95万亩，吊养蚝排35个，鲜蚝产量4530担，出口创汇1000万港元。采用引进资金和自办的形式，兴建了一批鲜活商品生产基地。由区渔工商公司在老区开发的西丽水产综合养殖场，当年开发，当年投产，当年收益，鳗鱼等鲜活产品开始销往香港市场。在老区建立的龙井蘑菇场栽培面积1.3万平方米，年产量3600担，创汇108万港元。是年，西丽地区有外来种养场31个；沙河地区的水稻田全部征用，村民从此不再种植水稻。

1986年开始，当地大部分村民将土地租给外来人员耕种。福光村村民把土地承包给从香港过来的一家港资企业"友联菜场"种菜，租金每亩200元，他们招聘从粤西高州和电白过来的人种菜。新屋村村民把土地租给粤东人种菜。龙井村把种不完的土地租给港商种菜，一般连片承包给港商，鱼塘包给外地人搞养殖。

1987年10月24—29日，南头区对麻䃑、白芒、留仙洞、长岭皮、珠光、上面光、平山等村进行调查，形成《加快开发西丽山区刻不容缓——西丽农村若干问题的调查》报告。报告指出，西丽山区50%的村年人均收入不足千元，每月不到百元，农村生活水平仅仅够温饱。至1987年，北部老区开荒种果热潮不减，果树面积从1982年的不足2000亩（一说1344亩）增加至5036亩。

1989年，南头区大力开办适度规模的国营、集体农副业生产基地，发展规范化的鲜活商品，以满足"两个服务"的需要。在全年建立几十个内联场的同时，千方百计筹措资金，创办蚝业、养虾、养鸡、养鱼、水果五个生产基地，总投入1900多万元。其中两个基地建在北部老区。一是在西丽创办大型国有果场——西丽果场，占地面积5770亩，其中荔枝3000多亩、芒果500亩、龙眼500亩；二是以西丽水产场为主体的优质鱼养殖基地。同时，外来种养人员不断增多，老区桃源有外来种养人员2810人。种植果树8850亩，其中荔枝5205亩、菠萝1213亩、橙柑530.6亩。有鱼塘207亩，养殖鸡鸭鹅1661只，养猪227头，农业产值189.65万元。是年，南头全区有水果面积近2万亩，养猪场166个，鸭场30个，鸽场6个，蔬菜场32个、面积6500多亩，水产养殖面积3.7万亩，全年生产荔枝等水果3240吨，蔬菜22410吨，饲养生猪2万头，乳鸽12万只，养鸡95万只；农业总产值5317万元，比上年增长9.3%，其中水果畜禽4017万元，农业鲜活产品出口创汇4836.6万港元，增长6.9%，初步实现农副产品鲜活化、商品化、规范化、市场化的经营机制。是年开始，西丽片区村民基本不再种植水稻。沙河地区山林被征，村民不再种植果树。因为土地被征用，村民也不再从事农业生产。大冲村民将剩余的土地出租给外地人种菜养鱼，除部分村民继续养蚝、种荔枝以外，多数农民洗脚上岸，不再种地、养蚝。①

1990年，西丽片区继续发展创汇型农业，在调整种植结构和

①　参见南头区农牧水产局：《发扬成绩　克服困难　齐心合力把南头区农业各项工作搞上去——南头区农牧水产局一九八九年工作总结和九○年的工作任务》，存南山区档案馆，全宗号C7，目录号A12·10案卷号6，件号11。

品种结构的同时，把规模农业推上新的水平。南头区与省食品集团公司在西丽片区，联办一个年产300万斤蛋、100万只鸡苗、10万只肉鸡的大型"菜篮子"生产基地，总投资1320万元。争取市继续投资西丽果场，累计投入270万元，开发1500亩，种下各种果树近2万株，还有3000多亩待开发，成为南头区水果生产的一大基地。西丽果场运用科学技术提高农业生产力，西丽果场采用新技术对幼龄荔枝树的环割试验，成功控梢促花早结多挂，使五年龄荔枝株产从10公斤提高到25公斤；西丽水产综合场采用科学养鸽、提早育肥等办法，平均年产出率由4.6对提高到6.5对。还争取市水利部门拨款，修建长岭皮改河工程等五项工程，总投资20万元，完成土方2.7万立方米，石方850立方米，提高"三防"防御能力，改变农业生产条件。全区全年出口创汇总额达850万美元，比上年增长3.9%。农业总产值7131.8万元，比上年增长16%。[①]

四、老区"三来一补"工业兴起

1980年深圳经济特区成立后，南山地域开始改革、开放、搞活，运用特区特殊政策和灵活措施，大力发展工业生产。革命老区各个村也想办法抓住机会，发展集体经济。长岭皮村因地处偏僻山坳，房产开发相对滞后，建材没有市场，为了发展集体经济，在大旺山（今南山区政府所在地）开设建材部，露天经营。后又筹建塑料厂，由于经营不善，一两年之后就倒闭了。1981年，大冲引进港资企业到大冲投资办厂，建厂房6000平方米；也

---

① 参见欧发明：《坚决执行党的农村政策 努力建设具有南山特色的农业经济而奋斗——南山区一九九〇年农业工作总结和一九九一年工作意见》，南山区农业工作会议材料，存南山区档案馆，全宗号C7，目录号A12·12案卷号15，件号2。

自建厂房，对外出租，建立印刷厂、制衣厂、五金厂等。翌年，客商在大冲办敬时宝珠宝来料加工厂。

1982年在新塘村工厂的打工者下班（沙河街道办事处提供）

1983年南头区成立，按照深圳经济特区总体规划的要求，南头区近期发展目标是尽快建成一个集工业、商业服务业、住宅和文化教育事业等于一体的综合性的市区。建区之初，一些干部急于改变南头落后面貌，热衷于"办公司、做生意"，结果不少公司因盲目进口，商品积压，严重亏损。在挫折面前，他们认识到："抓浮财"不行，要"办实业、打基础"。当时办实业有两种意见：一种意见主张大办来料加工企业，另一种意见认为来料加工是引进资金的低级形式，主张自办或合资兴办技术密集的工业企业。区委、管理区认真分析南头发展经济的优势和劣势，认识到自办或合资兴办技术密集的外向型企业，虽然是发展目标，但在缺乏人才、缺乏资金、缺乏经验情况下，显然脱离南头实际；而来料加工这种初级形式的外向型企业，具有投资少、创汇多、见效快，且可安排大量劳力的特点。为此，决定把发展"三来一补"作为南头经济起步的第一个台阶。为此，采取下述有效措施：

一是建立高效、精干的办事机构，实行洽谈、签协（议）、审批、报关、管理一条龙。区分工一名副区长专抓引进工作，重大问题由区长办公会议讨论决定，还专门设立引进办公室、对外经济发展公司、"三来一补"业务组、报关组、引进服务公司等办事机构,配备精干的办事人员,为投资客商服务。每个项目从洽谈到合同签订、审批、选择厂址、设备进口安装、工人招收培训、领取许可证、产品出口报关等环节都有专人负责,一般项目审批手续两天之内即可办成。

二是积极为客商排忧解难。许多客商由于人地生疏,办厂以后遇到这样或那样的困难,只要政策和条件允许,就千方百计解决好。如国家对一些产品实行出口许可证,不少客商由于产品出不去而焦急不安。为解决这一问题,区引进办公室专门派出得力干部到经贸部和省经贸委,逐一为厂家办理出口许可证,解除了客商的忧虑。又如,随着企业的增加,要求办理往返深港的货运车和小汽车的客商越来越多,引进部门总是想方设法与有关单位协商,尽量满足要求,使客商安于、乐于在南头投资。

至1984年,南头区外引内联项目87项,其中外引项目50项、内联项目37项;协议投资7735.24万港元,实际投资6000万港元。建有标准厂房5.08万平方米,新建工业企业15家,开始有了电子、化工、服装、皮革、机械、建材、饮料、印刷等工业行业,全区工业总产值1388万元,比1978年增长20倍。①

在西丽老区,建立西丽办事处

20世纪80年代初位于上白石村的沙河工业区(沙河街道办事处提供)

---

① 参见深圳市人民政府南头管理区:《深圳市南头管理区经济概况》,1985年2月,存南山区档案馆,全宗号C41,目录号A12·1案卷号6,件号1。

时，仅有5万元的开办费和两家年收入不足20万元的社办工厂，生产农具及进行五金加工。年底成立联合企业工贸发展公司，最早以来料加工为主。随后，办事处兴办南沙棉花厂、联威装配厂、西丽汽水厂、南头物资站、南源车队、教场门市部、罗怀种养场、林果场、南蜂副食加工厂等企业9个，企业总收入196.67万元、利润为18.99万元。还兴建大批工业厂房，其中建成占地5万平方米、总建筑面积7.5万平方米的光前工业区，是西丽老区最早建成的工业开发区。龙井、光前村引进港资企业顺丝花厂入驻，出租厂房三层约1000平方米。新建的沙河办事处取得沙河华侨农场的支持，争取到新塘约10亩土地，开始建设新塘工业区，先后投入建设资金1100万元，建设两栋宿舍楼、1栋办公楼、4栋工业厂房、1个停车场。同时，开始投资兴办集体企业，主要通过自办企业和引进来料加工厂两种模式进行发展，但是没有属于村里的集体企业。大冲建成南丰纺织厂。

1985年，南头区继续加大外引内联工作的力度。为增强对国外投资者的吸引力，加快工业基地的建设，完善麻雀岭工业村的厂房和配套设施，施工面积6.1万平方米，竣工面积2.5万平方米，安排使用1.8万平方米；完成马家龙工业村的总体规划设计工作，平整土地33万平方米。投资环境的改善，促进了引进工作的发展。全年签订外引和内联项目60个，协议投资1825万美元，实际投入使用资金640万美元，分别比上年增长87.3%、71%。在合资合作项目中，逐步建立起一批进料加工，出口增益的外向型项目。全年工业总产值2807万元，比上年增长1倍；实现利润137万元，收取工缴费193万美元。

是年，各街（办事处）、村使用征地费和筹集资金，兴建厂房127栋，面积16万平方米，兴办工厂52家。其中，老区村兴办工业企业13家，其中"三来一补"企业10家；属于西丽办事处的10家，分别是：珠光村的五金厂、丝花厂、家私厂、美景加工厂、银丰皮具加工厂，光前村的光前表壳厂，新屋村的新屋表带厂，长岭皮村的达利塑料厂，龙井村的龙井丝花厂、东方表厂；属于大新办事处大冲村的3家，分别是家私厂、五金厂、纺织厂。①

1986年，南头区采取灵活的措施，调动各方面积极因素，多层次多渠道多形式开展引进工作，保持"三来一补"企业的持续发展。

在发展层次上，鼓励区、街（办事处）、村、合作社（自然村）四个轮子一起转，多个层次齐发展，区属公司着重引进规模较大技术较先进的项目，规模较小劳动密集的项目则放在街、村兴办。

在引进渠道上，在主要由业务部门洽谈引进的同时，通过每年荔枝成熟季节邀请华侨、港澳同胞和投资客商品尝荔枝、春节期间在港召开座谈会等形式，以增进相互了解。特别是通过早期来南头投资并获益的客商现身说法，介绍朋友前来投资，有的客商一人就介绍多名朋友来投资。

在引进形式上，根据客商的不同要求和特点，采取多种形式引进"三来一补"项目。有的是设备由客商不作价投入，企业由客商经营管理，引进方只负责提供厂房、工人及少量管理人员；有的是补偿贸易和来料加工灵活结合，通过先搞补偿贸易，后设备归引进方，企业由引进方经营管理，接受来料加工订单，收取加工费。多种引进形式，使客商易于接受，乐于在南头投资。

1986年，全区"三来一补"项目248个，其中街村办的有149

---

① 参见《全区工业企业目录》，存南山区档案馆，全宗号C41，目录号A12·1案卷号5，件号12。

个，占60%；收取工缴费3161.94万港元，其中街村办的1834.98万港元，占58%。经市规划局批准，先后开发麻雀岭、马家龙、南山等三个工业村。各办事处与部分村委积极兴建厂房，南头区共投资6000多万元，建厂房193栋，竣工面积34万平方米，并铺设好排水排污管道，实现通水、通电，实行边建厂、边谈项目、边开业，有效加快开发速度，提高投资回收效益。西丽办事处总收入52.8万元，其中工业收入27.3万元，工业收入占51.7%。在工业收入中，"三来一补"企业工缴费收入23.2万元，内联与自办企业利润2万元，其他收入2.1万元。"三来一补"企业工缴费收入占工业收入85.0%。[①]

1987年，南头区工业总产值7516万元，与外商签订协议合同185项，实际投入使用资金4097万美元，收取工缴费876万美元，分别比建区时的1983年增长28倍、9倍、52倍、6.6倍。是年，老区农村集体经济持续发展，建厂引资不断发展。上面光村投资6万元，建成两栋面积2320平方米厂房，工业总产值9.7万元。光前村投资91万元，建成4栋面积4900平方米厂房，签订项目3个，实际投资150万元，厂租、工缴费收入37万元。[②]

1988年，中共南头区委、南头管理区作出大力发展外向型经济的决策，要求区属公司和南山、大新地区，应以发展"三资"企业为主，有条件的发展一些自办企业，开发新产品，打进国际市场；西丽地区可大力发展"三来一补"企业，有条件的也要办一些"三资"企业。同时，外引与内联结合，充分依靠内地资

① 参见深圳市南头管理区：《大力兴办"三来一补"企业 促进南头经济发展》，深圳市对外加工装配工作会议材料，1987年，存南山区档案馆，全宗号C41，目录号A12·3案卷号8，件号6。

② 参见陈方：《在南头区工业会议上的讲话》，1988年11月11日，存南山区档案馆，全宗号C41，目录号A12·4案卷号22，件号10。

金、技术、原料、资源等优势，增强对外引进的消化能力、企业应变能力和产品的市场竞争能力。是年，西丽办事处（含桃源片区）总收入200.5万元，其中工业收入150万元，占总收入74.8%。在工业收入中，内联与自办企业利润16.8万元，"三来一补"企业工缴费收入133.2万元，工缴费收入占工业收入88.8%。"三来一补"企业成为西丽工业的绝对支柱。

老区村为引进"三来一补"企业，大力进行厂房建设。西丽老区村成立第一个经济合作组织——第一居民小组合作社，建造厂房1栋、面积3500平方米。翌年，西丽老区村大冚村成立第二居民小组经济合作社，建造厂房1栋、面积350平方米。桃源地区新建厂房7栋，建筑面积2.4万平方米，引进项目13个，协议投资3218万元，实际投资1350万元。

至1991年，革命老区以"三来一补"为主的工业得到较大发展。新屋村从1986年开始建厂房，因村集体缺乏资金，就与建筑商合资建设，村里提供土地，建筑商垫资承建，建成后对外出租，开始由建筑商收取租金，几年后厂房归村集体。以此模式，村集体陆陆续续建起4栋3层厂房，总面积3800平方米，同时引进"三来一补"企业东联印刷厂、启达五金厂、冠和皮具厂、大华首饰加工厂等。光前村于1986年开建第一栋厂房，至1991年，龙井村和光前村共建8栋厂房，约2万平方米，引进五金件标准厂、龙井丝花厂、合丰橡胶制品厂、合益玩具厂、合安制品厂、顺达玩具厂等"三来一补"企业。长岭皮村地处山坳，交通不便，集体经济发展缓慢，是有名的"穷村"。1987年开始建成西丽南路的厂房，1311平方米。1989年引进第一家"三来一补"企业浩华电子厂。上面光村与长岭皮村同样地处偏僻，陆续建起3栋厂房，约3000平方米，他们降低租金来吸引外部资金，第一家入驻"三来一补"企业是香港的日丰五金厂，后来有伟成制衣厂、雅丽丝花厂等。大新办事处大冲村有企业40家，其中自办企业5家、合作企业2家、"三来一补"企业33家，拥有固定资产1404万元，厂房38栋，面积6万平方米，收入850万元，纯利551万元。

"三来一补"企业的发展，促进革命老区由原来以农业经济为主转为以工业经济为主，大批被征地农民进厂当了工人，培养了大批企业管理骨干和熟练生产工人，加快了"两个转变"（由农业向工业转变、由农民向工人转变）步伐。

五、老区社会事业建设

（一）发展卫生事业

1979年，南山革命老区村均设有村卫生室，为群众提供小伤小病治疗服务。

为方便北部西丽老区群众看病并提高医疗水平，1985年，南头区设立深圳市南头区西丽人民医院。位于西丽文苑路3号，占地2524平方米，建筑面积1202平方米，业务用房772平方米。初建时有医护人员17人，设置临床科室有西医、中医、妇产科和药剂科。西丽人民医院系区属二级公立医院，服务覆盖地域约80平方公里。在沙河地区，1979年6月，建立沙河华侨企业公司卫生所，场地为1间草棚，医疗设施仅有1个红十字药箱、听诊器、体温表、血压器和一些简单常用的药品。1985年，华侨城集团公司成立，沙河华侨企业公司卫生所更名为华侨城医院。华侨城集团加大对医院的建设投入，重点抓住人才与技术的引进，从内地著名高等院校直接调入包括教授、博士、硕士等在内的多名技术人才，充实医院的技术力量，有医务人员80多名，实行内、外、妇、儿分科设置，使其成为具有一定规模、医疗服务较为全面的综合性医院。

1991年，新围、麻磡、大磡、白芒、上面光、长岭皮、塘朗、珠光等村先后建起卫生站，开展初级卫生保健工作。

（二）发展文化体育事业

改革开放初期，一般老区村设有电视室、篮球场。上面光村有一个篮球场，福林和杨屋村各有个半场篮球场，是村民闲暇时间锻炼身体的活动场所。上面光村有一台电视，放在村文化室，每到晚上，许多村民到村部去看电视，成为那个年代的文化娱乐方面的精神享受。村里有时候会放电影，也偶尔请马戏团到村里表演。

经济特区建立后，全国各地青年劳务工纷纷涌入深圳，广大青年劳务工迫切需要一种简便易行适合他们的文化娱乐形式。顺应这一需求，1982年，西丽湖帐篷歌舞厅（西雅廊歌舞厅）开业，投资150万港元，成立第一支乐队，聘来第一批职业歌星，成为深圳市第一家歌舞厅。

1983年南头区成立，开始对文化体育活动进行投资，逐步兴建文化体育活动设施，开展群众与外来劳务工文化体育活动。驻在老区的企事业单位陆续建起篮球场、乒乓球室、羽毛球场等比较简易的文化体育活动场所，组织职工开展一些简单、传统的文体活动，以满足职工锻炼身体和开展文化体育活动的需求。1986年起，沙河地区的华侨城集团建起体育中心，包括标准足球场、标准400米田径场、成人游泳池和儿童戏水池、网球场等体育设施。华侨城中学建足球场1个、网球场1个、篮球场2个、羽毛球场1个、露天体育场1个。华侨城小学建篮球场2个、露天体育场1个。

1988年，西丽办事处文化站建立，是南头区成立的首家文化站。办事处投资3万多元，装修文化活动场所，面积100多平方米。文化站当年组织群众文体活动10场，参加人数2000多人次，还组织参加南头区长跑接力赛以及一些歌舞比赛。1991年，西丽老区在石鼓路十六冶处，兴建篮球场、门球场等体育活动设施，面积900平方米；文化站建立一支由25人组成的西丽业余文艺演出队，其成员为来自辖区各中小学、企业、机关的文艺爱好者，他们利用业余时间排练歌舞、小品、相声等节目，在节假日深入居民区、驻地军营、工厂进行演出，广受好评，深圳电视台对演出队活动先后两次进行专题报道。在沙河地区，办事处文化站积极开展基层群众文化活动，组织村民参加荔枝节文艺晚会、交谊舞培训班、迎国庆系列文娱体育比赛等。邀请广东省民族歌舞团、广州军区战士歌舞团来村里演出，活跃老区村民文化生活。

（三）发展教育事业

1982年年底，在老区麻䃭村成立麻䃭小学，校园面积5000平方米，建筑面积2800平方米，规模为一个幼儿班和一至四年级各1个班，在校生约180人。

1983年西丽办事处成立后，注重教育投入。是年，西丽地区有大䃭、留仙洞、白芒、麻䃭、新围等小学8所，在校学生871人，有大䃭、白芒、麻䃭、新围等幼儿园7所，在园幼儿166人，有小学教师37人、幼儿教师7人。香港同胞捐资创办大冲小学附属幼儿园。1985年，扩建白芒、珠光小学校舍，添置一批教学设备。沙河华侨农场投资百万元，兴建沙河小学第一栋教学大楼。1986年，创办西丽中学。1987年，西丽中学招

1984年新建珠光小学（桃源街道办事处提供）

收2个三年制职高班，分别开设财会和金融两个专业，有学生68人，直接为当地培养人才。

1988年，实行基础教育"分级办学、分级管理"体制，以"村村有小学"为目标，区、办事处、村三级投入，促进教育事业发展。办事处恢复设立教育办公室，各村各校成立校董会，建立起由学校、社会、家长组成的多层次教育组织机构。

其间，西丽老区教育事业得到大发展。首先，从西丽老区吸收生源的西丽中学职高班为当地培养一批实用型人才，西丽职高班服装专业首届68名职高毕业生，有28人被安排到国家企事业单位工作。其次，西丽小学（1986年由新围小学更名）被深圳市教育局确定为全市十三所重点小学之一，意味着深圳市优质教育资源向老区倾斜。最后，大幅投入进行校舍修建。市、区拨专款辟址新建大㘟小学，大㘟村委会献地25亩，当地村民捐款5万余元，新建3层教学楼，有教室10个，建筑面积660平方米。大㘟村委会还把位于大㘟小学附近的山地果场，划给学校作为校办农场基地，该果场种有荔枝350棵、柑橘1500多棵，年收入逾万元。易址新建塘朗小学，占地面积2.48万平方米，建成1栋4层教学楼。平山小学新建教学楼，办成完全小学。在沙河地区上白石村旁建成沙河中心幼儿园。至1990年，西丽老区有小学9所，在校学生2147人，区属完全中学（含职高班）1所，在校学生725人。

六、老区人民生活不断改善

深圳经济特区成立后，随着各项建设事业的快速发展，老区人民生活水平迅速提高。

（一）道路建设

1980年，为加强对深圳经济特区的管理，在特区边界沿线，修建了边防路，宽为5米。边防路西段，都在西丽革命老区范围内。边防路虽然主要是提供给部队巡逻用，但也打通了革命老区与外部的交通。随着西丽湖度假村入驻，同时铺设西丽湖路，东西走向，长1500米，宽25米。革命老区的交通明显改善。

1982年，西丽老区修建白芒村砂石路；修建王京坑路，从王京坑村通往大冚村。沙河地区建成街道、道路3条。分别是：深南路，是连接市区和南山、宝安、广州的市区主干道，途经沙河地区；香山街，东接侨城东路，西至沙河东路；侨城西街，南接深南路，东至侨城小学，连贯侨城东街至东部工业区。大冲地区建成纸厂路，成为粤海街道境内第一条街道。

1983年南头区成立后，开始大力进行基础设施建设。1984—1987年，南头区基本建设累计投入1.5亿元。其中1984年，南头区开工基本建设工程52项，投资额3800万元，超过南头公社30年基本建设投资总和。竣工面积7.04万平方米，其中商品楼宇投资680万元，竣工面积1.47万平方米；厂房楼宇竣工面积5.08万平方米。建成区内最大的工业区——麻雀岭工业村，占地面积11.56万平方米，完成基础工程，有2栋、5层、面积2万平方米的标准厂房交付使用。随后，南头区投资400多万元，修建南新路，并动员各街、村集资修整街道村巷，修建城市道路、街巷20多条，总长10多公里，投资1100万元，使区内的道路有了

1982年的沙河街（路的尽头是新塘村）（沙河街道办事处提供）

较大的改观。

随着南头区基础设施建设快速推进，革命老区基础设施建设也不断加快。至1986年，北部西丽老区完成的基础设施有：投资8500万元，其中办事处机关及各村委会集资4000万元、征地费2450万元、国家拨款50万元、国家贷款2000万元，在西丽中心地带——上沙河站兴建基础设施50万平方米，其中厂房18万平方米、住宅26.5万平方米、学校幼托2万平方米、商业服务楼3万平方米、行政管理楼0.2万平方米、文化体育活动场所0.3万平方米等。改建南天路，长34.7公里，路基宽8.5米，路面宽6—7米，绿化里程32.7公里，沥青路面。铺设沁园路，从西丽湖路至大㘭村口，长2400米，宽15米。建成长岭皮公路，铺设水泥道路15公里，总投资800万元。建成塘益路，由塘朗村至塘朗鱼塘，长200米，宽6米。铺设白芒中心路，长700米，宽7米。翻修西丽桥。

与此同时，沙河老区华侨城，委托新加坡OD205工程顾问公司和深圳市工程设计咨询顾问公司、华侨城设计室共同编制了《华侨城规划方案》。建设住宅小区2个，总占地面积20.51万平方米，总建筑面积13.98万平方米，建楼房132栋，住宅876套，最高层数30层。建成主干道沙河街，长1.1公里，宽17.5米，水泥路面，南起深南路，北与沙河西街相接，贯穿塘头、下白石、上白石、新塘四个村。

1987—1991年，老区道路继续改建。在北部西丽老区，先后投资1500万元，铺设水泥路30多公里，修桥10多座，实现村村通水泥路。对茶文路进行路面硬化，由原先的泥土路铺设为水泥路。修筑从塘朗村到福林的水泥路，投资25万元，其中政府拨款10万元、上面光村自筹15万元。修筑珠光路，从珠光村到新屋村；修筑龙井村和光前村村内道路。1991年11月23日，西丽湖至锦绣中华公共小巴专线开通，解决西丽乘车难问题。

在沙河地区，老区村道路都实现了硬底化。其中：塘头村有金河路，宽11米，长510米；华夏路，宽12米，长200米；银河路，宽6米，长270米；天河路，宽11米，长460米。上白石村有上白石路，宽5.5米，长378米。新塘村有新塘街，宽9.5米，长296米；新中路，宽18米，长337米。在大冲地区，1989年市投资修建铜鼓路，长约1.3公里，连接深南路至北环大道。

（二）供电供水建设

南山老区中，沙河村民因为属于农场，用电较早。1966年，上白石、塘头、新塘3个村村民开始有小功率的电灯照明，但所用电线均是铝线。大冲村民也在1967年开始用电，村民家里一般是15瓦左右的灯泡。20世纪70年代初，大冲村安装小型变压器，保证照明。西丽片区老区村1979年前后开始通电，也是铝质电线，负荷小，只是满足村民的晚上照明使用，照明灯泡一般是5—15瓦。

深圳经济特区建立后，随着外来人口和入驻企业增加，用电负荷越来越大，经常出现过载跳闸、拉闸限电现象，给居民生活和企业生产造成很大困扰。有条件的村民买来发电机自行发电，以满足生活需要；各个工厂也备有发电机，限电的时候自己发电进行生产。各个村由于缺乏资金，无力更换线路。1985年开始，对电力线路进行改造，增加负荷。

其时，老区村民生活用水，仍然只能取自井水、山水、河水、堰塘水。1980年，大田村在村内打了一口10米深的水井，供村民挑水饮用；王京坑村组织村民在羊台山建了两个蓄水池，每个300立方米，供村民作生活用水，不用完全依靠人力下山挑水。1982—1983年，王京坑村又增加一个600立方米的蓄水池，更大程度上提升可供村民用水量。靠近塘朗山的村子，利用山上的山泉水，铺设水管，通到村里每家每户；距离塘朗山稍远的自然村就修建水塔，把地下水抽到水塔，然后再铺设水管通到各户家中。长岭皮、上面光、杨屋、福林、新屋等村用的是井水，20世纪80年代各个村出资用铁质的水管从山上引来山泉水，再引到各家各户。龙井村和光前村于1984年修建水塔，再通过铺设的铁质水管通到家家户户。

1985年，南头区在市政府支持下，投资300多万元，新建南头自来水厂，日供水量1万吨，基本满足当时南头区的生活、工业用水。1987年，动工新建大冲水厂，占地2.25万平方米，设计日供水35万吨，出厂水质综合合格率99.9%。供水范围东至华侨城、西至南头检查站，南至蛇口妈湾港，北至西丽、白芒。

革命老区最早用自来水的是沙河农场，由农场铺设的自来水管道通往各村。塘头、上白石、新塘三个村的自来水管道，1984年开始安装。至20世纪90年代，村民基本都用上自来水。到1990年年末，有条件的老区村均用上自来水，但个别老区村因地处边远，如大㘵村（1992年更名为大磡村）和王京坑村，2008年才使用自来水。

其间，通信也有了很大改善，开通了港澳地区和部分国家以及国内27个城市的直拨电话。区内电话用户可直拨深圳市区，还可与各大城市和香港、澳门等处通话。投资环境的改善，不仅方便了老区村民的生活，也大大增强了吸引外资的能力，投资者纷至沓来。

（三）衣食住行大大改善

首先，群众收入大幅提高。1979年改革开放后，老区村民收入开始增长。深圳经济特区成立的1980年，西丽老区村民人均年收入为283元，其中集体分配收入133元、家庭经营收入150元。沙河老区村民人均年收入600元，集体分配收入与家庭经营收入各占一半。

1983年南头区成立后，老区村也开始由农业经济向工、农、商结合的经济转移，村民收入相应发生变化。是年，桃源地区13个自然村，成立25个合作社，包干到户数537户，总劳动力818人（有女劳动力528人），其中从事农林牧副渔业743人，交通运输业2人，服务业3人，文教卫生业5人，外出打工65人。农村合作经济收益84万元，家庭人均年收入362元。龙井村和光前村在改革开放后，村民种的水稻可以满足口粮，并开始略有剩余，荔枝上市后，村民每年卖荔枝年收入有1000元左右，少的也有几百元。村集体物业出租给"三来一补"企业，村民开始分红。此外，村里在香港的同胞挣得的一部分钱寄回到家乡，援助家人的生活和村里的发展。

1985年，南头区农村中进厂当工人有775人，从事商业和其他行业的有753人，占农村总劳力的34.7%。农村总收入为1227万元，其中工商业收入33.8%，农民人均收入839元，劳均收入2083元，1987年，西丽地区工农业总产值突破千万元，人均收入1118.2元。

1987年，上面光72户、279人，人均收入964元；光前村105户、429人，人均收入1503元。1988年，西丽老区人均年收入1400元，其中新围村1400元、大勔村1620元、白芒村1476元、麻勔村1133元。1991年，西丽老区农村人口2992人，人均年收入约3000元，其中新围村3799元、大勔村2537元、白芒村2598元、麻勔村1797元。

其次，住房条件大大改善。1980年开始，随着村民收入增加，西丽老区各村按户分宅基地，村民陆续建起平房或二层楼房，为石（头）混（凝土）结构，面积为100—200平方米。龙井村、光前村、新屋村都是从1981年以后开始建二层楼房，当时建房是为了改善居住环境，提升居住质量。长岭皮村比较偏僻，

1982年开始建二层楼房。福林、杨屋、上面光村，1983年前后，部分村民开始建两层半的房屋。1983年，西丽老区私人建房有103户，建筑面积约1.37万平方米。翌年，私人建房有153户，建筑面积约2.1万平方米。

20世纪80年代后期开始，村民大部分都外出打工，不再依靠种地过活，收入有了大幅增长。由于深圳城市建设征地，村民们每家得到一笔青苗等补偿费。其中长岭皮村山地比较多，山上遍植荔枝树，平均每户种有1000棵以上。后来每家获得青苗补偿款，获得大树补偿款有1万多元，小的也有几千元，平均每个家庭获得补偿款约50万元以上，多的有100多万元。同时，随着老区村入驻企业增多，集体经济发展，外来人口越来越多，房屋出租供不应求，租金也逐年升高。村民把从各个方面获得的钱款都用来投资建房，所建均是框架结构的6—8层楼房，每户面积基本在500平方米以上。在沙河地区，村民建新房一般都是6—7层。上白石村和新塘村，村民大多拆掉老房子，扩建成6—7层新楼房。塘头村则保留了1959年迁来时连在一起的老房子，而另择新址建楼房。随着西丽中心地带上沙河站商业服务、文体活动等配套设施的兴建，以及南头物资门市部、丽南商店、新西丽酒家、西丽招待所等区属饮食业、服务业单位相继开业，村民生活开始丰富多样化。

20世纪80年代初的上白石村（沙河街道办事处提供）

再次，家用电器逐步普及，交通工具也得到改善，文化生活日渐丰富。老区村民收入增加，开始使用家用电器。1980年村民开始有了黑白电视机、收录机、电风扇、洗衣机。1986年前后，黑白电视机逐步替换为彩色电视机，并用上电饭煲、冰箱、摩托车等。1990年前后，一些家庭开始安装空调，购买小型面包车用于代步出行。受外来文化冲击，群众穿衣风格也趋于多样化，不仅色彩丰富款式多样，而且开始关注品牌，追逐时代潮流。各村投资建设投影场、歌舞厅、溜冰场等娱乐活动设施。村民的休闲方式也更加丰富多彩，人们经常进入歌舞厅跳交谊舞、的士高，唱卡拉OK，生活质量不断提高。

南山建区与宜居宜业的滨海城区建设

1990年1月，国务院批准设立南山区，上隶深圳市。南山区行政区域东起车公庙，西至南头安乐村、赤尾村，北起羊台山，南临蛇口港、大铲岛和内伶仃岛，即原南头区、蛇口区行政区域。同年9月，南山区正式挂牌成立。南山区的成立，标志着包括革命老区在内的全区经济社会进入发展的快车道。

一、深圳"四个基地"建设

南山区工业初具规模，拥有良好的投资环境，港口条件优越，有比较充裕可供开发利用的土地，旅游资源丰富。1990年9月12—14日，中共南山区第一次代表大会根据南山区的优越条件，确定全区经济与社会发展目标为：努力发展以先进工业和港口运输业为主导，商业、旅游、创汇型农业相结合的高层次、多功能外向型经济；努力搞好精神文明建设，树立良好的党风、政风和民风，加速文化、教育、科技事业的发展，进一步提高人民的物质文化生活水平，把南山区建设成为工业发达、结构合理、科教进步、经济繁荣、社会文明、环境优美的港口工业城区。

1993年7月8—29日，中共南山区第二次代表大会提出南山区远期发展目标为：力争在20年内达到工农业和科学技术基本现代化，第三产业发达，市场经济体制较为完善，国民经济运行机制符合国际惯例；港口实现现代化，陆海空交通运输发达，形成沟通海内外的交通网络和信息网络；城市公用设施较为完善，城市管理纳入科学轨道，拥有较大规模、较高水平的文化、卫生、体育等设施，生态环境优化，海滨特色鲜明；普及高中教育，在校各类中专和大学生占人口总数的7%左右，达到国内先进水平；法制和社会保障体系健全，治安良好，人民享有较丰富的物质和精神生活；社会各项事业都有相应发展，精神文明与物质文明建设相互适应、协调发展。

1998年3月18—19日，中共南山区第三次代表大会提出五年乃至更长一段时期内，努力把南山建设成为深圳市高新技术产业基地，旅游、文化、教育基地，西部交通运输中心，具有国际水准的现代化城区。

南山区委、区政府根据自身的特点，借助驻区大单位的实力，努力寻求市里支持，找到突破口。这一突破口就是充分挖掘自己的资源，从点滴做起，蓄势待发。至2003年，南山区已经初步成为深圳的"四个基地"，即高新技术基地、西部物流基地、高等教育基地、旅游基地。

（一）高新技术基地建设

早在1985年，深圳市委、市政府将南山定位为深圳市的先进工业基地，并将最早兴建的国家级高新技术产业开发区——深圳科技工业园设在南山，成为国务院首批认定的27个国家高新技术产业开发区之一。紧接着，深圳市高新技术工业村、中国科技开发院等高新技术开发区相继在南山落户。

南山区成立后，抓住这一契机，利用深圳科技工业园的推动，积极引进世界知名跨国公司朗讯、IBM、希捷、爱普生等在这里设厂或建立研发中心。与国内电子信息业巨头联想集团、北大方正联合在南山建立研发中心。积极利用深圳市《加快高新技术及其产业发展的暂行规定》给予的各项优惠政策，培育出华为、迈瑞、奥沃、科兴、方大、安科、康泰、金蝶软件、达实自动化、华怡电脑、海王生物等一批具有自主知识产权的南山本地高新技术企业。

1996年，南山区争取市委、市政府把南山区内极有升值潜力的11.5平方公里的土地规划为高新技术产业园区，对园区实行统一领导、统一规划、统一政策，使其成为全市，乃至全国高新技术成果产业化示范区和高新技术研究开发基地。

1998年以后，南山区先后出台《关于加快科学技术进步的决定》《南山区"九五"科技发展规划》《南山区科技三项经费管理办法》等文件，在土地使用、资源配置、人才引进、项目开发等方面，给高科技企业以扶持。是年，南山区政府与全国高技术产业化协作组织签署协议，联合成立"全国高协（深港澳）高技术产业服务中心"。依托全国高协组织优选推荐的高技术成果，通过"中心"的协调引导和业务执行机构的专业孵化，使成熟的高技术成果项目在南山及周边地区快捷、增值、成功地向商品化和产业化转化。

1999年，南山区在全市率先制定《关于扶持中小型民营科技企业发展的若干意见》，推动民营科技企业的迅猛发展。是年，区委、区政府把一栋原来拟作商业用途的9层大厦，无偿划拨给科技局，并投资1600万元对大楼进行功能改造，作为科技创业中心，在全市率先建立民营科技企业孵化器。是年，南山区被评为"全国科普示范区"，并再次荣获"全国科技工作先进城区"的称号。

进入21世纪，以信息产业、生物工程等为标志的知识经济对世界经济的影响越来越大。2000年，南山区认真贯彻深圳市第三次党代会"把南山建设成为深圳市高新技术产业基地，成为特区西部'硅谷'"的精神，在"十五"规划中，就调整高新技术产业结构、完善高新技术产业化市场机制、优化高新技术产业环境、培育高素质科技产业群体等，提出具体实施计划。计划要求：加快发展电子信息、生物工程和新材料等高新技术产业，重点支持电子通信设备、计算机、大规模集成电路、光机电和软件网络产品的发展，扶持生物制药、基因工程和新型合成材料等产品的研制开发。

2001年，南山区委、区政府兴建第二个科技创业服务中心。在全市首家设立科技孵化资金，从资金上给处于种子期的科技企业强有力的支持。9月22日，首批160万元孵化资金，正式投放给正在南山区科技创业服务中心孵化的两家民营企业——迦威、维网公司，大大提高民营科技企业的创业热情，促进区内高新技术产业的深入发展。

至2003年，南山区已初步形成计算机、通信、微电子及基础元器件、新材料、生物工程、机电一体化等6个领域的高新技术产业群体，从事高新技术产品开发和生产企业600家，被认定为高新技术企业277家，占全市41%。建成各级各类科技研发机构93个，占深圳市80%，其中研究院6个、工程技术研究开发中心28个、企业技术中心13个、博士后工作站7个、实验室39个。全区有各类科技人员32240人，占企业职工总数的20%。其中：硕士研究生6921人、博士研究生（含有博士后工作站经历者）近2000人（占深圳市博士总数的三分之二）；具有高级技术职称者4500人，其中正高级职称300多人；全区有中国科学院院士、中国工程院院士14人，享受国务院政府特殊津贴专家83人。全区高新技术产品产值800亿元，占全市高新技术产品产值31.0%，占全区工业总产值48.1%。在高新技术产业的支撑下，全区实现工业总产值1663.23亿元，地区生产总值828.57亿元，缴纳税金104.76亿元，财政总收入35.11亿元。

（二）西部物流基地建设

南山地区的南头半岛，凸入伶仃洋中，西为珠江出海口，东为深圳湾，南有香港新界、大屿山、内伶仃岛等为屏障，有天然良港之基础。早在唐代，半岛最南端的赤湾就是海上丝绸之路的主要港口，阿拉伯、波斯、印度、安南等外洋商船来广州通商，均在此停泊。

1979年蛇口工业区入驻后，首先炸山填海，修建蛇口港。1981年港口建成，当年经国务院批准对外开放，成为国家一类口岸。1982年，中国南山开发股份有限公司开发建设赤湾港，1983年第一个泊位建成，成为第二个对外开放港口。1985年，南海石油深圳开发服务总公司开发妈湾港。同期，深圳市航运总公司与香港中华造船厂有限公司合作兴建东角头港。与此同时，多方筹资建设疏港交通。

1991年，香港招商局发展有限公司、广州铁路（集团）公司、南山开发集团股份有限公司、蛇口工业区有限公司、蛇口东帝发展总公司等7家企业共同出资组建平南铁路有限公司，兴建平南铁路。该铁路东起平湖火车站与广（州）深（圳）铁路接轨，西至南头半岛，连接蛇口、赤湾、妈湾3个港区，将港区与全国铁路网连为一体。建设或改造东西方向主干道滨海大道、深南大道、北环大道，将南头半岛与罗湖、福田相连，南北方向的月亮湾大道、南山大道、南油大道、后海大道、沙河西路、南坪快速路等，将港区与广深高速公路、107国道相接。

1992年11月，北环大道动工改造。该路始建于1984年11月，1985年4月竣工通车。按二级公路设计，双向4车道，全长25公里，路基宽18米，车道宽15米。南山段西起港湾大道，东至安托山，东西走向，双向8车道，初称北环路。1992年开始改建为快速主干道，1995年10月竣工，改称北环大道。改造长度约20公

里（南山区段约9公里），红线宽122—162米，道路标准横断面
115—132米，为4幅路式，主车道宽36.9—39.6米，两侧辅道各宽
9米，主道中间设1.4米宽防撞墙，两边为防护栏杆，辅道外侧人
行道各为3—5米，主道与辅道由绿化带分开，混凝土路面，大大
提升港区疏港能力。

1993年12月，重新设计的深南路南山段竣工，改称深南大
道。该段原为广深公路（107国道）的一部分，南山段西起南头
检查站，东至华侨城，长8.4公里，双向8—10车道，路幅宽135
米，道路总宽60—70米，机动车道宽24.5—31.5米，辅车道7米，
人行道4.5—5.25米，为深圳市东西走向主干道。

1994年7月，广深高速公路主线路桥工程竣工并临时试通
车，1997年7月1日正式通车，其中南山段西起同乐关，东至福
田，长7.6公里，宽33米，双向6车道，沥青混凝土路面，设计时
速120公里，为全封闭、全立交高速公路，是广州至深圳经济发
展轴带公路主动脉，深圳西部南北向重要交通走廊。

2000年，沙河西路竣工通车，南起滨海大道，北至白芒检查
站，为一条南北走向、横贯南山区中部的主干道，双向8车道，
为一级公路。1994年1月动工兴建，总长12.5公里，分南、中、
北三段。南段为沥青混凝土，中、北两段则为刚性混凝土路面。
此路建成对改善南山区投资环境，开发西丽、桃源片区有重大作
用，被视为繁荣、开发西丽之路。

2000年10月，留仙大道竣工，东起梅龙大道，西至南光高
速，长约13.2公里，宽约100米，双向8车道，为城区主干道。
1995年5月动工，分三段于不同时期建成。道路横断面为双幅路
式，路幅（标准段）总宽80米，中央分隔带宽6米，主车道宽
12.25米，辅车道宽7米，水泥混凝土路面。留仙大道与新区大
道、福龙路、南坪快速、沙河西路等主干道交会，对西丽片区具

有划时代的意义，使西丽片区告别了闭塞和出行不便，缓解了西丽地理位置和地形地貌对经济发展的制约和影响。

1994—2003年，南山区建成的长2000米以上次干道有：1994年建沙河东路，龙珠四路至滨海大道，长4448米，宽28—61米，双向6车道；1996年建科苑路，宝深路至滨海大道，长4377米，宽48米，双向4车道；同年建侨香路，北环大道至侨城东路，长2444米，宽55—92米，双向6车道；1997年建郎山路，麒麟路至沙河西路，长2439米，宽24—41米，双向6车道；1999年建科苑大道，宝深路至滨海大道，长3209米，宽15—41米，双向6车道；2003年建龙珠大道，北环大道至沙河西路，长4244米，宽33—46米，双向6—8车道。此外，2000米以下的次干道有动物园路、松坪山二路等12条。

至2003年，蛇口、赤湾、妈湾、东角头四大港区码头岸线11377米，经营性泊位65个，5万吨以上集装箱专用泊位8个，最大靠泊能力7.5万吨，开通远洋国际班轮航线62条，相当于世界第六大港水平。全年港口客运量1225.8万人次，货物吞吐量0.85亿吨，散杂货吞吐量占深圳港80%以上，集装箱吞吐量536.9万标准箱，占深圳港47.3%；公路货运量868.03万吨；铁路货运量384.5万吨，旅客发送量74万人次。南山区成为衔接香港、辐射泛珠三角、面向世界的现代物流中心。

（三）高等教育基地建设

1983年，深圳大学成立，校址在后海湾桂庙村。至2003年，深圳大学设有学院13个、专业44个、硕士学位授予点38个、联办博士学位点2个，全日制在校生13092人，其中硕士研究生439人，有成人教育在校生11648人。

南山区成立后，积极吸引国内外著名高校和科研院所来南山设点、办学、科研，促进企业与大学、科研机构的密切联系和合作，增强企业的科技创新能力。

1992年，设立深圳职业技术学院，院址在西丽湖畔。至2003年，学院设3个校区、17个教学系部，有57个专业、93个专业方向，各类在校生14254人，专任教师中有博士65人、硕士383人、教授32人、副教授283人，为全国31所重点建设示范性高职院校之一。

1993年，设立暨南大学中旅学院（后更名为暨南大学深圳旅游学院），院址在华侨城文化区北侧，在校生723人。

1996年，广东省教育促进会与南山区政府联合建立新安职业技术学院，为民办公助的全日制高等职业技术学院。至2003年，该学院设有工商管理、人力资源管理等15个专业，在校生2104人。

2000年年初，在西丽塘朗山下创建深圳大学城，吸引国内外名牌大学到南山办学，实行政府引导、自主办学、统一规划、多渠道投入、开放式办学、资源共享的办学体制与产学研一体化运作模式。翌年，清华大学深圳研究生院、北京大学深圳研究生院、哈尔滨工业大学深圳研究生院成立，并开始招生。到2003年年底，大学城完成建筑面积31.4万平方米，其中教学建筑24.8万平方米、学生公寓6.6万平方米，另有各院校共享的图书馆、国际会议中心、多媒体网络中心、室内体育馆、社区医院等公共设施。3所研究生院有在校研究生4389人，其中全日制研究生2208人（内含硕士研究生2012人、博士研究生196人）、在职研究生1120人、研究生课程班1061人。除全日制高校外，全区还有电大2所。

到2003年，南山不仅成为深圳市高等教育基地，而且基础教育同样发达，在全省率先基本实现基础教育现代化，为全省第一个教育强区。全区有幼儿园（托儿所）123所，在园幼儿21382

人；有各类小学51所（内含九年、十二年一贯制学校10所），在校生55684人；有普通中学24所（内含十二年一贯制2所、九年一贯制8所、完全中学3所、初中9所、高中2所），在校学生23733人。另有职业中学1所，成人中专1所。

（四）旅游基地建设

南山旅游资源非常丰富，南山地区是1700多年的郡治、县治所在地，一直到民国期间，都是香港、澳门、深圳、惠州一带的政治、经济、商业中心，完整保存有新安县县治——新安古城。赤湾天后宫，坐落于南头半岛小南山下赤湾，相传始建于宋代，是古代"海上丝绸之路"的起点，明代朝廷曾颁诏书：凡朝廷使臣出使东南各国，经过赤湾时必停船祭祀。宋少帝陵，距赤湾天后宫约500米，占地面积4400平方米，相传南宋祥兴二年（1279年）元大败宋军，丞相陆秀夫背负九岁少帝赵昺跳海殉国，遗骸漂至赤湾，礼葬于此。信国公文氏祠，位于南头古城中山东街，纪念南宋末年抗元英雄文天祥。文天祥兵败被俘经过伶仃洋，留下千古绝唱《过零丁洋》，其中的诗句"人生自古谁无死，留取丹心照汗青"，激励一代代志士仁人。著名的古迹还有位于赤湾的左炮台，位于向南社区的大板桥，位于南头古城的东莞会馆、报德祠、南头天主教堂、节孝祠等，近现代红色遗址有位于南山街道的广东省原省长陈郁故居等。

自招商局兴建蛇口工业区开始，特别是南山区成立后，区委、区政府大力修葺保护文物古迹，同时，利用南山山灵水秀的自然资源，打造城市郊野公园，建设主题公园。

大南山郊野公园，位于南头半岛的最南端，面积353万平方米，有南山明灯、天街揽胜、石景赏析、西隅闲趣、万木竞秀、荔香徐来、花溪幽谷等8个景区、36个景点。

塘朗山郊野公园，位于西丽街道东部，面积约993万平方米，景区山高谷深，有大小山谷10多条，蝶舞鸟鸣其间。溪谷有热带原始丛林风光，流水潺潺，怪石嶙峋。

青青世界，位于大南山月亮湾畔，占地面积57万平方米，景区自然风光与民族文化相融，精致农业与旅游观光互补，为现代色彩浓厚的山林野趣。

西丽荔枝世界，位于西丽湖畔，占地面积287万平方米，种植荔枝和龙眼4万多株，另有阴生植物园、沙漠植物园、珍奇瓜果园、休闲娱乐园。

南山最负盛名的是华侨城主题公园，有锦绣中华、中国民俗文化村、世界之窗、欢乐谷等主题景区，均由华侨城集团投资建设并运营。

锦绣中华，1989年10月建成开放，投资8000万元。占地30万平方米，按中国版图位置，设置同名缩微景点82个，大部分按1∶15比例复制，成为中国五千年历史文化和960万平方公里锦绣河山的荟萃和缩影，开中国人造景观之先河，也是其时世界上面积最大的实景微缩景区。

中国民俗文化村，投资1亿元，1991年10月竣工开放。占地20多万平方米，是中国第一个荟萃各民族民间艺术、民俗风情和民居建筑于一园的大型文化旅游景区，内含22个民族的25个村寨，均按1∶1的比例建成，被誉称"中国民俗博物馆"。

世界之窗，1994年6月建成开放，投资6.5亿元。占地48万平方米，该景区按1∶1至1∶15比例，按世界地域结构与游览内容，分为世界广场、亚洲区、大洋洲区、欧洲区、非洲区、美洲区、雕塑园、国际街等8个景区，汇集世界奇观、历史遗迹、古今名胜、自然风光、民居、著名雕塑等景观，有景点118个。

欢乐谷，1998年9月一期工程建成开业，2002年5月二期工程建成开业，共投资8.8亿元。占地面积35万平方米，有冒险山、欢乐岛、玛雅海滩、卡通城、阳光海岸、金矿镇、香格里拉森林、飓风湾等8个主题区，有中国第一座悬挂式过山车"雪山飞龙"，中国第一座巷道式"矿山车"，中国第一座惊险之塔"太空梭"，中国第一辆仿古典式环园小火车。

著名的景区还有深圳野生动物园，投资2.5亿元，1993年9月建成开业，由深圳市旅游总公司投资建设并运营。位于西丽湖东侧，占地面积120万平方米，有食草动物区、表演区、神秘动物岛、动物瞭望塔、动物表演场、水族馆、猴山、杂食动物馆、美洲鬣蜥馆、猿猴村、中型猛兽馆、熊猫馆等，放养野生动物300多种、近万头（只），是中国第一家放养式野生动物园，又是全国首座集动物乐园、生态公园、植物园、科普公园等为一体的新型风景区。

海上世界，1984年2月建成开业，由蛇口工业区投资建设并运营。位于蛇口六湾码头，由法国制造的万吨级豪华游轮"明华轮"和滨海广场组成，邓小平为其亲笔题名"海上世界"，党和国家领导人邓小平、王震、杨尚昆、李鹏、谷牧、胡乔木、胡启立、余秋里等曾至此参观。[1]

2003年，尽管受"非典"严重影响，南山区仍接待游客851.5万人次，营业收入18.9亿元。国内外游客游深圳必游南山，南山成为深圳市最主要的旅游基地。

二、"三区一高地"建设

2003年5月13—15日，中共南山区第四次代表大会提出五年工作的总体要求，主要是：以高新技术产业基地、旅游基地、文

---

[1] 参见深圳市南山区区志编纂委员会编：《深圳市南山区志》，方志出版社2012年版，第580—584、585页。

化教育基地、西部物流中心"三个基地一个中心"全区发展的功能定位，实施"经济强区、科教兴区、文化立区、依法治区、可持续发展"五大战略，努力营造设施完备的市政环境、生态优良的自然环境、健康向上的人文环境、稳定和谐的治安环境、廉洁高效的政务环境，把南山建设成为最适宜创业、发展、安居的现代化海滨城区。

2005年，南山区实施"两轮两翼"产业发展战略。"两轮"即高新技术产业和现代物流业两大基础产业，其重要性犹如"车之两轮"；"两翼"即商贸旅游业和大文化产业两大腾飞产业，其重要性犹如"鸟之两翼"。全年高新技术产业产值1380亿元，西部港区集装箱吞吐量838.6万标箱，分别比上年增长20%、19.2%，每平方公里土地产出生产总值6.18亿元，创造税收7862万元，分别增长14.7%、20.5%。

2006年9月20—22日，中共南山区第五次代表大会提出：按照"四个基地"的功能定位，发展循环经济，推进自主创新，构建和谐社会，努力建设和谐南山创新南山，力争在2010年基本实现社会主义现代化，坚定不移地朝着最适宜创业发展安居的现代化海滨城区的目标奋勇前进。

2008年，广东省政府出台《珠江三角洲地区改革发展规划纲要（2008—2020年）》。随后，深圳市出台《深圳市综合配套改革总体方案》。南山区委召开五届十二次全会，梳理2003年以来的发展目标，明确提出南山"建设国家核心技术自主创新先行区、建设现代服务业发展样板区、创建和谐社会示范区、构筑教育科研高地"（即"三区一高地"）的战略目标。

至2011年，"三区一高地"目标取得显著成果。与2006年相比，五年间全区本地生产总值和工业总产值分别从1248亿元和2388亿元，增加到2388亿元和3850亿元，分别增长91%和61%；

辖区税收从166亿元增加到398.2亿元，增长140%；地方财政一般预算收入达到77.6亿元，是五年前的3倍；人均生产总值突破20万元，增长50%；人均可支配收入达到3.5万元，是五年前的1.5倍；每平方公里生产总值11.9亿元。经济总量、增长速度和人均水平，均位居深圳市前列。

（一）建设国家核心技术自主创新先行区

2004年，全区开始实施"大孵化器"科技创新战略，即以南山科创中心为依托，建设N个共建孵化器，指导和受托管理M个社会力量自行创办的孵化器，管理方式由直接管理向输出管理转变，引导社会力量建设专业孵化器。设立孵化器建设专项资金，用于支持孵化器开展自身建设和外部环境建设，并制定孵化器建设扶持计划。同时，努力推动旧城、旧村、旧工业区的改造，建设科技创新、文化创意产业园区，使整个南山成为一个大的高新企业孵化工厂，使创新成果得到转化。

2009年，区委制定《南山区关于建设国家核心技术自主创新先行区的实施意见》和6个配套文件，完成"大沙河创新走廊"总体规划，并推动其纳入全市总体规划。该创新走廊从大沙河源头的福龙大道起，到滨海大道深圳湾入海口止，包括大学新城园区、西丽珠光园区和深圳湾园区三个核心区，集中全市80%以上的高端创新资源，建设产学研结合、高新技术产业聚集、知识服务业发达、文化创意产业繁荣、校区园区社区"三区融合"的"深港创新圈"先锋城区的核心功能区，自主创新迈出关键一步。是年，建立全国第一个知识服务业孵化器，7家港方企业进驻深港创新圈企业孵化器。强化对重点项目的跟踪服务，推动中海油南方基地、百丽总部、航天国际中心、天虹总部项目开工建设，跟进落实喜之郎、海王星辰、中建钢构、中石油昆仑天然气公司等项目落户后海金融商务区。

2010年，成立大沙河创新走廊规划建设机构，组建投资管理公司，企业自主创新能力显著增强，完成高新技术产品产值2700亿元，增长11.9%。辖区内有81家企业在境内外上市，超过全市总数的三分之一。

2007—2011年，南山区形成新能源、互联网、生物、新材料、新一代信息技术和文化创意等六大战略性新兴产业，组建生物医药、智能交通等14个产学研联盟，建成集成电路设计、大学城创业园、华侨城创意文化园等28个科技创新园和文化产业园；南方智网、创新大厦、创意大厦破土动工，将为15家上市企业提供总部基地。高新技术产品产值从1260亿元增加到3000亿元，增长138%；后海总部经济区日渐成型，中海油南方总部、阿里巴巴国际运营总部等项目开工建设；50家互联网和电子商务企业入驻；医疗器械行业成为"国家外贸转型升级专业型示范基地"。

（二）建设现代服务业发展样板区

2004年，南山区委、区政府提出并实施"三点一线一中心"商务业发展战略，"三点"即后海金融商务区、前海物流园区、蛇口海上世界国际商务区；"一线"即滨海大道北侧沿线总部经济带；"一中心"就是把南油工业区改造为南山购物公园，以此推动现代服务业的迅速发展。

2008年，商业文化中心区核心商务区投入使用，引进4家大型商贸连锁企业，欧洲城、益田假日广场、京基百纳如期开业，"四大商区"初步形成，实现社会消费品零售总额279亿元，增长16.2%。

2010年，"深圳湾商圈"的品牌效应不断扩大，消费性服务业向高端发展。三次产业比例优化为0：60：40。第三产业增加值773亿元，增速高出全市水平近3个百分点。全区服务业50强产值304亿元，占第三产业产值四成以上。物流业不断壮大，重点物流企业产值增速超过10%，西部港区集装箱吞吐量1198万标箱，增长27.2%，创历史新高。生产性服务业向高端发展有新成果，建成股权投资基金集聚园，入驻基金管理公司21家，募集资金60亿元。实现金融业增加值88亿元，增长10.6%。文化产业营业收入485亿元，增长14.3%，第六届"文博会"总成交额71亿元，9家企业荣获深圳"文化+科技型示范企业"称号，约占全市的一半。4个园区荣获深圳"文化+旅游型示范园区"称号，华强文化科技集团荣获国家文化产业示范基地称号。旅游业实现恢复性增长，全年接待旅客1286万人次，旅游营业收入34.6亿元，分别增长15.5%和15%。

2011年，把握扩大内需这一战略基点，整合前海现代服务业合作区、后海总部基地、华侨城创意文化产业集聚区、蛇口高端服务业基地、南山商业文化中心区等五个区域的现代服务业，构建"五位一体"的"深圳湾商务圈"。提升南山商业文化中心区、欧洲城、益田假日广场、京基百纳商圈品质，不断扩大"四大商圈"影响。2007—2011年，第三产业增加值从418亿元增加到920亿元，增长120%；社会消费品零售总额从210亿元增加到458亿元，增长118%；现代服务业增加值占第三产业的比重提高10个百分点，形成了高新技术产业和现代服务业双轮驱动格局。

（三）创建和谐社会示范区

2005年，南山区深化社区管理体制改革，在全市率先建立社区工作站，承接社区行政职能，有效解决居民自治与社会管理之间的矛盾和问题，在全市率先消除"零就业"家庭，组织和扶持蚝民异地发展，采取政府补贴方式将3000名原村民纳入社保范围。

2007年，南山区集全区之力，开展"和谐社区建设年"活动。主要活动有：创新党对社区的领导方式，将党组织建到楼栋，实现基层党的组织、党的工作和党员作用发挥"三个全覆盖"；开展"十百千万行动"，广大党员在社区亮身份，站出来竞选居委会、业委会委员、主任，争当楼栋长，增强党在社区居民中的凝聚力；建设社区"五支队伍"，建立全国首支专业社工队伍等。深圳市在南山召开和谐社区建设现场会，两个街道被评为"全国和谐邻里建设示范街道"。

2008年，实施"民计民生十有工程"，包括民有所安、学有所教、劳有所得、病有所医、住有所居、行有所畅、困有所济、老有所养、暇有所乐、城有所美。其中，3196人实现就业再就业，对有就业愿望的"零就业家庭"出现一户解决一户；在全省率先通过"教育现代化先进区"督导评估，高考成绩连续第16年居全市六区之首；完善医院与社康"双向转诊"绿色通道，成立全市首家特别保健中心，为高层次人才提供住房保障和医疗保健等优质服务；落实1200万元文化专项资金，举办群众性文化活动1996场；新增20条社区健身路径；发放特困救济补助120万元；成立8个街道慈善联络站和98个社区慈善联络点，慈善网络全覆盖。

2010年，根据深圳市委对南山创建和谐社会示范区的要求，加强社会管理创新，形成"党政主导、多元共治、全民参与、携手共赢"的和谐社区建设"南山模式"。首设和谐社会建设工作委员会办公室，作为区委直属机构。实施在职党员、公职人员"携手共建和谐社区"积分管理办法，整合推广"一格三员"、"331"分类分级管理等做法，居民有序政治参与不断扩大，群众诉求表达渠道进一步畅通。充分发挥区政务大厅、信访大厅和市民服务中心、信访维稳中心等的作用，规范完善街道综治信访维稳中心和街道社区服务中心等，率先创立社区社会管理平台和综合服务平台等，从发现问题、处理问题、解决问题到善后处置，形成完整的工作链条。全年受理各类矛盾纠纷8640宗，调处成功率90%，劳动领域信访量仅占全市的3.4%。

2007—2011年，南山区民生投入每年均超过财政总支出的80%，累计投入230亿元；全面推行居家养老服务，优抚对象、低保户、重残户困难补助发放率均达到100%，开工建设保障性住房8585套，东明花园、南水小区等人才公寓投入使用；"零就业家庭"实现动态归零，99%的社区达到充分就业社区标准。

（四）构筑教育、科研高地

从2004年开始，南山区教育、科研在高水平基础上不断提升。2009年，加强与国际学校联盟和国际儿童阅读联盟的合作，引进优质外教资源，筹备召开国际卓越校长论坛。新建、改扩建3所中小学及幼儿园，高考录取率连续18年位居全市各区之首，成为全省第一个教育现代化先进区、全国推进义务教育均衡发展先进区、全国教育综合改革实验区和全国社区教育示范区。2007—2011年，新扩建学校9所，增加学位1.6万个。

2010年，南山区国内专利申请量、发明专利申请量分别达到19205件和11946件，增速均超过20%。成功引进先进储能材料国家工程中心、中国电力科学研究院深圳研究所等创新科研机构，搭建了电子商务、云计算、物联网等一批公共技术平台。国家级高新技术企业增至563家，国家和省市重点实验室增至70家，工程技术研究开发中心增至65家，企业技术中心增至60家，分别占全市的41.3%、77%、62%和60%。

2007—2011年，南山区引进中科院深圳先进技术研究院、国家超级计算深圳中心等一批重点科研机构，拥有中兴通讯、光启研究院两个国家重点实验室，占全市的一半；全市6个国家工程实验室均落户南山；高新技术领军企业迅速做大做强，拥有697家国家级高新技术企业，占全市的40%。专利授权量增长近两倍，达到10898件，居全市首位，入选国家知识产权强县工程，在国内率先发布中国科技创新景气指数（深圳南山指数），连获两届"全国科技进步考核先进区"称号。

三、"同富裕工程"实施与北部老区规划

南山地区经济社会的快速发展，也促进老区面貌的不断改变。为实现均衡发展，1995年，中共深圳市委决定在全市实施"同富裕工程"，帮助全市一些老、山、边、穷的欠发达村尽快脱贫致富，缩小欠发达村与富裕村（1994年人均集体收入5000元以上，或集体收入在500万元以上的村落）的差别。

按照市委、市政府规定：1994年年末，人均分配（集体）收入低于2000元，就属于欠发达村。由于南山区整个西丽片区经济发展和基础设施建设相对落后，以自然村为单位的集体收入或集体分配水平大都很低。西丽片区革命老区的大磡（1992年由原"大冚"更名）、王京坑、麻磡（1992年由原"麻冚"更名）、白芒、牛成、长源（1992年由原"长岭皮"更名）、福光（1992年由原"上面光"更名）、杨屋、福林、留仙洞、官龙、塘朗二村等12个自然村，属于欠发达村，成为"同富裕工程"的扶持对象。

（一）第一期"同富裕工程"

深圳市第一期"同富裕工程"的目标是：1995—1997年，力争用3年时间，解决欠发达地区迫切需要解决的生产、生活条件问题，并脱贫致富。主要任务是：（1）实施欠发达村基础设施建设工程项目，包括完善道路建设、给水工程建设、排污工程建设、电力工程建设等基础设施。（2）鼓励发展"三高"农业工程，市、区农业、计划、科技、国土、财政等部门要积极扶持此项目，鼓励当地农民立足本地优势，兴办有一定规模的

"三高"农业项目。（3）为欠发达村新建小学，以适应教育发展的需要。（4）在政策上扶持欠发达村发展经济，包括适当提高土地征用费补偿，补偿费标准由原来的每亩8800元提高为每亩10000—15000元，并且将未付清的土地补偿费部分尽快付清，有效利用土地资源，发挥闲置土地的作用，支持欠发达村发展集体经济。（5）税收优惠及其他费用的减收照顾。在"同富裕工程"实施期间，欠发达地区享受特区现有的各项税收政策；"同富裕工程"实施范围内新办企业，按税法规定交纳所得税后，经政府批准后，可由财政部门全部返还给企业，从获利年度起三年内不变；"同富裕工程"项目的建设、监理等费用减半收取；欠发达地区居民生活用水、工农业生产用水三年内减半收取增容费；连续三年提取水源保护区（不含深圳水库）水费利润5%，用于发展水源保护区内的行政村或自然村经济。（6）加快人才的引进与培养。积极引进优秀人才并留住人才；利用本地条件培训各类初级专业人才，加快人才培训工作。（7）动员社会各界力量，开展多种形式的对口扶持工作。与政府各部门、与各类型企业结对子，帮助欠发达地区引进人才、资金、技术等资源，将劳动密集型产业转移到欠发达地区，实现优势互补，共同发展。提倡1994年人均集体收入5000元以上或集体收入在500万元以上的富裕村，与欠发达村实行"一帮一""一带一"的扶持活动。（8）加强欠发达地区农村基层组织建设，大力抓好以党支部为核心的村级组织建设，按照德才兼备的标准选好班子、配好班子。

西丽革命老区在第一期"同富裕工程"中，共实施项目59项，总投资2.11亿元。累计兴建村级区间道路9条，长22公里；兴建供水管线52公里，加压泵站6座；新增供电容量1.8万千伏安，完成7个村低压供电线路的改造；兴建排污主管线8公里、支管线

12公里，加压泵站3座，还建成学校2座，医院扩建1所，工业区1个。

这些基础设施的建设，极大地改善西丽老区的投资环境及群众的生产生活条件，老区自然村村村通水泥路，改变此前许多自然村不能通货柜车以及雨天一路泥、晴天一路灰的历史；由于修建了52公里的自来水管线，结束西丽老区大多数居民靠饮用山水、井水过日子的历史，也再没有企业因为缺水而搬迁；大幅度增加供电容量和改造供电线路，显著提高了各股份公司的经济效益，塘朗股份公司安装变压器增加供电容量1080千伏安，使1.5万平方米厂房顺利出租，每年增加收入180万元。至1997年年底，西丽老区的厂房出租率100%，共出租厂房和土地面积44200平方米，比1996年增加13200平方米，增长43%；引进企业44家，投资总额10720万元；有10个欠发达村集体人均分配收入已超过2000元，基本脱贫。1996年、1997年连续两个年度，南山区获市同富裕经济发展奖。

（二）第二期"同富裕工程"

2001年，南山区实施北部老区第二期"同富裕工程"。至2003年，三年时间实施"同富裕工程"项目11个，分别是王磡路工程、留保路工程、麻磡南路工程、长源村道路工程、塘朗小学西侧道路工程、九祥岭村道路工程、官龙村给水工程、白芒工业区污水处理站工程、石新一新高路、留仙洞村道路工程、大磡给水应急改造工程，总投资3655万元。王磡路和留保路的建成，为麻磡村和留仙洞村村民及驻守二线关武警部队的生活和生产带来极大的便利。麻磡南路的建成，为麻磡村工业区引进了1000多万元的投资项目，有力促进了麻磡村集体经济的发展。九祥岭村道路工程的建设，不仅解决了西丽小学门前行车难的问题，保障了西丽小学师生的人身安全，而且有效促进了九祥岭村集体经济的发展。这三年实施的"同富裕工程",为各村带来直接经济效益3000多万元、间接经济效益5000多万元。

(三)2008年与2011年"同富裕工程"

2008年,南山区实施北部老区"同富裕工程"项目4个,总投资520万元。主要是:留仙洞村临时困难补助项目,发放补助300万元,解决村民临时困难;大磡股份合作公司工业厂房贷款贴息项目,补贴70万元,用于该公司偿还银行贷款利息,减轻股份公司经济负担;麻磡股份合作公司工业厂房贷款贴息项目,补贴70万元,减轻股份公司经济负担,扶持村集体经济的发展;留仙洞片区至宝石路临时道路改造工程,投资80万元。

2011年,实施"同富裕工程"项目5个、总投资1003.31万元。主要是:留仙洞村临时困难补助项目,补助300万元,提高困难村民生活水平;大磡股份公司办公楼改造费用补助,补助170万元,减轻该股份公司的经济负担;麻磡股份公司经济发展贷款贴息,贴息75万元,用于该公司偿还麻磡工业区建设银行贷款利息;丽新股份公司留仙洞村自来水管网改造工程,投资195.46万元;百旺股份公司百旺工业区经纬二路改造工程,投资262.85万元。

"同富裕工程"项目的实施,加快了南山北部革命老区脱贫攻坚的步伐,推动了北部老区不断融入现代化的大都市之中。

(四)北部老区发展规划

2002年,南山区对北部老区西丽片区、塘朗山片区、留仙洞片区进行分区规划。

西丽片区规划:范围包括南山区北部旅游度假娱乐用地、西丽水库水源保护区和大学城,主要为水源保护区、教育和旅游度假娱乐区。规划要求严格按有关法规对水源保护区内的建设活动进行控制,并在深入研究水源保护区生态容量的基础上,对保护区范围内新、旧村的建筑活动加以严格控制，逐步创造条件易地迁出；在避免对保护区产生污染的前提下完善区域基础设施建设，包括排水、防洪、电力、商业服务等设施。大学城的社会化服务与新、旧村改造结合起来，推动商品房建设和原住民住宅及配套设施开发。旅游项目开发要与整个区域的生态环境相协调。规划面积47.63平方公里，人口6.5万。

塘朗山片区规划：范围包括塘朗山郊野公园、龙珠片、龙井、安托山，主要为城市公共绿地。规划要求明确塘朗山郊野公园的定位，划定公园用地范围线，塘朗山周围的居住建筑以低层开发为主，避免对山体景观轮廓的破坏；完善龙珠、龙井居住区的公共及市政配套设施；将零散的工业用地外迁或迁入工业区中，适当保留集中的工业区，并逐步发展为与高新技术产业相配套的先进工业区。规划面积21.59平方公里，人口8万。

留仙洞片区规划：范围包括深职院、工业园区、西丽中心区、曙光仓储区等，主要包括以集成电路为主的高新技术研发、仓储、教育区，并结合西丽中心区的整治，进行适量的居住与服务设施配套建设。规划要求对原有工业区进行产业调整；抓住超大规模集成电路园区建设的有利契机，实现旧村住宅公寓化。规划面积9.92平方公里，人口4.5万。[①]

四、老区农村城市化改革

1990年，深圳市开始进行农村股份制试点工作，完善农村分配形式。10月中旬，南山区组织各村党支部书记及部分自然村负责人，参观学习宝安县横岗镇保安村农村股份制的做法。11月

[①] 参见深圳市南山区区志编纂委员会：《深圳市南山区志》，方志出版社2012年版，第200、201页。

3—12月10日，南山区抽调西丽街道办事处、区农业局8名干部，组成两个工作组，分别在光前、塘朗行政村和龙井、光前、塘朗、田寮仔等自然村，进行农村股份制试点工作。制定股份合作社章程，规定组织结构、经营管理、股东权利义务、股东资格核定和分红方法。制定章程把握符合村民利益、结合本地实际、重点章节多参考各方面意见三个原则。股权为集体股占30%、私人股占70%，股东实行村民15岁以下的为半股，村民16岁以上的为全股。并规定股份合作社在当年的经营收入中，应扣除各项生产成本费用，上缴国家税金、干部报酬及办公费用，以及固定资产折旧10%，提留福利基金10%，然后余留才作分红。规定集体所有股份不得随意分解，每年提留的公共积累只能用于扩大再生产，村民所有的股份，不得转让、抵押和继承，不得提取股金，只能享受年终股份分红。11月下旬，4个自然村召开股东大会，修改通过股份社章程，公布清资核产情况，选举产生董事会成员，董事会与村委会原则上实行两个牌子一套班子。

1991年4月9日，深圳市委副书记、市人大常委会主任厉有为到西丽调研，肯定西丽一些村试行股份制所取得的成效，指出在农村推行股份制，有利于引导群众走共同富裕的道路，有利于集中农村闲散资金用于发展生产，有利于把执行村规民约和集体分配联系起来。

1992年6月，南山区贯彻深圳市政府《关于深圳经济特区农村城市化的暂行规定》，全面开始农村城市化改革。7月中旬到8月下旬，进行宣传与准备工作。9月上旬到12月底，按照"尊重历史，面对现实，着眼未来，平稳过渡"的原则，正式实施农村城市化改革。改革的主要内容是：

第一，建制村改设为居委会。居委会承担管理居民生活和组织居民自治的职能；由原村委会承担但新建立的股份公司和居委会无法承担的一些职能，交由街道办事处。1992年10月上旬，组建居委会工作完成。新组建的农城化居委会，按照"基本不变，个别调整"的要求，除个别村调整分设、部分村更改名称外，其余维持原村委会管辖区域、维持原村名。10月13日，全区农城化居委会挂牌运行。原农村全部纳入城市管理的轨道，农城化居委会不断与城市居委会接轨、融合。

革命老区20个自然村中，有17个分属9个行政村，组建为9个居委会。分别是：由文光、茶光、新屋3个老区村组成的珠光村，改称珠光居委会；由龙井、光前2个老区自然村组成的光前村，改称龙光居委会；由九祥岭老区村组成的新围村，改称新围居委会；由大㘵、王京坑2个老区村组成的大㘵村，改称大磡居委会；由麻㘵老区村组成的麻㘵村，改称麻磡居委会；由上面光、福林、杨屋3个老区村组成的上面光村，改称福光居委会；由长岭皮老区村组成的长岭皮村，改称长源居委会；由白芒、牛成2个老区村组成的白芒村，改称白芒居委会；由阮屋、大冲五队2个老区村及其他村组成的大冲村，改称大冲居委会。另有上白石、新塘、塘头3个老区自然村，属于原沙河农场，没有村级建制，分散在原先建立的东沙、前港、南沙、白石4个居委会中。

第二，村及村以下企业组建为实业股份（内部）有限公司。在农城化改革中，将原村委会承担的发展集体经济的职能改由新的集体经济组织承担。新的集体经济组织在原各村集体企业的基础上组建，并成为自主经营、自负盈亏的城市集体所有制企业（简称集体企业）。根据深圳市政府颁发的《深圳经济特区股份合作公司条例》规定，村及村以下企业组建的股份合作公司，不能向全社会募集资金，也不能完全参与市场竞争，它只是一种社区型、带有集体福利性而不是完全经营性的企业。股份公司的成立，使得村集体资产在城市化过程中得到增值保值，也让村民在村落共同财产中的权益得到维护。每个村民原则上平等地拥有公司的一份股份，共同拥有公司财产，并享有公司的分红。在具体实施中，每个行政村建立一家股份公司，属村、自然村二级经济核算的，则在统一的一家股份公司下设若干家企业公司或经营部。股份公司实行统一章程、统一配置股份、统一印发股权证，独立核算，分别分红派息。9月初，制定《南山区农村城市化转换经济体制、建立股份公司工作实施方案》，随即付诸实施，全面进行清产核资、资产评估和股权配置。股权分为集体积累股、个人分配股、个人集资股三种形式：（1）集体积累股，指原集体资产折股后作为集体经济组织所有的股权，持股者为股份公司。这部分股权的收益为集体企业所有，主要用于集体积累、扩大企业再生产和发展各项集体福利事业。集体积累股比例为占集体资产的51%。（2）个人分配股，指集体资产折股后分配给村民个人的股权，以股权出让的形式明确个人占有的股份及股值数额。这部分股权的收益用于个人分配。个人持有的分配股仅为分配的依据，其股权仍为集体企业所有，不得继承、转让、买卖和抵押。持有分配股权的人员户口迁出（包括死亡）后，股权收归集体所有。个人股的分配，主要按个人对集体贡献大小为依据，以从事本村劳动时间及劳动等级来确定，并体现对退休老人、伤残人员、贫困户等各类人员的照顾。农城化规定公布后原村民新出生的后代、与原村民结婚后户口新迁入的配偶，均不再享受个人分配股股权。个人分配股比例为占集体资产的49%。（3）个人集资股，指根据新发展企业的需要在本企业有分配股权的人员和在本企业工作人员集资组成的新的股份公司的股权。股权为投资者个人所有，除可以按股分红外，还可以继承转让。11月，各行政村集体企业开始成立股份公司，建立股东大会或股东代表大会制度、董事会制度，制定股份公司章程。同时，办理法人企业营业执照、收缴入股金（个人集资股部分）、发放股权证、召开股份公司成立大会等。12月底，农城化股份公司全部组建完成。

革命老区17个自然村所在的9个行政村，组建为9个股份合作公司（另有上白石、新塘、塘头3个老区村，因地处沙河农场未组建股份合作公司）。公司由一个老区自然村组成的，直接由公司经营，实行一级分配；含有两个及以上老区自然村的，每个自然村为经营部，实行两级分配。全区老区村组建的9个股份合作公司中，实行一级分配的3家（丽新、麻磡、常源），二级分配的6家，总股份5682.7万股，注册资金1.92亿元，有股民2893人（不包括珠光、龙井、常源3家公司）。①

表1　1992年11月南山区革命老区股份合作公司组建情况表

公司名称	原属行政村	辖有老区自然村（经营部）	分配形式	总股份（万股）	注册资金（万元）	股民（人）
丽新公司	新围村	九祥岭村	一级	168	1680	799
百旺公司	白芒村	白芒村、牛成村	二级	135	1350	450
麻磡公司	麻䖡村	麻磡村	一级	508	508	300
大磡公司	大䖡村	大磡村、王京坑村	二级	60.7	607	327
珠光公司	珠光村	文光村、茶光村、新屋村	二级	266	2660	

① 老区股份合作公司组建与总股份、注册资金、股民数参见各街道报南山区区志办公室的《南山区志》（资料稿）和征集老区史专题资料稿。

（续上表）

公司名称	原属行政村	辖有老区自然村（经营部）	分配形式	总股份（万股）	注册资金（万元）	股民（人）
龙井公司	龙井村	光前村、龙井村	二级	2210	2210	
福光公司	上面光村	上面光村、福林村、杨屋村	二级	739	739	292
常源公司	长岭皮村	长岭皮村	一级	723	723	
大冲公司	大冲村	阮屋村、大冲五队	二级	873	8733	725
合　计		17		5682.7	19210	

　　第三，对特区内农村土地实现国有化。其中：特区内集体所有尚未被征用的土地实行一次性征收，按照《关于深圳经济特区征地工作的若干规定》进行土地费补偿；已划给原农村的集体工业企业用地和私人宅基地，使用权仍属原使用者，集体企业与个人分别与市、区国土管理部门签订土地使用合同，办理房地产手续。原各村红线范围内的集体企业用地和个人宅基地，旧城改造中空出的土地，经区政府有关部门批准，集体企业可以开发建设；原村民在政府划定的宅基地上合法建筑的房产，转为居民后产权不变。原

1992年10月深圳市大冲实业股份公司成立庆典（黄益平摄）

各村在红线范围内投资建设的公用设施，在符合城市规划的情况下，仍归原投资者使用，街道、居委会配合集体企业进行管理。此后城市各小区公用设施，由市、区投资建设。

第四，农业人口转为非农业人口。凡1992年6月30日前入户或结婚的原农村农业人口，一次性转为非农业人口，由农民转变为城市居民。主要包括：世居南山地区内农村的农业人口，与南山外农业人口结婚的（含其所生子女）；世居南山地区内农村的现职干部、职工（主要是1979年以后就地招工、招干的），与南山外农业人口结婚，其配偶（含其所生子女）需在特区内生活的；世居和异地迁入沙河华侨农场的农业工人。以上皆一次性办理"农转非"入户手续。经宣传发动，造册登记、核准入户，派出所审核，分层次批准，到10月底，完成"农转非"任务。在革命老区：西丽街道（含桃源）"农转非"830户3760人，沙河地区内上白石村、下白石村、白石洲村、新塘村、塘头村"农转非"1224人，实现居民身份的转变。

第五，村办企业就业人员社会保险。凡原在村办企业工作，仍愿意留在企业工作的人员，区劳动局统一为其办理招工手续；对集体企业按照城市企业统一办法，组织在职人员参加工伤、医疗、失业、养老等社会保险。原农村的各项社会保险和福利，包括养老、退休、医疗、入学、入托等各项基金，有条件地保持不变，集体企业从集体收入中提取一定的比例作为社会保险和福利基金。至1992年12月底，全区农村城市化改革基本实施到位。

五、老区村经济的新跨越

自1993年开始，由革命老区17个自然村组建的9家股份合作公司，正式投入运营。公司资产不断扩大，收入不断增长，股民分红（实质为集体分配，下同）水平不断提高，还用于老区村的部分基本设施费用，老区村民福利费用。

百旺股份合作公司：1995年，总资产1350万元，总收入188万元，股民430人，无分红。1997年，公司有厂房3万平方米，宿舍5000平方米，办有"三资"和"三来一补"及内联企业8家，拥有果场3000亩。2007年，公司总资产2920万元，总收入200万元，股民无分红。2011年，有对外投资项目4个，分别是投资众冠股份公司828.51万元，西丽投资发展有限公司560万元，西丽阳光有限公司142.62万元，白芒村白石岗果场4.51万元。自有物业、厂房等固定资产有12项，总建筑面积18634平方米，其中土地5976平方米、写字楼2580平方米、商铺128平方米、厂房9950平方米，公司总资产3446万元。

麻磡股份合作公司：1995年，总资产1375.81万元，总收入98.61万元，股民人均分红635元。1997年，公司有厂房2万平方米，宿舍4000平方米，办有"三资"和"三来一补"及内联企业6家。2007年，公司总资产5713万元，总收入766万元，股民人均分红7310元。2011年，自有物业、厂房等固定资产项目6项，总建筑面积20690平方米，其中，丽菀壹号建筑面积1500平方米，旧办公楼300平方米，麻磡工业8783平方米，麻磡南路29-1、

1992年建成大磡实业大楼（西丽街道办事处提供）

29-2号厂房5166平方米，麻磡南路29-3号厂房2583平方米，麻磡南路10号厂房面积2360平方米，公司总资产7325万元。

大磡股份合作公司：1995年，总资产600万元，总

收入50万元，股民无分红。1997年，公司有厂房5万平方米，宿舍6000平方米，办有"三资"和"三来一补"及内联企业6家。2007年，公司总资产7114万元，总收入294万元，股民人均分红1250元。2011年，自有物业、厂房等固定资产项目7个，总建筑面积10.74万平方米，分别是大礤居委大楼、西丽路大礤综合楼、大礤工业四路C栋和D栋、大礤工业二路科技园、大礤二村3号厂房等，公司总资产9824万元。

丽新股份合作公司：1994年，丽新公司建成丽新宾馆开业。新围经营部筹资300多万元，同汕尾客商联合在居民新村区兴建农贸市场，占地面积1万多平方米、建筑面积4500多平方米，10月使用。1995年，总资产3700万元，总收入56万元，无分红。1997年，公司有厂房6万平方米，宿舍1万平方米，办有"三资"企业10家、内联企业8家、"三来一补"企业26家，拥有果场1500亩。2007年，总资产1700万元，总收入450万元，无分红。2011年，自有物业、厂房等固定资产项目12个，总建筑面积19716平方米。分别是：沙河工业区1栋建筑面积1720平方米，沙河工业区2栋1720平方米，西丽路35号楼1230平方米，丽新科技园顺和达园区5000平方米，丽新小区丽煌大厦2楼1300平方米，丽新办公楼2400平方米，丽新宿舍楼2000平方米，长丰大厦及综合楼2楼3200平方米等，公司总资产1500万元。

龙井股份合作公司：1992年开始，公司大规模兴建物业。龙井经营部新建龙井工业区西区3栋厂房，占地面积3900平方米，建筑面积1.65万平方米；光前经营部新建了厂房，占地面积1900平方米，建筑面积8700平方米。1994年，大力发展房地产业和商贸业，14家企业中的5家转型为合作企业；投资1500万元，建成高8层、建筑面积1万平方米，集商贸、办公、宾馆功能为一体的龙井大厦。1995年，总资产6000万元，总收入1500万元，股民

1992年的龙井工业区（桃源街道办事处提供）

人均分红6000元。1996年，龙井公司建成龙井、光前工业区，引进金德、中兴等知名大企业。其中：龙井工业区投资6000万元，建筑面积5.6万平方米；光前工业区占地5万平方米，建筑面积7.5万平方米。至1997年，龙井村和光前村兴建有光前工业区、综合楼，龙井第一工业区东区西区，第二工业区以及商业中心、综合楼等，占地面积共8.54万平方米、物业面积54.7万平方米。2007年，公司总资产1.6亿元，总收入2000万元，股民人均分红1.8万元。2011年，公司总资产2.5亿元。

珠光股份合作公司：1992年，新屋村经营部建成新屋村工业区9栋，占地面积300平方米，建筑面积900平方米。一年后再建成7栋及宿舍楼，占地面积1200平方米，建筑面积6000平方米。1994年，珠光公司被南山区政府定为股份合作公司规范工作试点单位；投资500万元与西丽火车站合作兴建商业街和仓储设施，建成商业铺位60个、建筑面积5000平方米，仓库9栋、建筑面积1.5万平方米，开发利用土地2万平方米。1998年，珠光公司投资1000多万元建成"珠光苑"住宅区，建筑面积3万平方米。1999年，投资450万元，综合开发茶光工业区商业街和占地面积8000平方米的珠光苑、丽珠苑两个住宅小区。2003年，珠光公司利用国家收地后返回的3万平方米土地，建设大工业园区；新屋村经营部建成第12栋厂房和宿舍楼，占地面积2000平方米，建筑面积1.12万平方米。2004年，村民集资建工业大厦，物业总面积3万余平方米。2005年，与建筑商合作新建宝新大厦（村里占30%股份），占地面积2500平方米，建筑面积2万平方米。2007年，总资产1257万元，总收入445万元，股民无分红。2011年，公司总资产3140万元。

　　福光股份合作公司：1993年，建四泽工业园，占地面积3000平方米。1995年，总资产2096万元，总收入100万元，股民无分红。1996—1997年，投资100万元成立福光山养鸡场；投资福光纸箱厂130万元，实现利润40万元。1998年，增加众冠公司投资260万元，共投资该公司803万元，每年给公司分红100多万元。2000年，福光公司扩建厂房面积4.31万平方米，招商引进25家企业，总收入1038万元，利润529万元。2001年，深圳大学城、留仙大道等项目建设，福光公司38家企业搬迁，导致45栋厂房空置。2003年，利用二线外土地，兴建旺享工业区，完成面积3.7万平方米填土方和打桩工程，对旧工业区简易厂房也逐步进行改造，不断优化产业结构和工业布局，全年实现工业总产值9508万元，总收入2328万元，利润1536万元。2007年，新建7层黄江工业园，占地面积6000平方米，重建10层办公楼，占地面积2000平方米。总资产1.23亿元，总

深圳市福光实业股份有限公司大楼（2008年）（桃源街道办事处提供）

收入2313万元，股民人均分红6500元。2011年，公司总资产8529万元。

常源股份合作公司：1992—1993年，建成长源工业区A区和C区、麦地巷工业区A区，占地面积共10万平方米，建筑面积7万平方米。1995年，总资产1951万元，总收入96万元，股民人均分红400元。1997年，出租工业用地1.96万平方米，"三高"农业基地8.05万平方米，经营收入374万元。1999年，建成长源工业区B区、D区，占地面积约100万平方米，建筑面积38.5万平方米。2003—2004年，建成白石岭工业区、江源工业区以及员工宿舍等，物业总面积13万平方米。2007年，总资产9247万元，总收入2009万元，股民人均分红18280元。2011年，公司总资产1.44亿元。

白石洲股份合作公司：沙河街道老区农城化时虽没有成立股份合作公司，但原来以村为单位的生产队（自然村），建起少量的集体物业。

1997—2002年，老区上白石村陆续在三坊和四坊位置，建起4栋7层楼房，每栋建筑面积1000平方米左右；在二坊的位置，村民集资建起5层楼房。塘头村建起1栋9层的楼房，每层约200平方米，村民集资建1栋占地面积约200平方米的楼房。新塘村建起6栋6—7层的楼房，每栋面积600—700平

2006年深圳市白石洲投资发展有限公司的成立庆典（沙河街道办事处提供）

方米。2006年12月，包括上白石、塘头、新塘3个老区自然村在内的沙河五村，组建白石洲投资发展股份合作公司，总股份1000万股，注册资金3800万元，股民2075人。2009年12月31日，沙河集团将沙河工业区土地8.16万平方米以及土地上的建筑物约11万平方米，以及新旧村用地44万平方米，通过南山区政府转交给白石洲股份公司。2010年，股份公司收到厂房租金3700多万元，并从当年开始分红，股民人均分红近3800元。2011年，公司总资产3399万元。

大冲股份合作公司：1995年，总资产1.43亿元，总收入1083万元，股民无分红。2007年，总资产3.12亿元，总收入4796万元，股民人均分红1.5万元。2011年，公司总资产3.27亿元。[1]

至2011年，革命老区村的9家股份合作公司总资产10.92亿元，总收入1.79亿元，股民6433人（不包括珠光公司），人均分红12230元（不包括丽新、百旺、珠光3家公司的平均数）。

表2　2011年南山区革命老区股份合作公司经营与分红情况表

公司名称	总资产（万元）	总收入（万元）	股民（人）	人均分红（元）
丽新公司	1500	400	991	
白旺公司	3446	321	496	
麻磡公司	7325	1671	427	9244
大磡公司	9824	1167	602	1236
珠光公司	3140	238		1891
龙井公司	25000	3500	321	35000

[1]　以上各老区股份合作公司发展情况与总资产、总收入、股民、人均分红数据参见各街道报南山区区志办公室老区史专题资料稿。

（续上表）

公司名称	总资产（万元）	总收入（万元）	股民（人）	人均分红（元）
福光公司	8529	4334	367	13000
常源公司	14400	3373	430	48190
白石洲公司	3399	2409	2074	3342
大冲公司	32700	481	725	25000
合计	109263	17894	4946	12230

说明：表中各老区股份合作公司发展情况与总资产、总收入、股民、人均分红数据参见各街道报南山区区志办公室老区史专题资料稿。空白为股份合作公司没有填报数据。

六、老区社会事业的发展

（一）文化体育事业的发展

1991年，革命老区所在的街道办事处成立后，加强街道文化站建设，并以文化站为阵地，发展老区的文化体育事业，活跃老区的文化体育活动。

在西丽片区（含西丽街道与2002年划出的桃源街道）：1992年10月起，西丽街道在老区西丽工业区，举办"大家乐"活动，为广大青年劳务工提供自演自娱自乐的机会。翌年5月，开始举办"西丽青年周末'大家乐'文艺演唱"活动，每周六举行卡拉OK演唱，每周日放映电影，"大家乐"活动开始经常化和制度化。为此，西丽街道文化站被省评估定为二级站。

1994年6月，西丽"大家乐"活动从原来的简陋场地，迁至新建的西丽工业区文体中心一楼，一楼广场被称为"大家乐"广场，舞台亦被命名为"大家乐"舞台。1995年起，"大家乐"舞台开始常年举办社区"大家乐"活动，每周日举办有奖科普问答晚会，每周六晚免费放映电影，平均每年开展科普活动38场（次），参加人数达20万人次，放映电影35场（次），

20世纪90年代初福光村村民在广场看露天电影（桃源街道办事处提供）

观看人数18万人次，深受欢迎，相约而至参加活动的打工青年有时竟达万人。自此，"大家乐"舞台作为西丽的一个品牌，开始声名远播，并获得多项荣誉，中央电视台于1996年7月14日前来进行专题采访，8月在《焦点访谈》栏目播出。

1997年，文化站室内活动场所（含影剧院、培训厅、展览厅、图书室等）面积为2200平方米，室外活动场所（"大家乐"舞台）面积为2500平方米，拥有文化队、少儿舞蹈队、摄影队等7支文化队伍，被广东省文化厅评为一级文化站。1998年，"大家乐"舞台成为南山区第一家"深圳市科普教育基地"。

1999年10月，街道文化站迁入位于留仙大道以南的留仙大厦（街道办事处办公大楼），体育场地设施更为完善，有乒乓球室、桌球室、健身室、羽毛球室、棋牌室、篮球场和多功能厅，合计面积1520平方米，日均活动人数逾百人。是年，西丽街道首家达标社区图书馆在白芒社区（村）建成，面积50平方米，藏书3000册。年底，由市新华书店投资兴建的深圳书城西丽书店开张营业，营业面积近500平方米，经营各类图书4万余种，音像制品2000余种，电脑软件200余种，与深圳书城实行连锁经营，统一

进货，统一配送，统一管理。

2000年，"大家乐"舞台影响力日益扩大，每年开展的各类活动超过100场（次），参加人数达50万人（次）。4月，西丽工业区因"大家乐"活动被团省委授予"青年文明社区"称号，两年后更被评为"全国青年文明号"，是深圳经济特区内唯一获此殊荣的社区。2000年12月，中央电视台再次前来组织专题采访报道。

2001年9月，西丽街道办事处自筹资金2000多万元，建成占地3.9万平方米的区域性、综合性大型群众体育中心——西丽体育中心。建有羽毛球、乒乓球、健身、搏击、跆拳道、综合活动、青少年活动、游泳、网球、篮球、门球等10多个内外场馆。其中游泳池占地4000平方米，羽毛球馆占地2000平方米，青少年活动中心占地1500平方米，多功能广场占地2500平方米，网球场占地2400平方米，篮球场占地2500平方米，保龄球馆占地2600平方米，综合场馆占地约1200平方米，建筑面积2400平方米，娱乐健身中心建筑面积2300平方米，还安装有健身路径、儿童游乐设施，是当时深圳街道级硬件设施较为完善的区域性、综合性群众体育文化场所。

2002年，桃源街道从原西丽街道分设，成立街道文体站。街道和社区投入巨资，进行社区文体设施建设。其中：珠光社区建成活动中心30平方米，棋牌室30平方米，健身房30平方米；长源社区建成活动中心120平方米。至年底，辖区已建成体育馆3个，篮球场8个，排球场6个，乒乓球馆30间，足球场20个。成立老年艺术队和业余体育运动队并开展系列活动，体育舞蹈队荣获2002年中国第十六届国际标准舞锦标赛拉丁舞群舞亚军。街道通过全国城市体育先进社区验收，成为第三批全国城市体育先进社区。2003年，西丽体育中心划归桃源街道办事处，建成街道百米文化长廊及宣传橱窗100多平方米，深圳艺术学校体育舞蹈分校在西丽体育中心开办，其60人的拉丁舞团多次受邀参加市、区、街道重要活动表演。

至2011年，西丽街道共有篮球场20个，门球场1个，网球场1个，足球场1个，健身路径21处，文化室3个，公园4个，文化广场（大舞台）5个，图书室2个。其中老区村内文化体育设施有：篮球场12个，总面积均7200平方米；足球场1个；网球场1个；健身路径8个，总面积1600平方米；公园4个；文化室3个；文化广场2个。桃源街道长源社区（村）建有篮球场兼文化活动广场，2008年旧改时篮球场和公园被拆掉。因该村紧靠塘朗山郊野公园，公园有健身路径，村民则改到山上锻炼身体和休闲娱乐；龙井村有篮球场，也建有老人活动中心；光前村三次择址重建篮球场，设立文体中心，有书画苑和老人活动中心；新屋村建设7人标准足球场与篮球场。

在沙河街道：1993年年初，街道办事处将大楼三楼会议室装修改为歌舞厅，把办事处下属企业沙河明珠泡沫厂会议室装修改为卡拉OK歌舞厅，作为文化站基层活动场所。为辖区群众免费进行舞蹈培训6期，举办文艺晚会14场，邀请广东省民族歌舞团、广州军区战士歌舞团来辖区为当地军民演出。1996年，街道办事处在白石洲与新浩公司合办沙河文化活动中心，占地面积300平方米，内设卡拉OK歌舞厅、桌球室、书报阅览室。1997年1月，街道办事处新办公楼落成，在新办公楼七楼建歌舞厅，面积300平方米。五楼设阅览室，面积150平方米，藏书8000多册。1999年3月，街道办事处在新塘村建立沙河办事处文化俱乐部，内设卡拉OK、棋牌室、放映室；上白石村建白石洲文化广场，塘头村在老屋前建篮球场。

2001年，白石洲社区（村）文体培训中心建活动中心160平方米、健身房30平方米、棋牌室1间、乒乓球桌球室1间。2003年5月，成立沙河街道体育分会。至2011年，街道共有活动中心10个，面积4569平方米，13个文化活动网点，12个群众艺术团体，歌舞厅300平方米，阅览室150平方米，健身房2095平方米，棋牌室31个，乒乓球桌球室35个，足球场4个，网球场19个，篮球场16个，羽毛球场（馆）17个，高尔夫球场3个，保龄球馆1个，露天体育场5个，游泳池17个，健身路径6条。

在粤海街道大冲社区（村）：1993年起，大冲股份合作公司自己筹资建有篮球场4个（街道有部分补贴）、足球场1个，电影院1个，建设与深南大道相连的绿化休闲广场，面积500平方米，2004年增至4200平方米。2003—2004年，大冲股份公司投资兴建社区活动中心，有老年人棋牌室、健身室、青年娱乐室、图书室、乒乓球室，露天体育运动场地有篮球场1个、羽毛球场2个，配有健身器材的健身场3个，室外绿化广场2200平方米。

（二）教育事业的发展

在西丽片区：1992年2月，南山区确定西丽中学为区重点职业教育高级中学。1993年9月，在西丽小学留仙教学点基础上，创办留仙小学，有6个班200多名学生；白芒小学新建一栋两层四个教室的教学楼。1994年9月，深圳高等职业技术学院迁入西丽新址。同月，西丽职高班被确定为深圳市骨干职业高中，按照市要求，以财会专业为支柱专业，该专业的48名毕业生中，有20多人被推荐到市内各银行系统工作。

1995年，兴起办学热潮，有多所学校相继建立。西丽二中、松坪中学、松坪小学、松坪山第一幼儿园、红太阳幼儿园建立。是年，西丽中学首次参加升大学考试，有19名学生被深圳高等职业技术学院录取，基本实现村村有大学生。白芒小学建起一栋四层教学办公大楼。9月，西丽中学改为西丽职业技术学校，设电子电工、物业管理、财会金融、工艺美术、计算机、幼师等专业，有学生239人。

1996年8月，为扭转西丽片区大专以上学历仅占1.25%的落后局面，深圳市委书记厉有为到大磡小学现场办公，落实校园红线划定、原教学楼改造、经费来源等问题。西丽职校被确定为深圳市骨干示范职业技术学校。9月10日，区委、区政府制定《关于加强西丽地区教育发展步伐的五项措施》。

西丽街道随即提出多项具体措施落实区委、区政府的决定：（1）建立党政领导定点联系学校制度，党政领导每月至少到学校调研一次，每季度召开专题会议，每年教师节召开一次规模较大的教育工作会议，将振兴西丽教育纳入"同富裕工程"；（2）设立西丽教育基金，从1997年起每年拨款10万元作为专项经费，之后每年递增1万元，同时对已评上等级的学校和获得区级以上荣誉称号的优秀教师给予奖励，凡在西丽任教满10年、20年的教师均可获赠纪念品；（3）各党支部、居委会、经营部指定一名负责人分管教育，各村为考上高校的大学生发放奖学金。

1997—1998年，创办百旺学校、上沙河小学、桃源小学、塘朗小学、西丽幼儿园、龙联幼儿园、桃源第一幼儿园、桃源幼儿园、龙井幼儿园；政府投资扩建大磡小学综合教学楼；长源小学作为"同富裕工程"重建；珠光股份合作公司投资10万元建设珠光小学校舍。1992—1998年六年

1998年建成的白芒村百旺学校（西丽街道办事处提供）

间，南山区财政共为西丽（含桃源）教育投入1.1亿元，西丽已基本形成幼儿教育、基础教育、中等职业教育、高等职业教育相配套的新格局，成为南山区另一个文化教育中心区。

1999年起，街道再次出现办学热潮。由政府投资创办公办桃源中学，长源小学并入塘朗小学。新建茶光小学、福华小学、平山幼儿园平丽幼儿园、西丽湖幼儿园、星海幼儿园、福光幼儿园、塘朗幼儿园、龙辉幼儿园，麻磡小学并入白芒小学。2000年初，博伦职校在西丽长源小学建立长源分校。是年9月，博伦职校与西丽职校合并，合并后名称定为深圳市博伦职业技术学校，原西丽职校称为西丽部，长源分校不变。西丽老区有职业学校的分校、教学部各1个。西丽片区人口中，大专以上学历的人口提高到10.5%。

2000年7月27日，深圳市市政府三届五次常务会议召开，讨论通过《关于创建深圳大学城的总体方案》，将大学城设在西丽片区（今桃源街道辖区内）。2001年10月，深圳大学城举行奠基典礼，北京大学深圳研究生院、清华大学深圳研究生院、哈尔滨工业大学深圳研究生院、南开大学深圳金融工程学院均落户大学城。是年，建成卓雅小学、青青幼儿园、长源幼儿园。

2003年，建成翠鸣文化艺术中心（幼儿园）、剑桥双语幼儿园、龙都德艺幼儿园、深圳艺术学校体育舞蹈分校。2004—2006年，新办深圳市西丽第二小学、白芒幼儿园、麻磡幼儿园、茶光幼儿园。2011年，建成南科大第一实验小学、南科大第一实验幼儿园。至年底，西丽片区有大学研究生院3所，公办中小学、幼儿园23所，其中中学6所、小学12所、幼儿园5所。

在沙河街道：1992年6月，华侨城第一幼儿园新园落成。1994年，创办华侨城幼教中心。1996年，由中国中旅集团、香港中旅集团、华侨城集团、福建中旅集团、广东中旅集团共同投资

9000多万元，创办暨南大学中旅学院。1997年8月，创办新塘小学。1998—2000年，创办深圳市白石洲中英文学校，由深圳市、南山区两级政府共同投资兴建，后改名南山中英文学校。创办银河幼儿园；建立新塘幼儿园，华侨城中学、华侨城小学、沙河小学由华侨城集团划归南山区管理。2002—2003年，创办星河学校、中央教育科学研究所南山附属学校、侨城豪苑幼儿园、白石洲社区中心幼儿园。至2011年，沙河街道辖区内有大学1所，中学1所，小学、初中九年一贯制学校2所，小学4所，幼儿园7所。

在粤海街道大冲社区（村）：1994年，大冲中学在深圳科技园建立，后改称为科苑中学。1995年，创办深圳市南山外国语学校。1998年、1999年，成立民办新田小学、科苑幼儿园、豪方幼儿园、春天幼儿园。2009年9月，大冲小学有24个教学班，1153名在校生，71名教职工，因为旧改，临时搬迁至松坪二小。

（三）卫生事业的发展

在西丽片区：1997年7月22日，设立西丽街道健康服务所，定编7名，经费差额；珠光村投资8万多元设立医疗服务站，装饰面积120平方米。1998年，区卫生局与白芒居委会挂钩结对加强基层组织建设，组建白芒社康中心。

1999年，成立大磡、桃源、龙辉等社康服务中心。其中老区大磡社康中心，面积约为800平方米，可开展的医疗卫生服务项目有全科、中医科、口腔科、预防保健科、妇科、儿科。

2000年8月，桃源社康中心搬迁到桃源村老年活动中心1—3楼，面积500平方米，开设全科、妇女保健、康复保健、口腔保健、计划免疫、儿童、老年保健、慢性病防治、B超、心电图室、检验科、计划生育优质服务；有B超、血球分析仪、生化分析仪、尿分析仪、心电图机；有工作人员23人。新办麻磡村社康中心、西丽医院本部社康中心（2005年更名为新围社康中心），白芒社康中心改建为丽山医院。

2001年，成立塘朗、龙光、长源社康服务中心；西丽医院迁至位于西丽留仙大道西的新址，占地面积2.4万平方米，院本部社康中心随之迁入新址，建筑面积为200平方米，有医务人员5人；位于松坪山社区的东部友鑫门诊部创办。

2002—2007年，创办西丽、松坪山、白芒、牛成、大学城社康中心，丽山医院因经营不善关闭。2011年，西丽片区共有医疗机构40家。包括西丽医院以及下设院本部、大磡、福光、长岭皮、光前、龙井、新屋等15个社康中心，另有民营医疗机构25家。各社康服务中心在开展医疗服务，为群众看病治病的同时，也广泛开展健康与疾病预防教育，为老人、妇女免费进行身体健康普查。

在沙河街道：1992年，街道办事处组织开展创建国家卫生城市活动，出动宣传车上街宣传48次，发放各种宣传品3980份，悬挂横幅标语12条，开展全民灭蚊灭鼠工作。1993年3月，沙河华侨农场医院更名为深圳市沙河实业有限公司医院，有医务人员23人，病床20张。1994年，华侨城医院与加拿大合作成立美华眼科激光治疗中心。医院诊疗设备不断更新完备，增加了500毫安X光机、血液自动生化检测仪、动态心电图机。

1997年，街道办事处投资80万元，创办沙河社区健康服务所，地址在侨城西街路口，主要提供初级卫生保健服务。1998年，街道办事处成立初级卫生保健工作领导小组，对辖区居民开展健康教育，提供保健指导服务，全年发放健康教育资料4000多份，举办卫生知识讲座2次，制作健康教育专栏4期，建立家庭健康档案610户。是年，深圳市沙河实业有限公司医院更名为深圳市沙河实业（集团）有限公司医院；华侨城医院新大楼建成投入使用，建筑面积8830平方米，有病床90张。1999年，街道办事处进一步完善社区健康服务体系，做好疾病预防和诊治、健康教育宣传、家庭健康建档、老年人保健等各项工作，为居民创造更好的医疗保健条件。

2001年8月，深圳市沙河实业（集团）公司医院迁入白石洲新址，新医院由一栋门诊住院综合大楼及其群楼组成，占地面积1100平方米，建筑面积7500平方米，增设急诊科、爱婴区、CT室等临床和医技科室7个，以创伤外科和妇产科为重点专科，集团公司一次性拨款400万元购置医疗设备。医院服务范围包括沙河整个革命老区。2002年9月，改名为深圳沙河医院。

2003年，建立沙河医院本部、白石洲、星华3个社区健康中心以及沙河残疾人康复工疗站。街道大力开展爱国卫生运动，投放2万多元购买消毒用品和工具，免费发放给各小区物业部门和部分特困户，组织消毒队员对辖区的重点防疫地段和住宅小区定时定期进行消毒，做好防"非典"工作。2006年，在沙河片区北端的新塘村建立新塘社康中心，开展全科和中医理疗诊治。至2011年，街道有医院2个，社康中心4个，各个村还开设有1—3个私人的小诊所。

粤海街道大冲社区（村）：1992年，郑文友中医肿瘤医院在该村成立，是深圳市一家民办医疗单位。后大冲卫生室改设社康中心。2008年旧改后，大冲居民医疗由沙河医院等医疗机构承担。

七、老区人民生活质量稳步提高

1992年，老区实行农村城市化改革，农民转为城市居民，农业户口转为非农业户口，在读书、就业等方面，不再因户口而受限制，享受城市居民一样的待遇，生活方式也急剧转变。股份合作公司成立后，原来的农民成为股东，参与每年的股份分红，部分居民成为公司员工或管理人员。是年，西丽片区老区村人均收入4300元，其中集体分配收入300元，家庭经营收入4000元。他们看到土地征用后，将兴建各类园区，集聚大量人气，住房出租将有一个很大的市场，租金将成为他们收入的一个很大来源。于是，部分经济条件较好的村民开始重建住房，楼房由原来的两三层改建为五六层，再将多余的房屋出租给外来劳务工，以此增加家庭经济收入，后来形成了"住房经济"。

1995年开始，福光公司（福林、杨屋、上面光）居民拆掉原来的两层半的房屋，建五六层的多层房屋，除了自己住一部分，主要用来出租。这个时期的建房，按村里规划，每一栋私宅占地面积80平方米，每层租金大约200元。因为地皮越来越少，显得愈发珍贵，村里把一部分自留地和晒谷场，采取抽签的方式给村民作建房宅基地。抽中之后，每处宅基地建筑面积80平方米，上交村委5000元，成为自建房用地。是年，老区村居民收入显著提高。西丽片区居民人均收入7455元，其中工资收入5197元、分红收入1658元、房屋出租及其他收入600元。其中：丽新公司人均收入7943元；大磡公司人均收入4989元；百旺公司人均收入7800元；麻磡公司人均收入1278元；龙井公司人均收入10405元；珠光公司人均收入7156元；福光公司人均收入2283元；常源公司人均收入2853元。沙河街道老区村居民人均收入5万元。由于村民收入不断增长，冰箱、彩电、空调、电脑等家电进入千家万户。村民不再忙于种田种果，部分年纪较大的居民生活比较清闲，开始习惯早上去酒楼喝茶吃点心，晚上吃饭后到公园散步，多数中老年人开展各种娱乐活动，年节出外旅游观光。

1996年9月18日，西丽街道相关部门会同各股份合作公司，界定1992年7月—1996年6月期间股份公司的股东资格：（1）新出生的子女，男股东新娶入的妻子，女股东新招入的配偶，原则上具备合作股股东资格，并以登记户口为准；（2）原始股东出嫁者、出国者、去香港定居者，失去合作股股东资格；（3）原合作股股东死亡后，收回其合作股股份；（4）对某些特殊情况，由股份公司召开股东代表大会决定。是年，参加集体分红股东1920人（不含桃源部分），人均分红1744元，人均收入5635元。其中：丽新公司797人，人均分配1917元，人均收入6879元；大磡公司365人，人均分配1492元，人均收入5138元；百旺公司424人，人均分配2398元，人均收入6116元；麻磡公司334人，人均分红776元，人均收入2598元。

1997年，居民分红与收入继续增长，除股份分红外家庭收入主要集中在荔枝收入和房屋租金上，两者比例相当。是年，西丽街道（不含桃源部分）参加集体分红人数为2017人，增加97人，人均分红2649元，人均收入6705元，分别增加905元、1066元。其中：百旺股份公司426人，人均分红3005元，人均收入8042元；大磡股份公司365人，人均分红2500元，人均收入5213元；丽新股份公司826人，人均分红3363元，人均收入8349元；麻磡股份公司400人，人均分红930元，人均收入3250元。1998年，西丽街道老区村居民开始有人外出购置商品房居住，最早的是文光村一位村民购置一套面积约70平方米的商品房，后来购置商品房居住的村民增多。

1999年6月，西丽老区"同富裕工程"第一期所有工程项目全部建

1998年建成的牛成村居民楼（西丽街道办事处提供）

成，7个欠发达村人均集体分红达到2200元，除麻磡村外，全部实现脱贫，其中，白芒、牛成村人均分红4000元，大磡、王京坑村人均分红2400元，麻磡村人均分红960元，珠光人均分红5000元，常源人均分红3000元，福光人均分红3000元，龙井人均分红6000元。房屋租金也快速上涨，1栋楼房（一般为6层，每层4户）租金收入，由1997年1万余元增加到5万元左右。

2001年9月，西丽老区实施第二期"同富裕工程"，2004年工程完成，老区实现自然村之间通水泥路，为老区村带来直接经济效益3000多万元、间接经济效益5000多万元，股份公司集体经济总收入增长45%，人均集体分红提高42%。

2003年，深圳出现一波建私房热潮，老区村也不例外。村里只要有空地，就有村民建楼房；没有地的，就往高处发展，当初的四五层发展到七八层甚至十多层。在沙河街道老区上白石村、新塘村，从1995年到2003年间，几乎每户都把原来的低层楼房拆掉，建成七八层的建筑。资金有困难的村民就与包工头合建。上白石村130多户人家，建有楼房350多栋，平均每户都有10多套房出租，仅出租房收入年人均就达3万元以上。新塘村160多户人家，620多人，建有楼房176栋，平均每栋面积680多平方米。房屋内格局也有些变化，原来建的每一层是几房几厅，这时变成小单间，方便出租，使用效率和租金都有提高。桃源街道的福光村（福林、杨屋、上面光）大都建成8—10层的楼房，每栋面积800—1000平方米，村里还有一些私人建的厂房。

随着经济收入增加和辖区房地产市场的开发，部分居民购买商品房，住进设备完善、环境优美、物业管理到位的住宅小区，而将空出来的房屋全部用于出租。家用电器开始更新换代，空调由原来的窗机发展到分体机、再到柜机、中央空调等；电视机由原来的厚体笨重的，发展到大屏幕，再到超薄的等离子壁挂式的；洗衣机由原来的单筒发展到双筒带甩干的，再到全自动带烘干的；代步工具由原来的自行车到摩托车、小汽车等；电脑从无到有，从厚体的到薄体的，再到笔记本，村民的生活质量不断提高。同时，开始大力建设环境优美的现代社区，促进原城市居民与农城化居民的工作与生活更融洽。

2008年大冲旧改时，该村每户都至少有一栋5—6层、占地面积约100多平方米、总面积600平方米左右的房子。在大冲第三次"旧村改造房屋权属公示"表上，有的村民房产有十几处，六七处的也不在少数。在大冲首日旧村改造项目村民物业签约仪式上，一位村民得到70万元的首签奖励，按大冲股份公司与开发商华润置业（深圳）有限公司的约定，首日村民签约每栋奖5万元计，表明有14栋楼房。旧改后，村民回迁住房总面积达62.06万平方米。

2009年1月17日大冲举办大盆菜千人盛宴（黄益平摄）

2009年11月，市政府破例允许特殊情况下的村民每户建1栋私房，每栋建筑面积不得大于480平方米，不得高于5层。沙河上白石、新塘、塘头三个老区村部分村民享受到这一特殊政策。这三个老区村部分村

2010年的福光村（桃源街道办事处提供）

民早在2003年，刚拆掉旧房子准备重建，恰在此时，深圳市不允许再建私房，村民重建住房被搁置下来。根据市政府新政策，塘头村补建8栋，新塘村补建1栋，上白石村补建3栋。

2011年，南山区革命老区人民生活都提高到一个新水平。桃源街道所属老区居民人均收入11万元，其中工资3万元、分红5万元、房屋出租及其他收入3万元。沙河街道所属老区居民人均收入25万元，其中工资4.62万元、分红3.8万元、房屋出租及其他收入20万元。大冲居民人均收入15万元，其中工资0.5万元、分红2.5万元、房屋出租及其他收入12万元。

除此之外，老区各股份合作公司在节日也会发福利给股民，如福光股份公司春节发给每个股民红包1000元，中秋节每人发红包500元，国庆节每人发红包500元，60岁以上的老人重阳节每人补助2000元，丧葬补助费1万元，参军补助1万元，等等。新屋股份公司春节补助股民人均800元、经营部再补助1000元，中秋节经营部补助村民1000元，重阳节股份公司和经营部对老人分别补助1000元，对村中老人去世，股份公司补助2000元、经营部补助2万元，股民子女考上大学的，股份公司奖励1万元、经营部奖励2万元。龙井股份公司60岁以上的股民，春节时发红包3000元，中秋节补助2000元，三八妇女节，全体股民享受补助4500元，五四青年节全体股民享受补助4500元，村民子女考上大学享受奖励，专科的奖1万元，本科的奖3万元，考上十大名校的奖5万元，股民去世后，家属获丧葬补助5000元。

第三节 打造新时代深圳"双中心"

2012年中共十八大结束后，习近平总书记离京视察"第一站"就来到深圳南山，考察前海、调研腾讯，要求深圳牢记使命、勇于担当，大胆探索、勇于创新。深圳市委、市政府对南山高度重视、寄予厚望，进一步明确南山为与福田—罗湖中心区并列的深圳市"双中心"的中心城区定位。党的十八大以后，南山区委、区政府围绕打造深圳"双中心"，进行认真研究并邀请国家级智库科学论证，确立"四大中心"（即深圳市经济中心、科技创新中心、文化中心、国际交往中心）的实施路径和"六大片区"（即前海蛇口自贸区、后海、高新区、华侨城、大学城、留仙洞）的战略支撑，取得重要阶段性成果，拉开南山新一轮大开发、大建设、大发展序幕，阔步迈进世界级创新型滨海中心城区行列。

一、前海深港合作区与前海蛇口自贸片区建设

2010年，在深圳经济特区建立三十周年之际，国家作出建设前海深港现代服务业合作区（简称前海合作区）的重大战略决策，赋予深圳经济特区新的使命。通过建设前海合作区，丰富"一国两制"伟大实践，加快粤港澳经济深度合作，维护香港长期繁荣稳定，以及为全国转变发展方式、实现科学发展发挥示范带头作用。前海合作区位于南山区域内，南山迎来新一轮发展

机遇。

是年3月，前海合作区开始筹建。7月6日，深圳市第五届人民代表大会常务委员会发布第三十五号公告，公布《深圳经济特区前海深港现代服务业合作区条例》，对管理体制和机制建设作出规定。8月20日，中共中央政治局常委、国务院总理温家宝到前海合作区考察。8月26日，《国务院关于前海深港现代服务业合作区总体发展规划的批复》正式下达。9月5日，深圳市政府颁布《深圳市前海深港现代服务业合作区管理局暂行办法》和《深圳前海湾保税港区管理暂行办法》，就前海合作区管理机构的设置、职责、运作机制、规划建设管理、公共服务和行政管理、产业促进、财政管理、人事薪酬、监督管理等方面作出具体规定。

根据国务院批复与深圳市相关规定，前海合作区位于深圳西部南山区南头半岛的西侧，珠江口的东岸，地处珠三角区域发展主轴和沿海功能拓展带的十字交会处，与香港、澳门毗邻。具体地域由双界河、月亮湾大道、妈湾大道和前海湾海堤岸线合围而成，占地面积约15平方公里，包括3.71平方公里前海湾保税港区，均由填海造地而成。合作区内已形成陆域面积约12.8平方公里，尚有约2.18平方公里未形成陆域。

前海合作区以广深沿江高速—西部通道延长线、广深高速、机荷高速、深中过江通道为依托，连接珠三角区域高速公路系统，形成连通珠三角"九市二区"的便利交通网，是珠三角城市群联系的交通枢纽；作为深圳城市交通枢纽中心，前海合作区紧邻深港两个机场，并在区内汇集了地铁1号线、5号线、11号线以及南坪快速路、滨海大道、沿江高速等众多轨道交通和城市公路网，港深机场联络线将贯通其中，具备极为便捷的海陆空交通条件和突出的综合交通优势。

按照开放合作、互利共赢、体制创新、科学高效、高端引领、集约发展、统筹规划、辐射示范的原则，国家给前海合作区的发展定位是粤港现代服务业创新合作示范区，主要承担四个方面的功能：一是现代服务业体制机制创新区；二是现代服务业发展聚集区；三是香港与内地紧密合作先导区；四是珠三角地区产业升级引领区，重点发展金融、现代物流、信息服务、科技服务及其他专业服务等现代服务业。

2011年1月10日，深圳市委、市政府举行前海合作区管理局揭牌仪式，前海合作区开始运作。是年7月1日，国务院正式批复同意建立由国家发改委牵头、27个部门和单位共84人组成的深圳前海建设部际联席会议制度，构建国务院领导下统筹前海开发开放的国家平台和部委运作机制。9月27日，在北京钓鱼台国宾馆召开前海建设部际联席会议第一次全体大会，联席会议27个成员单位的相关负责人参加了会议，国务院法制办、国家统计局列席了会议，会议讨论支持深圳前海深港现代服务业合作区开发开放的有关政策。

2012年6月27日，《国务院关于支持深圳前海深港现代服务业合作区开发开放有关政策的批复》下发。批复中，国务院明确支持深圳前海深港现代服务业合作区实行比经济特区更加特殊的先行先试政策，涉及金融、财税、法制、人才、教育医疗以及电信等6个方面22条，构成前海先行先试政策体系，使前海合作区成为"特区中的特区"。

第一，金融政策方面，主要是支持前海在金融改革创新方面先行先试，建设国内金融业对外开放试验示范窗口。具体内容有8条：支持前海构建跨境人民币业务创新试验区；探索试点跨境贷款；支持前海企业赴港发行人民币债券；支持设立前海股权投资母基金；支持外资股权投资基金在前海创新发展；支持在CEPA框架下适当降低香港金融企业的准入条件；支持前海试点设立创新型金融机构和要素交易平台；支持境内外金融机构在前海设立国际性或全国性管理总部、业务运营总部等。

第二，财税政策方面，主要是支持在国家税制改革框架下，发挥前海在探索现代服务业税收体制改革中的先行先试作用。具体内容3条：对前海符合产业准入目录及优惠目录的企业按15%的税率征收企业所得税；对符合前海规划产业方向的境外高端人才和紧缺人才，取得暂由深圳市政府按照内地与境外个人所得税负差额给予的补贴，免征个人所得税；对注册在前海符合规定条件的现代物流企业享受试点物流企业按差额征收营业税的政策。

第三，法制政策方面，主要有2条：探索香港仲裁机构在前海设立分支机构；探索完善内地与香港律师事务所联营方式，在CEPA框架下，深化落实对香港的各项开放措施。

第四，人才政策方面，主要是支持前海建设深港人才特区，建立健全有利于现代服务业人才集聚的机制，营造便利的工作和生活环境。具体内容有4条：创新管理机制，研究制定相关政策措施，为境外人才、海外华侨和归国留学人员在前海的就业、生活及出入境提供便利；将前海纳入经国家批准的广东省专业资格互认先行先试试点范围；允许已取得香港执业资格的专业人士直接为前海企业和居民提供专业服务，服务范围限定在前海内；允许已经取得中国注册会计师资格的香港专业人士担任内地会计师事务所合伙人，具体试行办法由深圳制定。

第五，教育医疗方面，主要是支持前海在深港两地教育、医疗等方面开展合作试点。具体内容2条：允许香港服务提供者在前海设立独资国际学校，其招生范围可扩大至在前海工作的取得国外长期居留权的海外华侨和归国留学人才子女；允许香港服务业提供者在前海设立独资医院。

第六，电信方面，主要是加强电信业合作。具体内容有3

条：支持港澳电信运营商在前海建立合资企业，经营电信业务；鼓励创新电信运营管理模式，支持当地电信企业根据前海实际探索制订优惠电信资费方案；支持建设前海国际通信专用通道，满足前海企业国际通信业务需求。

2012年12月7日，习近平总书记考察前海，指出：中央决定批复发展建设前海，是为了进一步促进粤港和深港更深层次的合作发展。前海发展要依托香港、服务内地、面向世界，作为改革的试验田，为全国探索经验。

2013年8月7日，广东省政府出台《关于支持前海加快开发开放的若干意见》，提出10个方面共36项政策措施，主要政策措施有：

1. 授予部分省级经济管理权限：将国家已赋予广东省的涉及服务业发展的部分省级管理权限，直接下放或委托前海管理局依法实施，进一步全面落实前海在非金融类产业项目审批管理上相当于计划单列市的经济管理权限；对法律、法规和规章规定不得委托或下放以及需省综合平衡的省级管理事项，前海深港现代服务业合作区管理局与省建立直接请批关系，与深圳市人民政府为报备关系。

2. 支持现代服务业集聚发展：支持将前海建设成为珠三角金融改革创新综合试验区的核心功能区；支持前海设立各类创新型金融机构和要素交易平台；支持前海在CEPA框架下降低港澳金融机构进驻前海的资产规模、持股比例、业务范围；支持前海股权交易中心发展成为区域性场外交易市场；支持前海湾保税港区向自由贸易园区转型升级；支持前海建设国家进口贸易促进创新示范区；支持前海建立保税研发中心、检测维修服务基地、离岸金融试验区、融资租赁产业集聚区等功能平台；允许落户前海的港澳科研机构直接参与省重大科研计划；支持香港质量认证、质量检测机构在符合中国内地相关规程的条件下视同内地机构；建设国家级文化产业示范园区；鼓励发展邮轮、游艇等现代旅游服务业；创新项目管理模式，在工程咨询、项目开发、工程建设、物业管理等方面探索建立与国际接轨的管理制度；省重点支持的服务业项目优先考虑落户前海等。

3．支持打造社会主义法治建设示范区：支持前海建立商事法规体系；支持香港仲裁机构在前海设立分支机构；推动设立粤港澳合伙型联营律师事务所；境外律师事务所可应邀成为深圳市律师协会特邀会员；鼓励各类社会组织落户前海。

4．支持建设深港人才特区：推动建立前海深港人才工作联盟；吸引海外专业人才；建立人才交流和培训机制，开展国家职业资格证书认证；开展经国家批准的粤港澳专业技术职业资格互认试点；鼓励港澳专业机构和专业人士直接在前海执业。

5．支持开展土地管理制度改革试点：开展土地租赁、作价入股等土地有偿使用试点；对产业用地的供地方式、供地年限和地价实行差别化管理，开展土地金融政策创新试点。

6．支持创造便利通关环境：实行"分线管理"、深港两地申报单证统一、海关查验结果参考互认，支持"关检合作"，简化货物往来手续，便捷通关服务；为港澳企业申领直通小汽车指标提供便利；船舶进出口岸智能查验、全程无缝船舶交通助航服务。

习近平总书记的指示与国务院、省政府支持前海合作开发开放的政策，为前海合作区的先行先试提供了强大的动力与政策支持，使前海合作区自成立时起，就进入发展的快车道。至2014年，前海合作区在深港合作、金融创新、新城建设、产业发展、体制创新等各方面均实现实质性突破，创造众多项省市乃至全国的第一。

在政策创新方面：国务院批复前海的22项先行先试政策成功落实21项。商务部在全国率先授权前海计划单列市的外资审批权限；国家外汇管理局将前海列入外商投资企业外汇资本金结汇管理方式改革的全国首批试点地区之一；前海成为全国首个实现检验检疫出口换证货物电子通关区域。

在金融创新方面：中国人民银行、银监会、证监会、保监会批复前海实施金融创新政策31条。在全国首次打通跨境电商退税全流程；在全市率先启动跨境贸易电商进口试点；前海微众银行成为全国第一家落地的民营互联网银行；全国首个利用跨境贷的保税区SPV飞机租赁项目在前海签约；银监会扩大消费金融公司试点范围后，前海招联消费金融有限公司成为首家获批筹建的消费金融公司；跨境人民币贷款备案金额826亿元。

在深港合作方面：出台全国首个对接香港的《前海深港现代服务业合作区促进深港合作工作方案》。打造前海首个港企集聚基地——金银业贸易场；全国首个针对香港青年创业创新的深港青年梦工场正式开园；在全国首创港企直通车服务模式；在全国首次提出探索给予符合条件的港资企业国民待遇；国内首家香港海员外派机构落户前海；还成功发行在前海与香港通话享受香港同城话费的"前海卡"。

在开发建设方面：在全国首次以规划建设周的方式推动规划建设，邀请众多院士、普利兹克奖评委等专家，用国际先进的规划理念进行前海发展规划；全国首次以公告出让方式向腾讯控股、弘毅资本、民生电商和恒昌科技出让产业用地；借鉴香港先进经验，首次在政府投资的建设工程中试行开工备案制度，取代传统的施工许可审批；在国内率先创新提出0—2.5级土地开发理念；前海青年梦工场、企业公馆等开园开业，香江控股集团展厅开建，众多大项目同步推进。

在法治建设方面：在全国首创"港籍调解"与"港籍陪审"制度；前海国际仲裁院在全国设立唯一一家跨境调解联盟，调解案件当事人的来源已超过100个国家和地区，为全国之最。同时还建立全国唯一一家海事物流仲裁中心；全国首个境外法律查明平台——蓝海现代法律服务中心在前海设立；中国首家内地与香港合伙联营律师事务所落户。

在产业集聚方面：2014年底，前海企业注册20216家，注册资本13168亿元，入区企业注册资本平均为6513.70万元，其中金融及类金融企业11459家，占56.7%。有港企1081家。前海投资控股有限公司同步推进新城项目建设54个，总投资153亿元，完成投资33.8亿元。前海联合控股有限公司整合资源，与第一太平戴维斯成立物业公司，还成立能源公司、信通公司、数据公司等；前海金融控股有限公司营业收入1.06亿元，净利润5129万元，与境内外数十家大型金融机构和行业领军企业展开广泛合作，已经设立和初步达成合作意向的投资项目超过20个，投资规模超过40亿元。

2014年底，前海合作区迎来重大利好。12月28日，第十二届全国人大常委会第十二次会议决定设立自贸区，其中广东自贸区深圳前海蛇口片区名列其中。12月31日，国务院正式下文批复包括广东自贸区深圳前海蛇口片区（简称前海蛇口自贸片区）在内的自贸区。前海蛇口自贸片区定位是：借助深圳市场化、法治化和国际化的优势与经验，发挥21世纪海上丝绸之路战略支点作用，整合深港两地资源，集聚全球高端要素，重点发展金融、现代物流、信息服务、科技服务及专业服务、港口服务、航运服务和其他战略性新兴服务业，推进深港经济融合发展，打造亚太地区重要生产性服务业中心、世界服务贸易重要基地和国际性枢纽港。

2015年4月27日，前海蛇口自贸片区在前海举行挂牌仪式。自贸片区总面积28.2平方公里，分为前海区块15平方公里（含前海湾保税港区3.71平方公里），蛇口区块13.2平方公里。根据产业形态，分为三个功能区：一是前海金融商务区，即前海区块中除保税港区之外的其他区域，主要承接服务贸易功能，重点发展金融、信息服务、科技服务和专业服务，建设中国金融业对外开放试验示范窗口、亚太地区重要的生产性服务业中心；二是以前海湾保税港区为核心的深圳西部港区，重点发展港口物流、国际贸易、供应链管理与高端航运服务，承接货物贸易功能，努力打造国际性枢纽港；三是蛇口商务区，即蛇口区块中除西部港区之外的其他区域，重点发展网络信息、科技服务、文化创意等新兴服务业，与前海区块形成产业联动、优势互补。

前海蛇口自贸片区开启"合作区+自贸试验区+保税港区"的"三区"叠加模式，既有全国自贸试验区共享的政策，也有前海合作区自身特有的政策。在自贸区框架下，深圳西部港区的蛇口港、赤湾港以及前海湾保税港区连成一个整体，有利于西部港区资源整合、做大做强，建设国际性枢纽港，更好地参与"一带一路"建设；前海的金融、贸易、航运服务将为蛇口产业升级注入新的活力，蛇口的产业基础及生活配套亦将为前海提供支撑，形成优势互补、产业联动、错位发展的新格局。

至2018年，经过四年努力，前海蛇口自贸片区已成长为目前中国发展最快、效益最好的区域之一，在制度创新、深港合作、产业集聚等方面都取得重大突破。

在制度创新方面：累计推出制度创新成果414项，其中全国复制推广28项、全省复制推广62项、全市复制推广79项。国务院发布的4批89项复制推广经验中，来自前海15项。前海首创的"支持跨国企业集团办理跨境双向人民币资金池业务"等9项经验被国务院纳入《积极有效利用外资推动经济高质量发展若干措施》向全国复制推广。广东省政府发布的4批102项复制推广经验中，来自前海62项。

在深港合作方面：累计注册港资企业1.08万户，注册资本1.07万亿元，注册港资企业增加值占自贸区注册企业增加值12.8%；纳税109.84亿元，占比24.6%；实际利用港资33.9亿美元，占实际利用境外资金的86.4%。其中注册港资企业设立粤港澳青年创新创业示范区，累计孵化创业团队356家，其中港澳台及国际团队176家，总融资金额15亿元。

在国际合作方面：推进"一带一路"支点建设，来自"一带一路"沿线国家中，22个国家在前海蛇口自贸片区投资设立企业103家，注册资本29.43亿元人民币；前海企业累计向"一带一路"沿线17个国家直接投资设立企业（机构）46家，中方协议投资额12.32亿美元。建设"一带一路"混业法律服务联合会，为"一带一路"建设提供优质、高效、跨境、配套的法律服务和法律保障。利用自贸片区在港口、物流与供应链领域的基础优势，设立"中国深圳"和"中国前海"船籍港，建设具有全球资源配置能力的物流与供应链管理中心。全年实际利用外资39.24亿美元，进出口总值1152亿美元。

在产业集聚方面：累计注册企业17.49万家，开业运营企业7.92万家，注册企业增加值比2017年年增长25.6%，税收445.94亿元。自贸区金融、现代物流、信息服务、科技及其他服务四大主导产业，集聚优势突出。其中：注册金融企业5.69万户，开业2.66万户，增加值占自贸区注册企业增加值43.2%；纳税210.58亿元，占自贸区税收53.7%。累计发布三批67个金融创新案例；广东自贸区挂牌三周年发布"金融开放创新十大最佳案例"中，前海占6项。注册现代物流企业3.47万户，开业1.45万户，增加值占自贸区注册企业增加值17.7%。注册信息服务企业1.6万户，开业7961户，增加值占自贸区注册企业增加值14.8%。注册科技服务企业3.03万户，开业1.48万户，增加值占自贸区注册企业增加值4.1%。

在新城建设方面：自贸区累计完成固定资产投资465.33亿元，其中前海片区411.25亿元、蛇口片区50.08亿元，投资强度为每平方公里16.5亿元，是全市水平的6.57倍。累计有183栋建筑主体结构封顶，其中2018年有前海华润金融中心、弘毅全球PE中心、前海嘉里商务中心、恒昌科技大厦等17栋塔楼主体结构封顶，前海世茂金融中心300米塔楼，刷新"前海天际线"高度。道路交通已形成"十横四纵"格局。前海蛇口自贸片区已形成深圳经济新的增长极与城市中心，是珠三角"大湾区经济"最具潜力与活力的板块。

二、世界级创新型滨海中心城区建设

2010年8月，国务院批复同意《深圳城市总体规划（2010—2020）》，确定两个城市主中心，即福田—罗湖中心和前海中心，确立南山作为全市"双中心"之一的定位。2011年，南山区第六次党代会提出全区发展目标，举自主创新大旗，树国际城市标杆，建设宜居宜业的国际化海滨城区。2013年9月和10月，习近平总书记分别提出建设"丝绸之路经济带"和"21世纪海上丝绸之路"（简称"一带一路"）的合作倡议。处在海上丝绸之路起点上的南山，战略地位进一步提升。2014年，国务院批复前海蛇口片区纳入广东自贸区。南山区委、区政府针对南山具备的"特区+湾区+自贸区"三区叠加优势，提出充分挖掘、灵活运用自贸区政策，主动承接外溢效应，更好地服务"一带一路"合作倡议，打造21世纪海上丝绸之路桥头堡的重要门户。2016年9

月，南山区第七次党代会提出未来一个时期，按照五年打基础、十年成形、十五年完成的总体安排，加快完善经济、科技、文化和国际交往"四大中心"功能，为迈进世界级创新型滨海中心城区而努力奋斗。

（一）深圳经济中心建设

2012年，南山区为打造深圳经济中心，出台加快产业转型升级"1+14"系列配套扶持政策，安排自主创新产业发展专项资金4.6亿元，推动蛇口网谷、华侨城创意文化园、南山云谷转型升级，促进前海合作区302家企业和机构获批入区，启动后海总部基地建设，百度国际大厦、华润集团中国内地总部、天虹总部等项目开工建设。

2013年，继续采取多项措施，破解产业发展空间不足的瓶颈：一是利用社会和企业资源，通过市场运作的手段，再造产业空间；二是利用政府资源，向企业让利，提供"保障性产业用房"；三是利用社区股份公司资源，推动"一街道一园区"建设，大沙河创新走廊建设步伐加快，新建南山智园、A8音乐大厦等战略性新兴产业园。南山国际知识创新村正式揭牌，16个新兴产业苗圃、孵化器和产业园投入使用。

2015年，蛇口太子湾邮轮母港建设进度加快，深圳湾、留仙洞两大总部基地加快建设，后海片区聚集中铁南方等总部企业21家，建成阿里巴巴国际运营中心、天虹等总部大厦8座。华强文化、华侨城集团入选中国文化产业30强，中兴通讯、浪尖设计、飞亚达集团获评国家级工业设计中心。蛇口网谷、深国际西部物流成为国家电子商务产业示范基地。中国国有资本风险投资基金、前海母基金等一批金融机构正式落户，中山大学高级金融研究院挂牌成立。深圳西部第一高楼华润春笋在深圳湾封顶。招商银行、安邦财险、阳光保险等取得总部用地，中国电子、恒大等一批世界500强企业抢滩布局。是年，南山区生产总值3715亿元，跃居全省区（县）第一、全国第三，辖区税收718亿元，财政收入145亿元，人均生产总值4.9万美元，接近世界发达国家水平。

2016年，前海、蛇口、后海、深圳湾、留仙洞、高新北六大片区全面发力，腾讯滨海大厦、招商局广场、航天国际、中海油、天虹、三诺、百丽等20多栋总部大楼落成。智园一期、科兴科学园、深圳市软件产业基地等一批产业园区投入使用，茶光研发及总部园区、智园二期等项目破土动工，新增创新型产业空间259万平方米，南山云谷等成为国际知识创新村典范。

2018年，南山区全面落实深圳市营商环境改革20条。创建全国"互联网+政务服务"示范区，推行"全链条贴心式"政务服务模式。南山优质的营商环境，被求是杂志社中国小康网评为全国营商环境百强区（县）第三名。面向全球招大商、招优商，挖掘跟进招商选资项目178个，落户70个，引入雀巢、中铝集团、中船重工等重大投资项目，促成欧加通信、今日头条等企业落地。累计培育上市企业148家。新增国家级高新技术企业600多家，总数超过3500家，腾讯、恒大等两家企业入选世界500强。民营经济挺立潮头，总数接近38万家，平均4名常住人口拥有1家企业。顺丰、瑞声科技等8家企业，入选中国民企500强，超全省1/8。马化腾、许家印、陈志列3人，入选"改革开放40年百名杰出民营企业家"。累计培育上市企业148家，排名全国区（县）第二。

至2018年年底，南山区初步形成"两轴六片"经济发展格局。其中：蛇口片区成为产业转型升级示范区，高新区成为科技创新研发总部和双创示范引领区，留仙洞片区成为战略性新兴产业总部集聚区，由这三个片区组成南北走向的科技及产业创新中心轴；深圳湾片区初步成为全球经济产业链条中最终极地位的典型代表和国际总部集聚区，后海片区成为金融总部和高端服务业集聚区，前海片区成为现代服务业体制机制创新区和现代服务业发展集聚区，由这三个片区组成东西走向的总部及现代服务业中心轴。全区经济总量连续三年跨千亿级台阶，南山区生产总值5018亿元，总量从2016年的3842亿元、2017年的4601亿元，跨上5000亿元台阶，连续6年位列广东省区（县）第一、全国第三。在全面落实减税降费政策的基础上，辖区税收1498亿元，公共财政预算收入268.2亿元。完成固定资产投资超1300亿元，规模全市第一，南山依然是全市投资最旺的地方。每平方公里土地产出生产总值27.7亿元、人均生产总值36.5万元，分别是全市平均水平的2.2倍、1.8倍。在工信部研究院综合评估中，南山区位居中国百强区之首。南山成为深圳名副其实的经济中心。

（二）深圳科技创新中心建设

2013年，南山区出台科技创新20条，安排自主创新产业发展专项资金8.1亿元。成功举办广东省科技服务超市建设现场会、全国文化科技创新论坛、南山区第六届"创业之星"大赛，香港科技大学创校校长吴家玮等11位著名专家和学者受聘成为南山科技顾问。年内，全区在六大战略性新兴产业19个关键领域的核心技术取得重大突破，其中：中微电公司成功研制国内首颗拥有自主知识产权、达到国际先进水平的融合图形处理和逻辑计算功能为一体的处理器芯片；绎立锐光公司成功研制新型超高亮度激光显示光源，开创大尺寸激光显示领域"中国提供技术、国际巨头代工"的先河。组建全国首家智能电视产业标准联盟，区内标准联盟总数增至4个。新增3D显示、大数据、声学产业技术创新战略等产业联盟3个。南山区获科技部授予"科技进步先进区"称号。

2014年，全社会研发投入超过200亿元，占生产总值比重达5.8%，科技进步贡献率超过75%，接近发达国家水平。新增国家级高新技术企业300家，总量达1463家，占全市的31%。终端设备、移动存储芯片、激光显示等24个优势细分领域达到世界先进水平。万人发明专利拥有量264件，达到国际创新型城市水平；区域孵化创新能力被省社科院评定为全国第一。国家技术转移南方中心挂牌成立，韩国SK电讯生命健康研发中心正式进驻。新增国家、省、市级重点实验室、工程实验室、工程中心、企业技术中心等创新载体77个，总数达528个，占全市的61.5%。推动标准联盟、质量联盟建设，产业联盟总数达35个。发布全国首个区级科技创新发展报告，设立南山国际创新驿站、蛇口创新谷、中国科技开发院预孵化器等创业苗圃。与中国科学院深圳先进技术研究院合作，成立国际创客中心和中科史太白创客学院。

2015—2016年，李克强总理两度关注南山科技创新。2015年初，李克强总理视察南山区柴火创客空间，点燃大众创业、万众创新激情。随后，全省科技创新在南山召开现场会，来自全国各地的考察团纷纷来南山学习创新驱动的做法经验。2016年，南山区承办全国双创周主会场活动，向世界展示中国"大众创业、万众创新"成果，世界最强大脑"论剑"深圳湾。南山双创成果惊艳亮相，李克强总理再度亲临南山展台视察，并给予充分肯定，掀起全国乃至全世界关注深圳、解码南山的热潮。是年，南山区以一区之力，贡献全国1/4的PCT国际专利申请量，总量突破1万件。荣获年度国家科学技术奖12项，占全市75%，其中，中兴、宇龙荣获国家科技进步奖特等奖，北大深圳研究生院摘得国家自然科学奖二等奖，中兴获中国工业大奖、中国专利金奖，大疆获中国专利外观设计金奖。全国首颗脉冲星试验卫星升入太空，南山跻身国际微小卫星技术前沿。新增国家级高新技术企业582

家，总数2223家，超过全省的1/10。

2018年，南山区创新载体全球布局走在了前列。西丽湖国际科教城规划上升为全市战略，按照"基础研究+技术攻关+成果产业化+科技金融"的总体思路，以石壁龙、燕清溪、白石岭三大片区为重点，规划全域面积近60平方公里的西丽湖国际科教城，推动校区、园区、社区"三区融合"，创粤港澳大湾区科技创新中心。鹏城实验室进驻留仙洞片区，首批入驻3位院士。深圳湾实验室开始筹建，国家实验室预备队增至2家。ARM中国公司正式落户，筹备共建粤港澳大湾区集成电路公共创新设计平台。支持南科大创设深港微电子学院，培养芯片设计、制造、检测等高端人才。商汤科技深圳研发中心正式启用，合作打造"AI实验学校"。空客（中国）创新中心、苹果深圳研发中心、中国移动智能硬件创新中心投入运营，埃森哲（深圳）全球创新研发中心启动建设，南山深度嵌入全球创新网络。

创新资源集聚带来自主创新成果密集涌现。清华深圳研究生院等单位获8项国家科学技术奖，占全市一半。科技创新经验，受到国务院通报表扬，优必选获中国专利金奖。全社会研发投入占生产总值比重4.71%，PCT国际专利申请量占全市39%。新增国家高新技术企业600家以上，总数超3500家。独角兽企业增至13家，占全省2/3。同时，建成南山区知识产权保护中心，筹建知识产权风险投资基金，建立诉讼补偿机制、公证电子存证系统、国际专利检索系统，完善快速受理、授权、确权的服务体系，推动100家国内外企业和50家服务机构共同参与成立南山知识产权联盟，举办第二届中美知识产权峰会，实施最严格的知识产权保护，南山区区域孵化创新能力蝉联全国第一，科技进步贡献率超过75%，主要创新指标接近或超过发达国家水平，形成"北有中关村、南有深圳湾"的全国双创格局。

自主创新原动力在人才，南山高端人才全球集聚走在了前列。南科大汤涛教授当选中科院院士，这是深圳本土产生的第一位中科院院士。新增领航计划人才626人，总数近2300人。新引进全职院士11名，占全市增量的90%。全区全职院士和"孔雀计划"人才分别增至26人、1901人。省、市创新团队84个，占全市72%。全区不仅吸引创新创业的8000名博士、5万名海归，还汇聚包括诺贝尔奖得主在内的大批科学家，为南山科技创新提供了重要支撑。

（三）深圳文化（教育）中心建设

自2012年起，南山区委、区政府加大打造深圳文化（教育）中心的力度。在文化中心打造上：2012年以后，文化产业的集聚、文化设施的建设、文化活动的开展，不断跃上新台阶。

首先，着力构建"一核双翼三中心"的文化产业格局，即科技园文化产业核心区，前海创意文化和留仙洞创新文化双翼，后海、蛇口、华侨城三大文化产业中心。推动文化与科技、金融、旅游、教育、艺术、体育等联动发展，提升文化产品内涵和质量。发挥龙头企业带动作用，大力发展创意设计、动漫游戏、数字媒体、影视演艺、高端印刷、文化软件及文化旅游"七大产业"。其中，华侨城、华强文化再次入选"中国文化企业30强"，腾讯等4家企业被评为"2012年度中国工业设计十佳创新型企业"，华强文化作品《熊出没》荣获全国"五个一工程奖"。腾讯跻身世界500强，雅昌文化、华强方特等5家企业成为年度国家文化出口重点企业，占全市的1/3。2015年，全区文化创意产业增加值856亿元，超过全市40%。文化产业营收和增加值均超过全市1/3，雅昌独揽第67届美国印制大奖3项全场大奖，华强文化、华侨城入选第八届"中国文化企业30强"，环球数码、第七大道等6家文化企业获评"国家文化出口重点企业"。

其次，立足中心城区建设，建造文化地标，满足市民文化需求。其间建成的著名文化地标有南山文体中心、南山博物馆、蛇口改革开放博物馆。南山文体中心：2011年开始建设，2014年建成使用，占地面积3.96万平方米，总建筑面积7.88万平方米，工程造价10亿元，由剧场、体育馆、游泳馆三个部分组成，其中，有大、小剧场座席1690座（含活动座席），体育馆座席2079席，游泳馆室内室外50米×25米标准泳池各一个。南山博物馆：2014年批准成立，占地面积约1.9万平方米，建筑面积约3.6万平方米，是深圳现有单体建筑面积最大的博物馆，也是国内区（县）级建筑面积最大的博物馆之一，收藏的各类文物4000余件，其中古越族青铜器数量达420件。博物馆地处南山中心区，西接南山图书馆，北临南山文体中心，三者构成"南山文化金三角"。到2018年底，南山区拥有南山图书馆、深圳湾体育中心（春茧）、保利剧院、南山文体中心、南山博物馆等优质资源，形成文化地标群。与此同时，南山区还高标准推进南山新文化馆和"一街道一文体中心"建设，建成桃源文化中心，西丽、蛇口、粤海、沙河侨城北文体中心建设正在进行中，社区性文体活动设施更是星罗棋布。

再次，群众性文体活动精彩纷呈。建立高雅艺术票价补贴制度和高水平体育赛事政府资助制度；创新公共文化服务社会化运作模式，深圳湾体育中心和南山文体中心市场化运营效果显著。2012—2016年，开展群众性文体活动2.6万场次。成功举办"中国流行音乐颁奖盛典"，并获得永久举办权；深圳湾草地音乐会成为群众文化新亮点；海上世界文化艺术中心盛大开幕，为城市增添新的文化魅力；举办欢乐谷国际魔术节、社区文化艺术节等文体活动。2018年，举办国际篮联三人篮球亚洲杯、第二届海峡两岸学生棒球联赛总决赛等重大体育赛事，举办山地电影节、新年音乐会、流行音乐节、南山半马等系列品牌活动。全年举办各类全民健身赛事及体育活动180多场、文化艺术活动1000多场（次），惠及群众260多万人（次）。文体活动厚植了南山文化底蕴，弘扬了敢闯敢试、敢为人先的改革文化，崇尚成功、宽容失败的创新文化以及深港之根的历史文化。

在南山教育高地的打造上：2012年起，南山区全面推进教育国际化，均衡配置优质教育资源。2013年，实施"南山教育质量攻坚五年行动计划"，打造贯通学前教育、基础教育、职业教育、高等教育全链条的南山品牌。在高等教育方面，保持先发优势。2012年4月，教育部同意建立南方科技大学，并赋予学校探索具有中国特色的现代大学制度、探索创新人才培养模式的重大使命。目标是迅速建成国际化高水平研究型大学，建成中国重大科学技术研究与拔尖创新人才培养的重要基地，联合国教科文组织高等教育创新中心落户在该校。到2018年年底，南山有深圳大学、南方科技大学、清华大学深圳研究生院、北京大学深圳研究生院、哈尔滨工业大学（深圳）、深圳职业技术学院、新安学院等高等教育机构。在基础教育方面，不断推进国际化。2012年以来，创新办学模式，与深大、中科院深圳先进院、基石教育创新基金合作办学，打造一批新名校，扩大优质学位供给，提升教育国际化水平。组建七大教育集团。分别是蛇口育才教育集团、南山实验教育集团、南山外国语学校（集团）、南科大实验教育集团、南山二外教育集团、南山文理实验教育集团、深圳大学附属教育集团。全国集团办学现场会在南山召开，并发布《南山宣言》。在全市率先聘任公办中小学外籍副校长，累计引进外籍教师240名，缔结海外姊妹学校56所，成立146个区级名师工作室，由此推进南山教育优质均衡发展，中、高考成绩持续全市领先。

此外，医疗卫生设施与技术大幅提升。南山人民医院改扩建工程的一期工程——国际诊疗中心即将投运；深圳大学总医院、中国医学科学院阜外深圳医院正式开业；与华中科技大学协和医院签订新一轮合作协议，按直属医院标准，共建华中科技大学协和深圳医院；引进中国医学科学院肿瘤医院，共建南山肿瘤中心，肿瘤防治国家队落户南山；与南方科技大学合作共建南方科技大学医院，与广东医科大学合作共建区妇幼保健院；蛇口医院内科综合大楼奠基，太子湾国际医院破土动工。新引进高层次医学团队3个，辖区医疗水平再上新台阶。

（四）深圳国际交往中心建设

自2012年起，南山区在交通建设、国际交往服务、国际交流平台、国际交往片区建设等方面全面发力，建设以国际先进城市为标杆的国际化城区，将南山打造为深圳的国际交流中心。经过六年的努力，已经初具规模。

在交通建设方面：在陆路交通上，除了107国道、广深高速公路以外，以南山为起点的沿江高速于2013年12月通车。西丽高铁站规划取得重大突破，动车所选址塘朗山，赣深客专、深茂铁路、深汕铁路3条高铁和深惠、深珠、深莞增3条城际线，以及15号线等4条地铁将在此交会，南山融入国家"八横八纵"高铁网，迎来高铁时代。已经开通起点或途经南山的地铁线有6条，分别是：2号线（蛇口线，赤湾—新秀），2010年12月运营；1号线（罗宝线，罗湖—机场东）、5号线（环中线，前海湾—黄贝岭），2011年6月运营；7号线（西丽线，西丽湖—太安）、9号线（梅林线，红树湾南—文锦）、11号线（机场线，福田—碧头），2016年10月运营。其中，覆盖南山的5号线南延线、9号线西延线主体工程基本完工。正在建设中的起点在南山的地铁有3条，分别是12号线（左炮台—海上田园），13号线（深圳湾口岸—光明），15号线（为环线，南山前海—南山前海）；辖区在建地铁里程44公里，轨道交通加密成网。

在国际交往服务方面：2012年开始，南山区委、区政府整合政府、企业、社会组织等资源，提供高效便捷的国际化服务。推动蛇口口岸、深圳湾口岸通关便利化改革，助力"三外"企业、外籍人士"请进来"，方便内地企业"走出去"。开展国际组织落地、国际人才引进、跨国公司进驻等系列服务。完善城区中英文双语标识系统，外籍人士就业、教育、医疗、出入境、社会保障等措施不断完善，营造出友好、开放、包容的人文环境。

在与世界交流平台搭建方面：大力创办国际高端品牌，搭建南山与世界交流的平台。世界100多个国家和地区、200多个政党的数百位嘉宾莅临南山，参加中国共产党与世界政党高层对话会。25个国家驻广州领事官员走进南山，实地感受改革开放的巨大成就。举办石墨烯高峰论坛、中国国际通信大会等国际性会议；举行未来论坛X深圳峰会、APEC中小企业工商论坛、信息物理国际研讨会等高端活动。举办"一带一路"国际音乐季、南山流行音乐节、南山国际山地电影节、半程马拉松等一批品牌文化活动，国内外当红明星放歌深圳湾，华南知名演艺赛事中心地位进一步巩固；举办世界羽联超级系列赛总决赛、CBA冠军表演赛；"创业之星"大赛走出国门，吸引14个国家和地区2000多个项目参赛。南山与世界交流的平台多姿多彩。

在国际交往重点片区建设方面：南山区初步建成蛇口、高新区、华侨城、大学城和前海五大国际交往片区。其中：蛇口片区，是依托太子湾邮轮母港的国际化街区；高新区片区，是吸引高端科技企业、科研机构集聚的国际科技研发生态圈；华侨城片区，是以居住、社交、休闲、生态为一体的国际化社区；大学城片区，是促进科技园区、大学校区、居民社区"三区融合"的国际知识创新村；前海片区，是依托前海青年创新创业梦工场等平台打造港式管理、服务标准的前海国际化社区。这五大国际交往片区，居住了约占深圳市一半的外籍人士。同时，"美丽花城"建设也结出硕果，建成花卉景观大道两条、花漾街区8个、各类公园130个。其中深圳湾滨海休闲带西段惊艳亮相，荣登中央电视台《新闻联播》与《大美中国》栏目，被市民评选为"特区成立37年37件大事"之一。

南山区建区28年间，历经起步、跟跑到领跑，实现了由小到大、由城市边缘向城市中心的华丽转身，正在向世界级创新型滨海中心城区阔步迈进。

三、桃源三村搬迁与大冲旧改

（一）桃源三村搬迁

2007年3月，在深圳市第四届人民代表大会第三次会议的政府工作报告中，市政府提出筹建南方科技大学的计划。2008年3月，深圳市政府下发《关于成立南方科技大学筹备办的通知》，负责学校批准设立和招生办学前各项筹备工作，开始对南科大校区建设工程计划进行立项，确定校区选址和用地面积，并通过环境保护评估。

当初南科大的选址有三个地方，当校址确定在大学城后，南山区成立南科大和深圳大学新校区拆迁安置工作指挥部，开始承担项目涉及的拆迁补偿安置工作。

南方科技大学和深圳大学新校区项目规划总用地面积约3.72平方公里，其中南科大用地面积2.16平方公里、深圳大学新校区用地面积1.56平方公里，涉及南山区3个革命老区自然村——桃源街道福光村（原上面光村）、田寮村、长源村（原长岭皮村）。需要拆除的建筑面积总量约147万平方米，其中非住宅类物业117万平方米、住宅类物业约30万平方米，福光、田寮两村需要整体搬迁，长源村须大部分拆除。整个项目共需搬迁企业700多家，搬迁人员5万多人。

整个拆建项目是深圳经济特区建立以后最大的拆迁项目。南科大拆迁指挥部从扶持革命老区出发，提出"尊重历史、尊重现实、尊重法律"的原则，依据《深圳市公共基础设施建设项目房屋拆迁管理办法》等法规条例，征求市区有关职能部门以及广大被拆迁人的意见建议，九易其稿，正式出台补偿方案。

2008年3月开始，南科大拆迁指挥部对外正式发布拆迁公告，启动拆迁补偿安置工作。指挥部人员对福光、田寮、长源集体经济组织及其所属经营部和拆迁户开展拆迁谈判，区主要领导也多次深入村民和股份公司，耐心地做思想说服工作，介绍南科大建设的美好前景，详细阐明拆迁安置政策和补偿方案，着重说明城市更新是为村民谋福利、求发展的好途径，是造福子孙后代的大事。

整村搬迁，让村民离开祖祖辈辈生活的地方困难很大，年轻一些的村民还容易接受，年龄较大的则恋恋不舍。尽管如此，作为革命老区的村，老区人民还是不忘老区革命精神，积极支持搬迁。其中长源村第一个打出支持南科大建设的横幅，喊出支持南科大建设的口号，也是第一个与政府签订拆迁协议的村庄。2010年3月，

2012年3月9日长源城市更新项目启动大会（桃源街道办事处提供）

田寮村原住民全部签约。不久，福光村原住民全部签约。随后，村民陆续搬离村庄。2010年6月，安置区建设开工奠基仪式举行，正式拉开安置区的建设序幕。

田寮村是100多年前，一位姓郑的客家人从龙华拖家带口来到了这片大山中落户发展形成的。至改革开放前，该村共建有三排整齐的房子，每排住10多户，每户房屋的构造也都一样。全村共30多户、100多人。改革开放后，在原有祖屋不能满足居住的情况下，又重新在一山脚下开垦出一片平地，建设田寮新村。新村依旧是一排排的格局，一户一块宅基地，建两层砖瓦小楼。

整村搬迁，共拆除集体物业（含厂房／商铺）建筑面积47392平方米，拆迁住宅49户，建筑面积3048平方米。拆迁指挥部为让他们享受南科大建设带来的成果，安置区选择在南科大校园附近。安置区内，不仅给予拆迁村民对等的物业赔偿，而且考虑到未来拆迁村民生活，增加出租物业部分。此外，还根据村民意愿，安置区划定专门区域为田寮村所有。该区域共四栋楼，两栋用来村民自住，两栋用来物业出租。社区的名称依旧称田寮村，保持村庄庄名的延续。2014年，田寮村的村民均回迁至安置区新田寮村。

福光村需搬迁私人住宅和集体物业总面积104万平方米，其中集体和私人厂房268栋、面积64万平方米，商住楼49栋、面积15万平方米。按照补偿协议，简易厂房的补偿标准是340元/平方米，标准厂房的补偿标准是1440元/平方米，均为直接货币补偿。拆除原有集体物业40多万平方米，原办公楼按1：1比例，赔偿1.1万平方米，其他物业按租金对等方式置换12.5万平方米，包括办公物业7.1万余平方米、商铺物业0.68万平方米、智园工业园物业5.7万余平方米，过渡期从2009年至2016年3月，租金补偿共约5亿元。为了相关企业尽快搬迁，由拆迁指挥部按企业与厂房租赁人员所签合同，以出租价格15—16元/平方米进行补偿。

住宅类居民房按照物业置换原则，进行转移安置。共拆除村民住宅面积约30万平方米，按照补偿标准，原村民住宅480平方米以内，按1：1的比例置换面积，或按9600元/平方米补偿现金，480平方米以上住宅面积，按6900元/平方米补偿。共置换20多万平方米，部分村民及户口外迁原村民、香港同胞愿意以货币补偿。村民安置房分为两类，用于自住的部分占35%，用于出租的部分占65%，均建为公寓方便村民出租。2013年10月，福光村村民欢天喜地搬进安置小区福光新村（崇文花园）。

长岭皮村拆除集体物业与居民私人住宅48万平方米，其中集体物业34万平方米、私人住宅14万平方米。

集体物业拆迁，政府和股份公司协议，采取等价置换和租金递增原则，每年由区政府从南山智园的租金收益中，划拨给股份公司按拆迁前物业等价的租金，并且约定按年递增。其中，2011年补偿租金2769万元、2017年补偿租金3233万元。此外，2013

2015年旧改后的福光新村（桃源街道办事处提供）

年、2016年还有两次拆迁。2013年拆除3万平方米物业，根据与开发商京基集团达成的协议，按1∶1的比例，置换物业，由京基房地产开发有限公司，在长岭皮村建成集写字楼、商超等于一体的大型多功能商业住宅区，集体物业拥有红本房产证。2016年拆除白石岭工业区8.5万平方米的物业，以货币形式补偿，补偿款约1.67亿元。至2017年，长岭皮村除办公楼9000多平方米外，老村、新村和工业区均全部拆除。

拆除原村民住宅14万平方米，全部置换物业。置换物业面积的标准是，一层住宅（一般是祖屋）按1∶3的比例、二层住宅按1∶2的比例、三层住宅按1∶1.5的比例、四层以上的按1∶1的比例置换。村民房大于或者小于安置房的面积数，2%以内按每平方米1万元、超出2%按市场价计算，用货币支付。置换总面积约17.5万平方米，全部安置进新建的京基长源御景峰花园。

桃源老区三村是南山北部"荒蛮"之地，几年前交通非常不便，进村还得搭"摩的"，也谈不上其他配套。正是南山的高速发展，高科技产业、教育事业和创意文化产业的腾飞，用地需求急剧增加，使这块"荒蛮"之地就变成"香饽饽"。三村安置区均在地铁5号线"长岭陂"站周边，距离深圳北站交通枢纽仅一站地，北面高层可看到长岭皮水库景观和南方科技大学低密度建筑，视野景观较好。东面从辅路可驾车行至福龙路直达福田，轨道交通和自驾出行都很便利。三村村民感到这是深圳发展、南山发展派给他们的大"红包"。

三村的搬迁、城市更新工程，正是南山北部革命老区大发展的见证：昔日破旧低矮的农民房，垃圾遍地、污水横流的小巷，已变成了现代化的住宅，农民们住进了高层电梯房，开始培养城市文明习惯，融入现代化都市生活。

（二）大冲村旧改

大冲村位于深南大道北侧，高新技术产业园区中区的东部，西临高新中区西片区，北接高新北区东片即松坪山住宅区，南望高新南区。这里是天然的高新技术产业园区的后勤基地，同时也是深圳重要的城市景观和交通节点之一。改造前，大冲村用地呈现随意开发的"城中村"形态，基础设施缺乏，建筑密度大，消防安全隐患较大，公共安全指数较低。

大冲村旧改最早始于2002年，被深圳市政府列为旧村改造项目的重要试点村之一。

2005年，南山区确立大冲推倒重来、整体开发的改造模式，并将其定位为高新技术园区的配套基地，变成与深圳市整体城市形象相适应的新型现代化居住社区。规划占地面积68.5万平方米，总建筑面积280万平方米。其中：住宅（超过1.5万个单位）140万平方米；写字楼12栋，70.55万平方米；公寓28万平方米；商业（万象天地+回迁商业）30万平方米；两个酒店（4星+5星）8万平方米；公共配套6.45万平方米。大冲旧改在保留原生古树和历史文脉的基础上，以五大业态组合，即创新升级版万象城（万象天地、深南大道商务集群）、华润置地大厦、高端住宅、精品公寓和五星级酒店等多元地标，努力树立起城市综合体的新高度。

但是，大冲村也是南山区最大的城中村，旧改范围涉及原住居民931户、小产权业主280多户的动迁，租住人口7万多人的搬迁，需拆除建筑约1500多栋、总建筑面积110万平方米。这是全市规模最大、改造难度最大和建设标准要求最高的旧改项目，也是南山区旧改重点推进工程。

2007年3月，南山区政府为大冲实业股份公司与华润搭建合作桥梁，促成了初步合作意向。2009年，在区政府大力推动下，

2009年3月18日大冲旧改集体物业拆迁（黄益平摄）

项目取得实质性进展，大冲实业股份公司与华润集团正式签订大冲旧改合作意向书。2011年12月，华润在大冲村举行奠基仪式，项目全面进入实质性开发阶段。

从2014年年底开始，大冲旧改回迁物业分期分批竣工并交付给原居民，总建筑面积近100万平方米，回迁物业涵盖全新的住宅、公寓、商业、写字楼、酒店等。

返还大冲股份公司的集体物业总面积31.26万平方米。回迁后，大冲集体物业租金大幅度增加，2017年租金收入47559万元，股民分红10万元。与旧改前2008年相比，集体物业年增加租金42604万元，股民人均增加分红8.5万元。

返还原居民住房建筑面积62.06万平方米，可用于出租面积28.10万平方米，增加年租金1545万元。

大冲旧改完成后，老区大冲村实现华丽转身，拥有集商务、餐饮娱乐、休闲、文化于一体的大型购物中心，国际标准甲级写字楼群，不同档次组合的高品质酒店群，新型现代化高档居住社区。

四、老区片区的发展攻坚

改革开放后，南山的迅猛发展是从香港招商局蛇口工业区开发的蛇口片区开始的。南山区成立后，南头片区的发展也进入快车道。属于革命老区的西丽片区，因为地处山区、位置偏僻，发展明显滞后。进入21世纪，重点开发革命老区——北部西丽片区摆上重要位置。

2011年1月12日，中共南山区委五届十三次全体（扩大）会议明确提出："抓住特区一体化的机遇，推动我区南北内外发展一体化。特区一体化建设，必然带动大量的城市基础设施投资。由于财政体制和功能定位等多种原因，南山北部片区和西部片区，在基础设施建设、公共资源布局等方面比较滞后，特别是'二线关'沿线的跨区结合部，基础设施更加薄弱。……我们必须牢牢把握特区一体化建设机遇，争取将北部片区的发展融入到全市的规划布局中来，争取市重大基建项目、财政投资向北部片区倾斜，努力实现北部片区空间布局、土地利用、产业发展、路网建设和城市规划的有机融合。加快教育、卫生、交通、文体等基础配套设施建设，不断满足人民群众对新时期新生活的新期盼。"

2016年9月26日，中共南山区第七届代表大会第一次会议提出北部片区三年行动计划，按照"保护好是前提、以发展促保护"的原则，以大学城扩容为契机、西丽高铁枢纽为引擎、西丽中心区城市更新为龙头，撬动北部发展。推进北部片区土地利益统筹，加大"二线关"插花地整治，攻克土地历史遗留难题，突破北部片区发展瓶颈。进一步释放、拓展、优化北部片区产业空间，引导教育科研、文化创意、生命健康、生态环保等产业集聚，保障基础设施和重大产业项目落地。按照适度超前的理念，加快推进北部片区教育、医疗、交通、市政等基础设施建设。完善生态补偿机制，加强水源水库流域及周边环境综合治理，促进生态保护与经济发展共赢，让北部的"绿水青山"成为发展的"金山银山"。北部老区西丽片区大建设、大发展拉开序幕。

2013—2017年，西丽街道老区片区获得三次征地补偿，共被征地1201.9亩，获得补偿款25315.48万元。其中：2013年部九窝余泥渣土受纳场二期工程征地930亩，补偿金额11018.60万元；2015年部九窝余泥渣土受纳场一期扩容征地11.76公顷，补偿金额为2164.35万元；2017年丽康路（麻磡—福光段）扩建二期工程征（收）地总面积6.42公顷，其中二线外征地4.38公顷、二线内收地2.04公顷，补偿金额为1113.93万元。补偿款为老区片区的发展攻坚提供了有力的支持。

北部片区抓住机遇，依托高铁、高校、科技、生态四大核心资源，充分利用市、区给予的项目、政策、资金等"一揽子"支持，发挥后发优势，进行弯道超车，革命老区发展大大提速，老区面貌焕然一新。

（一）道路与交通设施建设

从2012年开始，北部西丽老区基础设施建设进入了快车道。老区内部的道路街区建设、水电设施建设都取得重大进展。特别是深圳地铁的建设，将偏僻的革命老区与深圳全市融合在一起。特别是在北部片区规划建设西丽高铁枢纽站，必将带动老区的腾飞。

2011年6月，留仙大道建成通车。留仙大道属于主干道，从南光高速到梅龙大道，全程长9700米、宽30—46米，沥青路面，横穿北部西丽革命老区。2014年，改建丽康路。该路西起沙河西路（白芒关），东至大磡社区，全长6.55公里，原为二线公路的一段。改建后，道路红线宽18米，路宽14.3米，按城市次干道双向4车道标准建设，设计车速为每小时30公里。改建标准是先对路面铺设混凝土，在混凝土之上再铺设两层沥青。2015年，改建竣工。留仙大道、丽康路建成，极大改善了北部老区的交通环境。

此期间，老区村用村集体资金，加上政府补助，进行村内道路更新改造，村容村貌焕然一新，助推经济向更高的层次发展。

2015年，桃源街道的新屋村进行村里道路黑色化改造，修成"三竖一横"的道路，即新屋村东路、新屋村中路、新屋村西路、新屋村北路，总长1010米，宽5—8米，2016年竣工。总投资242万元，其中政府投资80多万元。2018年，西丽街道文光村村内道路也全部进行黑色化改造，由水泥路升级为沥青路。

2014年，针对部分老区村由于铁质水管老化、锈蚀严重，水质变差，水压也很低，住在楼上的经常断水，村民只能用水泵把水抽到楼上才能用水的问题，政府投巨资更换新屋村、龙井村、光前村的水管，困扰村民的用水问题得以解决。同年，改造排污管道，采取雨污分流。

2012—2018年，在北部西丽老区，除了四通八达的公路外，地铁也进入该片区。2011年6月15日，深圳地铁5号线（环中线）开通，西丽北部老区设有留仙洞、西丽、大学城、塘朗、长岭皮5座地铁站。2016年10月28日，深圳地铁7号线（西丽线）开通，在西丽老区设有西丽湖、西丽、茶光、珠光、龙井、桃源村6座地铁站。正在建设中的深圳地铁13号线、15号线也均经过西丽老区。除西丽老区进入地铁时代外，沙河、大冲也早在2011年6月15日，被深圳地铁1号线（罗宝线）覆盖，共设置有华侨城、世界之窗、白石洲、高新园4座地铁站。

2018年，深圳市为推动西丽北部片区搭上高铁经济快车，启动编制《西丽枢纽综合规划》，统筹研究西丽枢纽的交通枢纽功能规模、设施布局和片区土地利用规划、城市设计、交通市政规划等，并且同步开展枢纽综合体建筑设计。年底，启动编制《西丽综合交通枢纽工程预可行研究》，统筹研究枢纽工程初步方案，评估工程必要性和方案技术经济可行性。

根据规划与研究，西丽高铁枢纽客运站为"特大型枢纽站"，与深圳北站规模相当，定位为深圳市未来的主要铁路客运枢纽之一，融入国家"八横八纵"高铁网，赣深高铁、深茂高铁等干线铁路，平南铁路和深惠城际、深莞城际等城际铁路，以及地铁13号线、15号线等都将与西丽站交会，西丽站将成为深圳市重要铁路主客运站、综合交通枢纽和中心节点。选址于西丽街道的曙光仓储片区，由平南铁路、西丽火车站升级改造而成，规划站台11个、线路20条。北部西丽片区正融入深圳经济发展的快车道。

（二）对水源地"三村"的补偿与扶持

水源地"三村"，是指环绕西丽水库的白芒村（含牛成村）、麻磡村、大磡村（含大磡一村、大磡二村、王京坑村），都属于革命老区村，三村总面积28.63平方公里。

早在1992年，深圳把西丽水库列入饮用水源保护区，"三村"恰好就处在水源保护区域内。这就意味着他们不能像其他村那样，利用自身的土地资源优势，先建厂房，然后吸引企业入驻，进而带动人流、物流和资金流的聚集，再有私宅出租。

2005年，"三村"又被划定为生态控制线范围。按照《深圳市人民政府关于进一步规范基本生态控制线管理的实施意见》的规定，基本生态控制线内建设活动必须遵守分区管制政策，除与生态环境保护相适宜的重大道路交通设施、市政公用设施、旅游设施、公园、现代农业、教育

位于水源地"三村"的王京坑村（西丽街道办事处提供）

科研等项目外，严格控制建筑规模与开发强度。对生态环境、水源保护和河道管理、林业资源保护有不利影响的，已建设合法生产经营性建筑，应引导相关权利人开展产业升级、转型为现代农业、教育科研、文化、体育、旅游、设计、康复保健等与生态环境保护相适宜的产业。线内已建成的合法生产经营性用地使用年期届满，不符合相关规划和产业要求的，不予续期，由市规划国土部门依法收回土地使用权。这些虽然都是必要的保护措施，但对水源"三村"来说，在很大程度上限制了它们经济发展的方向和道路。

为了保证老区水源保护区内"三村"股份合作公司集体经济协调发展和原住民收入不受影响，2007年起，南山区实施"宝库计划"，政府定向向大磡、麻磡、百旺三个股份合作公司购买环保服务，理顺水源保护区内环境保护工作的服务和管理体制，增加股份合作公司集体经济的收入，并在一定程度上解决村（股）民的就业问题。至2017年，累计拨付"宝库计划"资金9300万元。同时自2013年起，每年给予水源地"三村"村民直接进行补偿。当年首先对麻磡村原住民进行补偿，标准为村内股民每人每月补偿1000元，全年补偿540万元。2014年，开始对水源地"三村"全部进行生态补偿，补偿标准为村内股民每人每月1000元，全年补偿总额2257.2万元。此后，每年均进行补偿。至2018年，累计补偿9776.4万元，确保水源"三村"村民收入不断增长。

（三）加大实施"同富裕工程"力度

2012年党的十八后，根据习近平总书记关于扶贫攻坚的部署，南山区继续在经济相对薄弱的革命老区村，加大实施深圳扶贫攻坚"同富裕工程"项目的力度，让老区人民跟上南山区深圳市"双中心"的发展步伐。至2017年6年间，共实施"同富裕工程"项目38个，补助资金8384.32万元。

　　此期间"同富裕工程"的重点是，政府出资为老区村的股份合作公司回购物业、购置新物业，增加老区村物业收入；或是对老区村物业进行改造升级，一方面适应全区产业转型升级的需要，一方面大大提高物业租金的收入。这6年中，共实施物业改造与回购、新建项目17个，政府出资补助5210.75万元，分别占全部"同富裕工程"项目的44.7%、资金的62.2%，大大增强老区村的"造血"功能，使老区村民收入不断增加。再一个重点是，政府出资，为老区股份合作公司购买物业、物业改造的贷款所产生的利息进行贴息补助。6年中，共实施贷款贴息项目12个，政府出资贴息1122.57万元，分别占全部"同富裕工程"项目的31.6%、资金的13.4%，大大减轻了老区股份合作公司的贷款利息负担，也相应增加了老区股份合作公司给股民（老区村民）的分红（集体收益分配）。

　　此外，"同富裕工程"项目中，有对老区诸如给排水、供电等基础设施进行扩容改造、维修的项目4个，政府出资740万元，分别占全部"同富裕工程"项目的10.5%、资金的8.8%，促进老区面貌的改变，为老区提供更好的生产生活环境。还有直接为老区提供临时困难生活补助，对老区股份合作公司正在进行物业维修、改造而暂无租金收入的进行租金补助。6年中，共实施村民生活补助项目5个，政府出资1311万元，分别占全部"同富裕工程"项目的13.2%、资金的15.6%，保证了老区村民从集体获得的收入持续稳定增长。

（四）老区社会事业新貌

　　文体设施建设方面：2012年10月，在大磡村高新科技园工业区内兴建篮球场。2015年，桃源街道新屋村利用边角地带，分别在村子西边的平南铁路下面和村子北边山脚下，建设小公园两个，并添置一些健身器材，老年人经常去那里活动健身。而年轻人，则经常活动在村里的篮球场和足球场。

至2018年年底，西丽街道共有篮球场21个，门球场1个，网球场1个，足球场1个，健身路径21处，文化室3个，公园4个，文化广场（大舞台）5个，图书室2个。桃源街道新屋村投资40万元，在村委办公大楼一楼建老人活动中心，置办麻将桌椅和健身器材，供村民休闲娱乐、锻炼身体。长岭皮村在办公楼设置健身房，添置按摩椅、跑步机、哑铃等一些健身器材。而福光新村建成以后，在崇文花园一楼添置4张乒乓球台，设置健身路径3条，半个篮球场，供村民使用。

教育设施方面：2015年8月，福光村村民住进福光新村，村内有2所小学，1所幼儿园，分别是南科大第一实验小学、南科大第二实验小学，崇文幼儿园，学校和幼儿园环境优美，设施齐全。2018年，长岭皮村范围内有一所私营学校道尔顿新华公学，光前村有珠光小学，龙井幼儿园、光前幼儿园、珠光幼儿园。

医疗卫生设施方面：2016年7月，由政府投资近6亿元，新建西丽医院新住院大楼，建筑面积7.47万平方米，新增内二、外三新病区，新增开放床位数283张。2017年12月，南山区政府与南方科技大学签署合作共建西丽人民医院协议。其时，西丽医院占地面积约2.4万平方米，包括A栋、C栋、门诊部及住院部大楼，建筑面积约9.7万平方米。

2018年5月，西丽医院更名为南方科技大学医院，设置临床科室22个，医技科室10个，开放床位586张。主要诊疗仪器有MRI、64排螺旋CT、DSA一体化导管室、16排CT、双板DR、四维专科高端及全身彩超16台、全自动生化与血液流水线等大型医疗设备50余件。全院医护人员1127人。下辖21家社康中心，分布于桃源和西丽两个街道。各个老区村还设有民营医疗卫生机构，其中西丽街道就有民营医疗卫生机构21家。老区的医疗水平得到进一步提高。

（五）老区人民的小康生活

老区基础设施的改善，特别是留仙大道建成通车，地铁5号线开通，对北部老区产生巨大的影响。由原来的环境闭塞，通行不便，到地铁和公路畅通无阻，村里的集体物业与私人出租房，由原来的没人愿租到供不应求，保障了村民及村集体经济的收益，彻底改变了"穷村"的落后状况。

老区片区的发展，大大刺激了物业的需求，老区以物业为主的股份合作公司，集体资产迅速增值，不仅出租率大大提高，而且租金迅速攀升，村民分红也水涨船高。2018年南山革命老区10个股份合作公司总资产37.54亿元，总收入12.10亿元，股民7675人，人均分红68686元。[①]

龙井村及厂房（2015年）（桃源街道办事处提供）

---

① 2017年老区股份合作公司总资产、总收入、股民、人均分红数据均来自南山区国有资产管理局审核数据。

表3　2018年南山区革命老区股份合作公司经营与分红情况表

公司名称	总资产（万元）	总收入（万元）	股民（人）	人均分红（元）
丽新公司	40307	7277	986	34100
百旺公司	30038	10241	737	39800
麻磡公司	10166	2095	490	24800
大磡公司	40909	5783	649	36200
珠光公司	22691	8510	662	58100
龙井公司	32822	7424	454	63500
福光公司	70804	11536	431	172600
常源公司	49921	9066	464	85000
白石洲公司	18717	4451	2078	4800
大冲公司	59019	54579	724	328000
合计	375394	120962	7675	68686

说明：本表数据来源于南山区国资局。

老区股份合作公司经济效益良好，除了给股民分红外，在春节和中秋节，买粮油等礼品慰问村中老人，并发红包，重阳节组织老人聚餐、发放慰问金，股民子女考上大学时给予奖励，等等。

集体分红大幅提高，村民出租收益持续增加，使得老区人民收入水平大幅提高。以2017年与2011年作比较：西丽街道老区原住民人均收入从7.67万元增加到14.83万元，增长93.4%；桃源街道老区原住民人均收入从11万元增加到22万元，增长1倍；沙河街道老区原住民人均收入从25万元增加到35万元，增长40%；粤海街道大冲村老区原住民人均收入从15万元增加到40万元，增长1.67倍。[①]昔日的贫困老区人民，进入全面小康，迈入高收入行列。

　　经过政府多年的努力，南山革命老区迅速崛起，在革命老区地域，已经形成留仙洞高新技术发展片区、西丽湖水源"三村"保护片区、西丽中心片区、曙光交通枢纽片区（未来西丽高铁枢纽站所在地）、大学城科研发展片区、塘朗生态发展片区、华侨城旅游商务片区与大冲商务中心片区，已经成为南山经济发展的新引擎。

---

　　① 2017年各街道老区人民收入以及与2011年比较数据，均来自各相关街道报南山区区志办公室专题资料。

附　录

附录一 革命遗址、文物

中共宝安县委与宝安县农民协会旧址——南头关口郑氏宗祠

南头关口郑氏宗祠位于南山区南头街道关口正街与关口下街交会处。1924年下半年，中共广东区委派广州农民运动讲习所第一、二届共产党学员黄学增、龙乃武和何友逖，以国民党中央农民部特派员身份来到宝安县，建立共产党组织，开展农民运动。1925年4月26日，宝安县农民协会成立，会址设在县城南头关口郑氏宗祠。1926年春，县农会建立农民自卫军模范队，军营设在南头关口郑氏宗祠。县农会在此举办农民自卫军训练班2期，由3名黄埔军校学生帮助训练。1926年3月，中共宝安县地方执行委员会成立，设在南头关口郑氏宗祠。

南头关口郑氏宗祠，正式名称为"郑氏五大房宗祠"，为当时宝安、香港、东莞、中山等地郑氏家族的总宗祠，因大门前有一对3米多高的石狮子，民间俗称"石狮子祠堂"。

中共宝安县委、宝安县农民协会会址所在地——南头关口郑氏宗祠（田新舟摄）

宗祠规模宏大，为五开间五进四廊四天井格局，面宽约18米，进深约80米，门前还有20多米宽的广场。1958年部分作为食品站屠宰场，后因其他建筑需要，不断被拆，1968年全部拆完，旧址现为嘉华商场。南头关口郑氏宗祠旧址南侧约100米为涌下郑氏宗祠，除规模较小外，形制与关口郑氏宗祠相仿。为弥补遗憾，2003年2月，南山区政府以此作为宝安县农民协会、农民自卫军模范队、中共宝安县委旧址，立碑予以保护。

抗日根据地——上白石村

抗日根据地——上白石村位于南山区沙河街道深南大道北侧，在著名景区世界之窗对面。

抗日战争时期，上白石村是塘朗山区与深圳海滨之间的一个小村落。村前紧邻宝（安）深（圳）公路，村后是连绵不断的大片荔枝林，再往后进入塘朗山、羊台山区。村落东西长约300米，南北宽约200米，居住20多户人家，总人口不到100人，其中男女青年30多人。

由于上白石村特殊的地理位置与环境，进可以上宝深公路侦察敌情和袭击日、伪军，退可以靠荔枝林掩护避入深山，成为抗日游击队理想的活动区。1941年，广东人民抗日游击队从香港派出一个工作组，进驻上白石村开展游击活动，其中周振、周吉、何伯琴、周向荣等4人长期驻点。他们白天藏到村子后面的荔枝林里，晚上进村进行抗日宣传，动员青年参加抗日游击队，发展党员，建立中国共产党上白石村支部，同时也搜集传递日、伪军活动的情报。东江纵队成立后，纵队参谋长周伯明以及司令部领导的短枪队，经常到上白石村活动。

在党组织与抗日游击队的教育影响下，上白石村的群众被充分发动起来，抗日热情高涨，年轻的参军参战，年少的为游击队送信送饭，年老的也积极为游击队当后勤，成为抗日根据地的红色堡垒。在上白石村20多户人家中，几乎家家有人参加革命，或是游击队队员，或是地下党员。他们中，牺牲在战场上的有陈汉平、陈炳胜、陈桂喜、陈桂财等；革命胜利后担任领导工作的有曾通、曾双、陈芳、钟石友、陈才等；一直默默无闻在村里务农的有张运娇、曾容、陈子金、钟进财、邱运福、张丁桂、黎丁娇、陈更娇、张元贵、陈桂明、陈天兵、陈满发等。

2005年，沙河街道关工委还组织编写了《烽火岁月的上白石村》一书，作为革命传统教育的教材。

张金雄烈士故居

张金雄烈士故居在南山区西丽街道白芒社区。

张金雄1941年毅然参加广东人民抗日游击队，被分配在白芒税站，不久，担任白芒税站站长。1943年八九月间，因"鬼头仔"（奸细）告密，国民党顽固派军队重重包围上王里村，张金雄坚决抵抗，身中数十弹，壮烈牺牲。国民党顽军还残忍地砍下张金雄的头颅与手臂，分别挂在龙华、石岩街头"示众"。

张金雄故居亦称为"游击队之家"，原有四间房屋，分散在三处，现仅存两间，分别在两处。每间房屋面宽约4米，进深约8米，高约6米，带阁楼。墙为夯土墙，四角有条石裹护，大门三边框皆以条石护砌，屋顶为木

张金雄故居（西丽街道办事处提供）

梁木椽瓦盖，接近房顶的内墙可见被火烧过的痕迹。

解放内伶仃岛纪念碑

解放内伶仃岛纪念碑位于南山区中山公园内。1950年4月18日，中国人民解放军第四十四军一三〇师三九〇团奉命解放内伶仃岛，参战官兵同仇敌忾，仅用40分钟攻占该岛，守岛国民党军慌忙登舰逃跑。人民解放军分乘5艘商船，在伶仃洋上与逃跑的国民党军激战，击沉国民党军军舰2艘，击毙国民党军官兵100多人。三九〇团的连长常元岑、连指导员郑克昌等14名战士、2名船工海员壮烈牺牲。此战后，宝安县全境获得解放。

1950年5月20日，为纪念牺牲烈士，人民解放军三九〇团在宝安县城南门教场北侧，建立"解放内伶仃岛纪念碑"。碑文如下：

解放内伶仃岛纪念碑碑文

志于　常元岑　等烈士墓前　中国人民解放军步兵三九〇团志
　　　郑克昌

一九五〇年五月廿日

转战白山黑水，跨过黄河长江，解放的红旗已插到珠江口，大陆获光明，人民庆解放。残余蒋匪流窜台湾等岛屿顽抗，渔民在呻吟，伶仃洋待解放。五〇年四月十八日，转战于海南登陆，我部奉命进攻伶仃岛。参战健儿、英勇船工，奋不顾身，以赤湾起渡，我重炮轰鸣，跨海南征，四十分钟而登陆尖峰山脚。登陆之速，迫敌不敢顽抗而登船逃命，未及登船者皆被俘。参战健儿复乘商船五艘，两度与敌军舰艇廿七只，大战于伶仃洋，士气旺盛，炮火炽烈，弹无虚发，打烂匪所谓海上部署，击沉匪舰艇两艘，毙溺敌百余，迫拥有舰艇之海盗狼狈逃窜万山。自此，珠江

解放内伶仃岛纪念碑（田新舟摄）

大门已确实掌握在人民手中，航行捕鱼出入自如，而残匪们吹嘘的反攻大陆已化为幻梦。

是役，我连长常元岑、政指郑克昌、海员刘洪旺东莞县人、潭惠光中山县人、两纵班长等十六名同志为民捐躯。烈士鲜血换来了伶仃洋的胜利，他表现了共产党员、人民英雄高尚的品质，烈士精神永不死，烈士英名垂千古。勒石以志，鼓励后生。

部别	职务	姓名	年龄	籍贯	入伍年月	功绩
炮二连	连长	常元岑	29	河北保定县	1945年4月	两大功两小功
十连	政指	郑克昌	27	山东诸城县	1945年	两大功两小功
六连	班长	杨春德	23	山东矿武县	1945年	
警卫连	班长	王巨文	28	辽北西安县	1947年	
炮二连	副班长	徐国钧	38	黑龙江镇东县	1948年1月	一大功
炮二连	战士	贾士刚	31	山东青岛县	1945年10月	两小功
炮二连	战士	庞连栋	20	河北武靖县	1949年1月	一大功
炮二连	战士	吴月钧	26	浙江温州县	1949年1月	一大功
炮二连	战士	毕登光	22	辽西康平县	1948年11月	两大功
炮二连	战士	闻国林	25	河北丰润县	1946年7月	一小功
炮二连	战士	许凤春	25	辽西康平县	1946年7月	一大功
十一连	战士	孙柏昌	30	淞江滨县	1949年	一小功
十连	战士	张国清	30	河北芦龙县	1948年11月	一大功
七连	战士	全阿龙	22	江苏万县	1948年	一小功

1980年8月，因深圳经济特区城市建设需要，经广东省政府批准，深圳市政府将"解放内伶仃岛纪念碑"，以及宝安县政府1950年4月4日在南头圩内建立的"征粮队纪念碑"搬迁，并将两碑合并重建于原宝安县城教场之南，命名为"解放内伶仃岛纪念碑"。该碑为四棱台柱体，尖顶，碑座方形，通高8.5米，座宽1.75米，砖石混凝土结构。碑的正面，以行楷书写"革命烈士永垂不朽"，碑座左侧铭刻碑文。碑四周设有栏杆，碑后建两个六角凉亭，亭内有混凝土靠椅，占地约1200平方米。1984年9月，深圳市政府公布为文物保护单位。

1995年8月，因城市建设的快速发展，解放内伶仃岛纪念碑旧址交通噪音大，地方狭小，不适宜瞻仰怀念革命先烈，南山区政府经市政府与省文物管理部门批准，拆除原碑，在中山公园内重建，占地2400多平方米。新碑造型简洁、庄严，犹如一把利箭直刺蓝天。碑体通高12米，外花岗岩石，内为钢筋混凝土结构，正面镌刻"解放内伶仃岛纪念碑"，背面镌刻"人民英雄永垂不朽"，皆曾生所题。

长源革命烈士纪念碑

长源革命烈士纪念碑位于南山区桃源街道长源社区丫髻山。

长源革命烈士纪念碑原建于长岭皮村（1992年更名为长源村）麦地巷。1985年，长岭皮村为纪念在该村牺牲的5名烈士，搭建一个长、宽、高皆约1.5米的烈士墓，将原分散掩埋的5名烈士遗骨安葬墓中。墓前立一小碑，高约2.5米，上刻"革命烈士纪念碑"几个字，占地约100平方米。所安葬5名烈士是：

廖仕，东莞人，东江纵队战士。1944年间，在攻打日、伪军珠光炮楼时受重伤，被战友救回。因伤重又无药医治，不久牺牲。

吴美添，1922年生，长岭皮村人，为长岭皮村农会会长。

1949年国民党军"清剿"长岭皮村一带，吴美添在掩护群众撤退时壮烈牺牲。

吴珠妹，1930年生，长岭皮村人，为长岭皮村民兵队长。1949年国民党军"清剿"长岭皮村一带，吴珠妹在带领民兵掩护群众撤退时，头部受重伤，后因伤势太重又无药医治而牺牲。

李冬燕（印度娃娃），1930年生，广东省广宁县古水镇下潦村人。幼年丧父，被送到广东儿童教养院第三分院读小学；抗战胜利后，考入广州省立女子师范学校简师部。后为粤赣湘边纵队东江第一支队第三团卫生员。1949年3月3日，受部队委派前往广九路西地区学习战地救护技术。在长岭皮途中被国民党保安队便衣队杀害。

关嫘（迪萍），1929年生，广东南海市九江镇人。5岁父亡，8岁随母移居香港，13岁进入广东儿童教养院第七分院读小学，15岁考入省立江村师范学校简师部，毕业后受聘于该校附小任教。后为粤赣湘边纵队东江第一支队第三团任油印员。1949年3月3日，受部队委派前往广九路西地区学习战地救护技术。在长岭皮途中被国民党保安队便衣队杀害。

2006年3月，因规划中的留仙大道经过麦地巷五烈士墓，南山区政府将五烈士墓迁往丫髻山，建革命烈士纪念碑，同时纪念长源村东江纵队革命烈士。纪念碑通高9.03米，基座高2.4米，内为钢筋混凝土结构，外粘贴灰色花岗岩，顶覆盖灰蓝色琉璃瓦，场地面积770平方米。纪念碑正面镌刻"革命烈士纪念碑"，背面为碑文。碑文如下：

长源革命烈士纪念碑（桃源街道长源社区工作站提供）

广东人民抗日游击队东江纵队，是中共广东省委遵照中央指示于1943年12月创建的一支人民抗日武装。东江纵队在八年的抗日战争中，孤悬敌后坚持独立自主的游击战争方针，转战东江两岸，深入港九敌后，开辟粤北山区，挺进韩江平原，英勇打击敌人，成为华南敌后抗战的中流砥柱，为中国抗日战争和世界反法西斯战争的胜利作出了重要的贡献，被中共中央军委誉为"广东人民解放的旗帜"。2500多名东纵革命先烈用鲜血和生命谱写出可歌可泣的历史赞歌，铸造了永垂青史的东纵精神。

南山区桃源街道长源村（原名长岭皮村）是东江纵队革命志士们的主要活动区域之一。当时的革命前辈周吉、周富儒、游森等大批志士曾在此活动过，长源村是深圳特区中一个具有深厚爱国主义根基的革命老区。

为了纪念长源村东江纵队革命烈士的丰功伟绩，南山区人民政府与二〇〇六年三月十七日奠基立碑，谨此为革命老区的爱国主义教育基地。

南山区人民政府

二〇〇六年九月九日

麒麟山五烈士墓

麒麟山五烈士墓位于南山区境华侨城世界之窗美洲景区西侧麒麟山上。

麒麟山五烈士墓安葬的皆是沙河街道境内出生的五位烈士，分别是吴炳南、陈汉平、陈炳胜、陈桂喜、池同福。

吴炳南，1927年生，沙河白石洲村人。1943年，年仅16岁的吴炳南参加广东抗日游击队。1946年6月复员疏散回乡。1947年5月，任惠东宝人民护乡团第三大队三虎队一排排长。1948年5月下旬，在袭击国民党保安大队白石洲据点中壮烈牺牲。吴炳南牺

沙河麒麟山革命烈士墓（池伟琪摄）

牲的炮楼今犹在，为方形两层楼高建筑，墙面灰黑色，上面仍依稀可见弹洞，位置在今沙河街道白石洲东社区办公楼东侧。

陈汉平，1929年生，沙河上白石村人。1943年参加广东人民游击队，任上沙河税站税收员。1944年8月，陈汉平在上白石村一带活动。因汉奸告密，"扫荡"的日、伪军直扑上白石村，陈汉平退到珠光村的高树头，日、伪军尾随不放，并包围了高树头。日、伪军搜出陈汉平，要他投降。陈汉平宁死不屈，被日、伪军当场杀害。

陈炳胜，1912年生，沙河上白石村人。1943年参加东江纵队，1944年在反击日、伪军对沙河的"扫荡"中牺牲。

陈桂喜，1912年生，沙河上白石村人。1944年参加东江纵队，任护乡队队长。1944年，在反击日、伪军对沙河的"扫荡"中负重伤，因医治无效，1945年逝世，1957年被追认为革命烈士。

池同福，1926年生，沙河塘头村人。1944年参加东江纵队，1945年在松岗红桥头阻击日、伪军"扫荡"战斗中，英勇牺牲。

1983年10月，沙河地区所属的广东省沙河华侨农场为便于祭扫，将分散安葬在沙河地区的5座烈士墓，搬迁到麒麟山，合建为麒麟山五烈士墓。墓前立碑，碑通高3.8米，其中基座1.2米。碑体正面刻"革命烈士永垂不朽"，基座刻五烈士姓名、政治面貌、籍贯、参加革命时间、任职与牺牲时间。每年清明节，沙河农场（今为沙河实业集团）均组织干部职工前往祭扫。

附录二

纪念场馆

陈郁故居

陈郁故居位于南山区南山村，在前海路与创业路交会处。原建造于清道光年间，是陈郁祖父陈石光遗留给其子陈卓耀的产业。1963年，故居所在的宝安县南头公社筹资对故居进行第一次维修。1975年，宝安县革命委员会拨款维修。1984年深圳市政府又拨款维修，并公布为深圳市重点文物保护单位。1986年，为纪念陈郁诞辰85周年，深圳市政府和南头管理区分别拨款进行第四次维修。

陈郁故居为庭院式格局，院门上方是曾生题写的"陈郁同志故居"6个字。院内有砖木结构平房3间，面宽约12米，进深约6.5米，现辟为陈郁革命事迹展览馆。其中2室为陈郁生平事迹展览，1室为陈郁童年时代卧室。房屋前是小院，面宽约12米，进深约14米。院中央为陈郁半身雕像，院里植有龙眼、石榴、黄皮等树木。

陈郁故居（田新舟摄）

招商局历史博物馆

位于深圳市南山区蛇口沿山路21号，始建于2003年，2004年9月建成开放。建筑面积6153平方米，展区面积约1000平方米。博物馆反映招商局从1872年成立到今天的历史，内容分为五个部分：第一部分晚清时期的招商局——招商局开创近代民族航运业，引领近代一批工商业的兴起；第二部分民国时期的招商局——招商局与祖国共命运，抗日沉船御敌；第三部分新中国成立后的招商局——高举义旗奔赴光明，奠基新中国航运业；第四部分改革开放以来的招商局——再立潮头，打响改革开放第一炮；第五部分走进新世纪的招商局——深化改革，发展核心产业，助力国家战略。

博物馆共展出实物约460件，代表性实物有：李鸿章奏请设立招商局之《试办轮船招商折》、香港招商局海员起义签署的"生死状"、李先念副主席圈出工业区用地范围的《香港明细全图》、邓小平1984年视察时题写的"海上世界"等。展出历史图片约1000幅，代表性图片有：清同治十二年（1873年）发行的股票样张、孙中山给招商局股东发的电报、改革开放第一炮、胡耀邦总书记对蛇口发放超产奖励制度的批复、中央领导视察蛇口的图片、招商局践行"一带一路"构想的布局图等。展出专题录像名称及时长有：招商局企业宣传片8分钟；蛇口今昔纪录片5分钟；伊顿轮介绍5分钟；江海万里（1947年纪录片）15分钟；转向113°纪录片60分钟。博物馆配备讲解员2人，提供团体预约讲解；多媒体播放配备有触碰式多媒体影像设备（含声光电）。年接待观众量约2万人次。

附录三

历史文献

宝安各界欢送纠察队回省之热烈

省港罢工变更政策，命令驻防各地纠察一律撤退回省集中训练。宝安纠察第三支队，遂于本日正午十二时下动员令全体拔队回省。当地人民，以该队在宝安各处，与帝国主义者奋斗多时，且对于治安问题，尤能尽力保护，深致感激。乃于该日九时，召集各界，开欢送大会。是日到会者，各界民众数千人。十时在县党部开会，先由该党部，代表文季彬同志主席致欢送词，略谓省港罢工工友，奋斗经年，不独给英帝国主义者以空前未有经济上之绝大打击，且巩固了广东革命之基础。更有为我们感激不忘者，则为纠察第三支队自驻防南头以来，除积极严密封锁香港截留仇货外，更能为宝安县人民维持治安。自该支队驻防之后，各乡土豪劣绅土匪等皆匿不敢出。所以今日开会，固然是表示欢送，同时亦可表示酬谢之意云。随由该支队训育员徐炳和致答词，该队队长陈家镒报告省港罢工变更政策之原因。继由各界代表相继演说毕，由各团体举行授旗礼，计该县县党部、县农会、宝安一区农军、宝安妇女解放协会，及茶居总工会等各赠旗帜一面，旋由该队答礼。时已十二点钟，遂开始首途返省。沿途各界团体皆燃放串炮，及列队欢送，人民围观者道为之塞。十二时半出县城，欢送群众皆在城外集合，揭帽扬巾，依依不舍之情，令人深为惆怅云。

（载《工人之路》，一九二六年十月二十日，特号，转自深圳市档案馆编《民国时期深圳档案文献演绎》，花城出版社2001年版，第262—263页。）

记第一次解放宝安县城南头（节选）

王作尧

一九三九年秋冬之际，国共磨擦日趋激烈，我们大队（那时叫第四游击纵队直辖第二大队）活动在南头（宝安旧县城，已沦陷）外围。国民党的纵队司令部指定从沙井到南头，又从南头到深圳这三角形地区是我们大队的游击活动地区。我们很乐意在这一地区活动，因为它离在东莞塘头厦的国民党司令部最远，同时也是其他杂牌部队不敢到的地区。我们可以放胆在布吉、龙华、乌石岩一带展开工作。在秋季，我们袭击大涌、沙河，烧毁日寇的交通要道上的大涌桥（那时是木桥）；动员龙华、布吉、望天湖几个乡的群众破坏宝深公路，使敌人不能通车；袭击沙井、南头城及其附近的敌人外围据点。这样，敌人就陷于交通困难、给养困难的孤立状态。

一九三九年的下半年，香港九龙还掌握在英军手中。日军曾企图引诱英军从中向广东军阀诱降，并以撤退沙头角、深圳作为诱饵。而没有想到南头却成为一个暴露的翼侧。本来，他们以为在地形上南头是这一块地形的尖顶，中国军队是不敢深入到这个尖顶上来的，却没想到，虽然国民党的正规军不敢来，杂牌军不敢来，而我们共产党的游击队却敢于深入到这个尖顶上来。我们还是支小游击队，人数不足二百，却敢于用各种方式骚扰敌人，使他们日夜不安。驻守南头的敌人兵力不多，大概是一个大队部带一个中队（连同整个宝太公路线的兵力是一个大队）。这时敌人也不能不考虑到，它这个大队的指挥已经处在翼侧。如果我们把他们的电话线弄断，他们就会和下面的单位失去联系。他要想上面给他增加兵力，是不可能的，因为国民党已在韶关稳定下来，广州外围也在吃紧。可能敌人又有另一种想法：在广东的国民党顽固派正在酝酿着一个反共高潮，香翰屏的指挥所正在想方设法消灭曾生那边和我们这边的游击队。在这种情况下，敌人决定从海上静悄悄地撤出南头城，缩短它的防线。这是一九三九年十一月下旬。

从香港传来东南特委的消息说，各地的八路军、新四军后方基地，许多地方遭到国民党顽军的袭击，特别是平江、浏阳的八路军办事处，顽军明目张胆地屠杀我后方留守人员。东南特委指示我们要提高警惕。正是这时，日军从南头撤退了。

不管什么情况，我们必须乘机解放南头，控制宝安县城——南头。我们得到敌人撤退的消息，说敌人一路从赤湾，另一路从蛇口撤退。我们立即分兵两路，一路由我率第一中队插进蛇口，追击敌人；另一路由何与成率第三中队进入南头城，展开宣传工作。

蛇口是南头南面突出来的一小块半岛形的平地，茅草丛生只有几户渔民，住的是茅草房。在小半岛的尖端有个小码头，水比较深，真像个蛇头，因形象而取名蛇口。但是这个蛇口小码头，船不可能靠岸，因为它什么设备都没有，也不像刚刚有军队走过。我对此产生怀疑，立即掉转头赶回南头城。

在南头城的旧县府里，何与成正召集一帮乡绅开会，经过何与成介绍，我也参加了开会。部队除派出警戒外，也都进入城内造饭、休息。商会送来一些猪肉、青菜、米面之类，说是慰劳部队，我们接受了。

出面和我们接洽的是商会会长，据说维持会的人都跑了（实际是躲起来）。南头没有我们党的组织，没有群众基础，无法弄清情况。

我们半夜出动，这时已近中午，又饿又乏，谈话间何与成打了一个呵欠。商会会长赶忙从身上掏出一小盒，打开，倒出一颗鸦片烟枣，双手递给何与成。何与成一看大怒，一掌把烟枣连同烟盒打在地上。会长吓得面如土色，颤抖不止，他心里莫明其妙，说不出话来。

何与成大骂："你们这些臭汉奸，日军来了你们阿谀奉承，鱼肉百姓，现在日军走了，你们又想用这套手段来奉承我们。我们是打日本打汉奸的游击队，不会买你们那一套。"

我开头觉得好笑，大笑起来，随即怕把问题弄僵，赶忙说："误会，误会！我们是一支抗日游击队，都是爱国青年和知识分子组成的，不同于那些鱼肉人民的杂牌队伍，我们是有严格纪律的。我们言归正传吧。"

大家又重新坐好，一位年老的绅耆说："队长，你们要多少军饷呢？"

"我们不要钱，国家有军饷发给我们，我们也不要群众的一针一线。"何与成说。

谈判的结果是商会每天供给我们四担米，其他一概不要。

我们虽然读过毛主席的《论持久战》，知道要建立根据地，建立政权。但是到了南头这样的具体地方，又是刚从敌人手上拿过来的沦陷区，却不知如何是好。我们分析：敌人的撤退可能因为兵力不足，暂时抽调兵力，向其他方向行动，以后必然还要重新占领的。我们对于这个地方既不能长期据守，又没有群众基础，拖在这里实际不上算。我们除了向东南特委报告之外，还向国民党司令部报告，请他们委派县长，恢复政权工作。对于南头，我们只派人白天进城做抗日宣传工作，夜间退出城外宿营。

大队部住在离城八华里的沙河乡。其余部队在附近一带做群众工作。

（略）

二月底，我们接到纵队司令部命令，要我们撤出南头城，将南头交给第一支队袁华照（即袁虾九）部接防，并说他们随即派宝安县长到南头。我们撤回乌石岩待命，准备到惠州集训。

（略）

（载《岳中导报》1945年第4期，转自深圳市档案馆编：《民国时期深圳档案文献演绎》，花城出版社2001年版，第1459—1464页。）

确立正确的群众观点，走群众路线
——扩军中的三个典型（节选）

李征

（略）

三、沙河队

从群众斗争中创造出来的"模范队"！沙河距南头仅八里，长期处于敌伪摧残蹂躏下，自叛徒骆忠叛变后，整个沙河是处于万分悲惨的境地，人民的生命财产毫无保证。在这种情况下，我队派政工人员去开展工作，找到卓就等几个积极青年，组织成一个锄奸团，专门配合我队去消灭鬼头仔。我曾派特务队五次去南头打骆忠，皆因暴露不成功，最后一次，由我借枪，并派一人协助他们，进南头消灭了骆忠、鬼头仔两叛徒，回来开了一个盛大的祝捷大会，大大表扬他们，并提出意见，叫他们组织脱离生产的队伍。他们经这胜利的鼓舞，抗日斗争情绪高涨了。当夏收时，南头伪联防队八名来沙河抢谷十余担，这时卓就便与税站及征粮工作人员合作，白手缴了伪联防队六支枪，捉了八人，夺回谷给物主。于是沙河的民众抗日斗争的情绪更高了，看见了敌寇败亡与自己的力量，遂经常半脱离生产的十余青年出来活动，他们更觉悟到有成立队伍之需要，要求我派指导员领导扩军。派去后不久，遂于八月间正式成立队伍，从一个小小的锄奸团发展成为六十人的中队了，卓就被选为民主乡长，并兼任了中队长。队伍成立后，消灭大涌伪联防队。十月初，敌人化装便衣，企图扑灭我税站。他们闻讯，即分三路进攻敌人，打死三个日本仔，把敌人赶回南头去，取得了与敌人战斗的胜利。战后即刻到各村宣传，动员民众组织后备队，准备对付敌人的报复行动。果然，第二次敌调了百八十人与马队来进攻，哨兵都被围了，但他们仍坚决地动员了自卫队，把土炮抬上山去轰击敌人，吓得敌寇魂不附体，直走回南头去。追击的部队，几乎赶到南头附近才回。他们的武器是拙劣的，土打、单响、鸟枪、土炮、"扫地光"，连好的七九枪都少极，没有机枪，他们就以这拙劣的武器，凭着全体英雄的气概，战胜了敌人。后来开过西路参加沙井与陈李滩战斗，缴获了机枪，当他们托一挺机枪开回沙河时，全乡民众都兴奋地迎接他们说："沙河队西征回来了"，"还缴了机关枪"。以后便把全乡民兵都组织起来，配合了战斗行动。秋收时又好好地做了优抗工作，派人去各同志家属田里割禾，又把没收汉奸郑宝秀的田自己动手耕了，在十月尾还到南头附近想生擒整电线的"萝卜头"，战斗中指导员张明率领喊日语口令"优待俘虏不杀"等。因突然情况变化，只打死一个，没有擒获。但他们又是胜利归来了，他们与群众结合在一起，站在斗争的最前线，他们用了英勇无比的精神，改变了沙河的形势，变敌人的前哨为抗日民主根据地的前哨，建立起抗日民主的堡垒。他们内部，上下级亲密一致，全队团结一致，成为了坚强的战斗力，自然地流露出官兵一致的优良模范。在战斗爱民、扩军优抗、拥政各方面，都

创造出最光辉的模范，也得到人民的热爱，他们的确是"路西模
范连"。他们之所以有伟大的成就，基本的原因，是确确实实执
行我党的政策，"从群众中来，到群众中去"，"来自人民，为
了人民"的队伍，是"武装宣传者"，又是"武装组织者"。这
支队伍是日益巩固而坚强了，自成立以来（半年）从无减员过，
也是路西各队巩固工作上的模范。

　　（载《岳中导报》1945年第4期，转自中央档案馆、广
东省档案馆编：《广东革命历史文件汇集》甲45册，第295—
301页。）

附录四　人物传略

陈郁（1901—1974），原名陈旭贵，广东省省长。宝安县南山村（今深圳市南山区南山街道南山社区）人。其父为海员，在陈郁出生不到三个月时因劳累去世，家境极其贫困。陈郁9岁时入学读书，一年后即停学务农，12岁到香港机器厂当童工。14岁进香港一家汽车公司当学徒，18岁由汽车公司派往广州汽车实习学校学驾驶和修理技术，结业后回公司当工人。20岁时因替工友打

陈郁（深圳市史志办提供）

抱不平，愤而辞职。后往英国"亚洲皇后号"海轮当海员。这是一艘万吨巨轮，船上有早期工会组织的雏形"工余乐社"，陈郁很快加入该组织并成为骨干成员，得到在船上开展工作的苏兆征的注意与培养。不久，"工余乐社"加入苏兆征、林伟民领导的中华海员工业联合总会。1922年1月，中华海员工业联合总会发动香港海员大罢工，陈郁全力投入罢工斗争，得到工人们普遍拥护和信任。罢工胜利后，当选为香港海员工会"亚洲皇后号"轮船支部负责人，成为海员工会骨干。1924年，陈郁任中华海员工业联合总会干事、海员工会太平洋航线分会负责人。1925年，又当选中华海员工业联合总会副主席兼任太平洋分部主席。同年6

月，为声援"五卅惨案"受害工人，中共广东区委派邓中夏等以中华全国总工会代表的身份到香港，组织省港大罢工。陈郁坚决执行关于举行罢工的决定，积极组织领导本轮船和太平洋航线各船工人起来罢工，打响省港大罢工第一枪。为对付港英当局的镇压和封锁，省港罢工委员会下令罢工工人向广州转移，陈郁奉命到深圳接待和安置罢工工人。同年8月，陈郁在广州加入中国共产党。1926年，陈郁任中华全国海员工会副主席、中共海员工会委员会书记，负责海员工会日常工作。1927年年初，任中华全国海员总工会主席、党团书记，同时参加中共广州市委和广州工代会的部分领导工作。陈郁成为共产党早期工人运动领袖人物之一。

　　1927年，国民党反动派在广州发动"四一五"反革命政变，大肆屠杀共产党人。陈郁和周文雍等根据党的指示，发动广州工人举行政治罢工，接着又和工会领导人一起，发动和组织汕头、香港、澳门、广州、江门等几个航线海员工人总同盟罢工。同年5月，陈郁任中共广东省委常委、职工委员会书记。同年11月，中共中央决定举行广州起义，陈郁参加由省委书记张太雷主持召开的四次会议，做好起义的各项准备工作。12月11日起义开始，陈郁率领工人赤卫队一部，攻克广州市公安局，打开监狱大门，解救被监禁的革命者。起义成功后，成立广州工农兵民主政府，陈郁被任命为人民司法委员。3天后，因敌众我寡，起义军被迫撤离广州。陈郁指挥工人赤卫队余部全部撤出广州后，在海员工人掩护下转移到香港。1928年1月，李立三代表中央在香港指责起义领导人"右倾"，撤销大多数领导人的职务，并派他们到最危险的地方继续搞暴动。陈郁反对在革命力量遭到重大挫折后盲目发动起义，但仍被派到汕头搞暴动，并被停止省委常委职务。暴动失败后退回香港，继续做党和工会组织的工作。随后，陈郁任中共香港市委书记兼全国海员工会主席。同年7月，复任中共广东省委常委兼省委组织部长，艰难地开展党组织的恢复工作。1930年9月，陈郁在上海参加党的六届三中全会，被选为中央委员。不久，调往上海，任中华全国海员总工会主席、党团书记。1931年1月，陈郁参加党的六届四中全会，明确反对共产国际代表米夫支持王明上台的主张，并与之进行斗争，但因其工人身份仍被选为中央政治局委员。会后，继续反对王明的"左"倾冒险主义路线，遭王明打击、排斥。1931年6月，被送往苏联学习，任莫斯科列宁学院中国部党支部书记。王明到莫斯科任中共共产国际代表团团长，继续打击、排斥陈郁。1934年3月，以"右倾"罪名，把陈郁送往斯大林格勒（现伏尔加格勒）拖拉机厂劳动。陈郁因劳动积极、技术熟练，被誉为"红色工人"。在周恩来、任弼时关注下，1940年2月，陈郁得以回到延安。

陈郁回延安后，在中央党校一部学习，兼任中央职工委员会委员。1943年冬，到陈云领导下的西北财经委员会工作，负责边区工业建设，亲自指导将一个1.3吨的小炼铁炉改造为5吨冲天炉。1945年4月，陈郁参加党的七大，并当选为中央候补委员。同年9月，陈郁受中央选派进入东北开展工作，任辽西省委副书记，在沈阳领导工人运动，后担任东北总工会筹备委员会主任。陈郁组建了沈阳总工会工人武装教导队，兼任政治委员。教导队发展到四五千人，先后平定法库县、康平县保安队骚乱，成为一支战斗力很强的工人武装，1946年3月，并入关内调来的新四军七旅。1946年7月，陈郁带领职工大队到合江省（今黑龙江省）的依、勃、桦地区开辟农村根据地，任该地区党委书记，兼勃利军分区政委、三五九旅政委。1947年，任东北行政委员会经济委员会副主任。1948年，任东北工业部副部长、部长。此期间，为恢复鸡西、鹤岗等大型煤炭基地的生产，进行大量卓有成效的工作。1949年10月中华人民共和国成立后，陈郁任中央燃料工业部部长，为新中国的煤、电、油事业打下坚实基础。1955年燃料工业部分部后，任煤炭工业部部长。1956年，参加党的八大，当选为中央委员。1957年8月，陈郁调回广东工作，任广东省委书记、广东省省长，为开发广东煤田、开发南海石油、发展蔗糖生产等倾注了大量心血。1961年任中共中央中南局第三书记兼广东省省长。1968年2月，任广东省革命委员会副主任、党的核心小组成员。此后，又当选为党的九大、十大中央委员。1974年3月21日，陈郁因病逝世于广州。

黄学增（深圳博物馆提供）

黄学增（1900—1929），中共宝安县党组织创始人，广州农民运动讲习所第一届学员，中共宝安县支部书记。广东省遂溪县乐民区墩文村人。1920年夏考入广州省立第一甲种工业学校，在校期间走上革命道路。1923年加入社会主义青年团，同年转为中共党员。1924年7月，考入广州农民运动讲习所第一届学习班。1924年下半年以国民党中央农民部特派员的身份被派往宝安，在开展农民运动过程中秘密进行建党工作。1924年年底在四、五区发展了第一批共产党员，1925年上半年在三区发展了第二批共产党员，并吸收国民党中央农民部特派员郑奭南为共产党员。至1925年年底，在宝安5个区建立起11个党小组。1925年7月，根据中共广东区委指示，成立了宝安县最早的党支部——中共宝安县支部，任书记，发动工农群众，配合省港罢工工人纠察队和"建国陆海军大元帅府铁甲车队"封锁香港，援助罢工，进行反帝斗争。12月，参加改组国民党宝安县党部的工作。1926年3月任广东南路办事处主任，组织领导各县农会开展农民运动，成绩显著，被中共广东区委称为"南路农民领袖"。1928年4月，被中共广东省委派到宝安主持领导暴动，反对国民党反动派的屠杀政策。6月，担任中共琼崖特委书记、中国工农红军琼崖独立师政治委员。1929年8月在海口被捕牺牲。

龙乃武（生卒年不详），广州农民运动讲习所第二届学员，中共宝安县地方执行委员会负责人。今广东省佛山市顺德区人。1924年下半年以国民党中央农民部特派员的身份被派往宝安，在开展农民运动过程中秘密进行建党工作，是中共宝安县党组织创始人之一。1925年7月，中共宝安县支部成立，任支部委员。12月，任支部书记，并参加改组国民党宝安县党部的工作。1926年3月，中共宝安县级领导机构——中共宝安县地方执行委员会成立，任负责人。1927年"四一二"反革命政变后出走香港，任清远公会秘书，与党组织失去联系。

郑奭南（1900—1998），又名郑哲，中共宝安县委书记，东宝工农革命军副总指挥。宝安县上步村（今深圳市福田区上步社区）人。1925年上半年受国民党中央农民部委派到宝安任特派员，与共产党人黄学增、龙乃武一起开展农运工作。同年6月，参加省港大罢工。7月，加入中国共产党，是中共宝安县支部三个主要负责

郑奭南（深圳市史志办提供）

人之一。12月，参加改组国民党宝安县党部的工作，被选为执行委员。1926年3月，中共宝安县地方执行委员会成立，任常务执委，同时兼任县农民协会常务委员。1927年"四一二"反革命政变后，国民党在宝安县开始"清党"，迫害共产党员。县委负责

人龙乃武出走香港，郑奭南将县委从南头秘密撤往楼村。同年6月，根据中共广东特委指示，任宝安县委书记，整顿和恢复农会和农民自卫军，反对国民党反动派的屠杀政策，进行武装斗争的准备。11月，中共广东省委召开东莞、宝安两县领导人联席会议，郑奭南为东宝工农革命军总指挥部副总指挥，负责东宝革命军第三、第四大队的指挥。12月14日，率工农革命军攻打深圳、南头，策应广州武装起义。1928年2月23日，根据省委指示，县委在燕川村召开全县党代表大会，选举产生中共宝安县委员会，任代理县委书记，进行暴动准备工作。4月，调离宝安县，后与党组织失去联系。晚年从香港回到上步村定居。

　　陈绍芬（生卒时间不详），宝安县南山村（今深圳市南山区南山街道南山社区）人。与陈郁同村，为香港海员。1924年下半年，回乡参加黄学增、龙乃武领导的宝安县农民运动。约在1924年年底到1925年上半年加入中国共产党。1926年3月，中共宝安县地方执行委员会成立，当选为执行委员，为五名执行委员之一。工作分工为县委工运干事。约在1926年上半年后，任中共宝安县第一区区委书记。1927年6月，受中共宝安县委委派，去香港找到广东省委负责人之一的陈郁，汇报宝安党组织在广东"四一五"反革命政变后的处境，带回陈郁代表省委所作四点指示，即由郑奭南接替龙乃武任县委书记，要部署潜伏活动，建立交通站，宝安的活动情况直接与省委李源、沈宝同联系，使宝安党组织在困难中继续前进。1928年2月，宝安县党员代表大会后，由县委介绍离开宝安去海员处工作。此后情况不明。

　　陈芬联（生卒时间不详），宝安县南山村（今深圳市南山区南山街道南山社区）人。与陈郁同村，为蚝民。1924年下半年，积极参加黄学增、龙乃武领导的宝安县农民运动。1925年4月，宝安县农民协会成立，当选为宝安县农民协会执行委员会委员、常务委员，为三名常务委员之一。约在1924年年底到1925年上半年加入中国共产党，为宝安县陈屋村（南山村）党小组组长。1926年3月，中共宝安县地方执行委员会成立，当选为执行委员会委员，工作分工为农运干事。1928年2月，宝安县党员代表大会后，由县委介绍离开宝安去中共广东省委工作。此后情况不明。

陈日祥（1895—1929），又名陈日长，宝安县南山村（今深圳市南山区南山街道南山社区）人，与陈郁同村。1923年，在广州石井兵工厂做工，积极参加工人运动，加入中国共产党，是广东兵工厂"十人团"成员之一。1925年，与杨匏安等到香港发动工人、学生罢工罢课，并参与组建中共香港支部。此期间，任省港大罢工委员会广州招待部负责人、罢工工人纠察队第十支队训育员、中共海员工会支部书记等职。1927年，参加广州起义。起义失败后，组织工人赤卫队坚持斗争，创作有《民族解放歌》。1929年，在广州西门口被国民党警察局杀害。

王作尧（1913—1990），原名王伯尧，东江人民抗日武装创始人之一，东江纵队副司令员，两广纵队副司令员。广东省东莞市厚街镇西门巷小坞园人。1934年，毕业于广州燕塘军校，被分配到国民革命军第三军。1935年10月，参加中国青年同盟。1936年9月，加入中国共产党。1938年10月，任东莞县抗日模范壮丁队队长，率部在东江南岸榴花塔一带与进犯日军展开激战。12月下旬，任中共东宝县委宣传部部长兼武装部部长。1939年1月，任东宝惠边人民抗日游击大队（后改称第二大

王作尧（深圳市史志办提供）

队）大队长，率部于12月收复宝安县城南头。1940年3月，率部突破国民党顽军包围，东移海陆丰。9月，曾生、王作尧两部遵照中共中央"五八指示"返回东宝惠抗日前线，整编为广东人民抗日游击队第三、第五大队，王作尧任第五大队大队长，创建羊台山抗日根据地。10月，兼任中共宝安县工作委员会书记。1941年12月，日军占领香港后，参与组织营救爱国民主人士和文化界人士从香港撤到后方安全地区。1942年1月，任东江军政委员会委员、广东人民抗日游击总队副总队长兼参谋长。1943年2月，任广东人民抗日游击总队副总队长。12月，任广东人民抗日游击队东江纵队副司令员兼参谋长。1944年7月，兼任东江抗日军政干部学校校长。1945年1月率部东进，创建罗浮山抗日根据地。8月，与林锵云、杨康华组成粤北指挥部，率部挺进粤北，创建粤赣湘边根据地。1946年6月，根据国共两党协议和中共中央指示，与曾生率领东江纵队主力北撤山东。10月，任华东军政大学第四大队大队长。1947年5月，任华东野战军第十纵队副参谋长，曾发明"洞穴工事"，为胜利实施野战阵地防御创造条件。1948年5月，任华北军政大学教育部副部长。1949年5月，任两广纵队副司令员。同年下半年率部南下参加广东战役。中华人民共和国成立后，历任广东军区江防司令部副司令员、珠江三角洲作战指挥部副司令员兼前线委员会委员、第十五兵团副参谋长兼广东军区司令部副参谋长、广州市防空司令部司令员、广东省防空司令部第一副司令员、沈阳军区防空军副司令员、武汉军区空军副司令员等职。1955年被授予大校军衔，1961年晋升为少将。"文化大革命"期间，遭到林彪反革命集团的迫害。1975年3月平反。1979年12月，当选为广东省人大常委会副主任。

梁金生（1906—1946），国际共产主义战士。广东省深圳市罗湖区草埔村人。1906年出生于安南（今越南）东川省南圻，

梁金生（深圳市史志办提供）

1915年回国。1924年春在上海加入中国共产主义青年团。1925年在宝安草埔创办培峰小学，开展农民运动，建立笋岗、草埔农民协会和农民自卫军。1927年3月，加入中国共产党。国民党"四一二"反革命政变后，转入地下从事党的秘密工作。1928年潜往安南，并加入安南共产党，在东川省进行地下活动。1934年8月，恢复中共党籍，任中共南宁市支部书记。1936年12月，奉中共南方临时工作委员会指示，回到草埔小学任教，开展党的地下活动。1937年8月在广九铁路布吉站桥头兰花庙创办民族中学，提出以抗日救亡为宗旨，以"教、学、做"合一为教育方针。同时成立中共民族中学支部，组织中学生和草埔青年农民建立抗日自卫队和抗日宣传队，进行抗日宣传活动。1938年1月，民族中学因缺少经费停办，改任宝安县立中学校长，与在广州的党组织积极配合，使得广九铁路沿线的广州、天堂围、布吉、深圳、香港的抗日活动联成一线。7月，前往延安抗日军政大学学习。1939年1月，抗大毕业后被分配到中央职工运动委员会筹办职工学校。先后任光华制药厂厂长，第一保育院小学校长，并被选为陕甘宁边区第二届参议会参议员，边区第一届文协执行委员，边区中医院研究会常务委员。1945年8月，中共中央接受越南劳动党主席胡志明的要求，派梁金生支援越南革命斗争。1946年年初，参加越南劳动党与中国国民党谈判，被特务下毒身亡。1983年6月，中华人民共和国民政部批准梁金生为革命烈士。

王启光（1912—1992），东莞市厚街镇西门坊小坞园人。自幼热爱学习，聪明过人，敢作敢为、疾恶如仇。靠打工赚钱，自费留学日本。1936年加入中国共产党，后在厚街和邻近地区发展党组织，开展抗日救亡运动。1937年9月，随国民党军九十三师政训处移防到宝安县城，任民众组织指导员。是年冬，根据王启光的建议，中共广州市委同意，以广东省救亡呼声社的名义，由进步或受进步影响的青年组成"救亡呼声社国防前线工作队"，王启光任队长兼工作队党支部书记。1938年1月2日，"救亡呼声社国防前线工作队"到达宝安，驻于宝安县城南头，公开进行抗日宣传活动。工作队健全宝安县抗敌后援会，以抗敌后援会名义，联合学生青年，派出流动宣传队赴各区、乡宣传抗战。加强原有各乡自卫队建设，进行政治教育与军事训练，使其变成民众抗战武装。1938年4月，中共东莞中心县委成立，王启光组织关系由中共广州市委转到东莞中心县委。是年10月12日，日军在大亚湾登陆。驻宝安县城的国民党军一五三师四五七旅组织一五三师战时工作团，成员主要是"救亡呼声社国防前线工作队"队员，王启光为副团长。不久因日军进攻，一五三师战时工作团垮散。后任国民党军九一三团政治部主任。其间，按照中共东宝边区工委指示，促成九一三团同意组建东宝惠边人民抗日游击队。1940年被调到南路开展敌后游击武装活动，1944年打入国民党海康县流亡政府内部任秘书，开展统战工作。新中国成立后在湛江任职，1992年在东莞病逝。

张金雄（1907—1943），宝安县白芒村（今深圳市南山区西丽街道白芒社区）人。其父张卿多在香港英国轮船打工多年，在白芒村置有土地20多亩。张金雄少时随父在香港生活，10岁起随母赵氏在家乡读书。小学毕业后在家务农，放牛，做农活，后去香港当差，一度在宝安岩口运输公司看守仓库。1941年，日军侵犯香港，大批香港难民逃到宝安。张自发组织本村青年，在白芒到乌石岩一带，接待、安置难民，受到当地村民的拥戴。1941年

冬，广东人民抗日游击队开辟羊台山抗日根据地。他不顾家人反
对，毅然参加游击队，被安排在新建立的白芒税站，后任白芒税
站站长。其间，与日军、伪军、国民党顽固派军队周旋，多次遇
险又脱险，出色完成税收任务。参加革命后，其家成了"游击队
之家"，游击队常在他家吃饭、洗澡，他将家里70多担稻谷捐献
给游击队。日军和国民党顽固派军队两次烧毁他家的2间住屋和1
间猪舍，抢走30多担稻谷，其妻子叶凤兰还被绑在村前晒谷场柱
子上"示众"，他们毫不屈服。1943年八九月间，因奸细告密，
国民党军队在上王里村残酷杀害张金雄。

温巩章（1919—1952），出生于宝安县县城莲城镇（今深
圳市南山区南头街道九街社区）一个贫民家庭，父亲是中药铺店
员，母亲靠织麻贴补家用。由于家境清贫，在就读南头中学时，
兼任学校杂役，半工半读完成学业。1939年初中毕业后，温出于
抗日热情和谋生需要，到国民党宝安县政府工作，初为县长幸
耀燊勤务员。改任文书、书记，以后又被任为译电员。1940年10
月，曾生所率广东人民抗日游击队第三大队在国民党军政首脑机
关驻地石马圩建立情报站，温成为地下党的一名情报员。后温转
任国民党军第七战区挺进第六纵队司令部上尉译电员，为游击队
提供了大量机密情报。1943年，温所在国民党军队被撤销建制，
由地下党安排，温转移到东莞常平地区工作，与其妻罗慧舒在
日、伪占领区开设一家诊所，作为掩护，搜集敌伪情报。1945年
5月，加入中国共产党。日军投降后，温接受地下党的安排，利
用自己的社会关系作掩护，打入国民党宝安县党部任组织干事，
并被选为县参议员，再次为地下党搜集提供情报。1949年9月宝
安县解放前夕，温遵照地下党的指示，巧妙保存宝安县各部门的
敌伪档案，并配合解放宝安县城。解放后，温被任命为莲城、南
屏、十约人民联乡办事处主任。1950年，先后被任命为中央金库

宝安支库副主任、宝安县人民银行副行长。1952年，温不幸被错杀。中共十一届三中全会后，温的沉冤得到昭雪。1981年10月16日，中共深圳市委召开温巩章追悼会，为其彻底平反。

袁庚（1917—2016），原名欧阳汝山，招商局集团原常务副董事长，招商局蛇口工业区和招商银行、平安保险等企业创始人，百年招商局第二次辉煌的主要缔造者，中国改革开放事业的重要探索者。宝安县大鹏（今深圳市大鹏新区）人。1917年4月23日袁庚出生。6岁起，在水坝村私塾读书。14岁时，赴广州远东学校补习，同年以"会考"第八名的成绩，进入广东省广雅一中读书。17岁，初中毕业，考入"地政人员养成所"。1936年8月19岁时，考入中国国民党中央军校广州燕塘分校。

袁庚（招商局博物馆提供）

1937年"七七事变"后，军校人心涣散，袁庚对时局失望，遂返回乡下。后在大鹏新民小学代课，开始参加抗日活动，成立沿海青年抗敌后援会，被推荐为负责人。1938年，被正式聘用为教员，参加大鹏抗日自卫大队，后任大鹏区立小学校长。1939年3月27日，加入中国共产党。11月，被调到惠阳抗日游击大队。1944年8月，任东江纵队联络处处长，负责广东沿岸及珠江三角洲敌占区的情报工作。1945年9月，担任东江纵队驻港办事处第一任主任，并以上校身份，与英方就港九游击队撤离九龙半岛问题进行谈判。

1946年6月，袁庚随东纵部队北撤至山东烟台，随部队编入三野。10月，入华东军政大学学习。1947年分配到三野二纵队四师参谋处见习，任副处长，参与南麻临朐战役和昌潍战役。1948年两广纵队成立，任纵队侦查科长，后为作战科长，参加济南战役、淮海战役。1949年，两广纵队成立炮兵团，任团长。11月，指挥解放大铲岛战斗，后调至中央军情部参加武官班受训。

1950年5月奔赴越南援越，任胡志明的情报和炮兵顾问。1953年，外派到印度尼西亚雅加达任中华人民共和国驻雅加达总领事馆领事。1959年，任中央调查部一局二处处长、一局副局长。1966年6月，抽调至中央外办、侨委、外交部、交通部等单位组成的接侨办公室工作，被指派为小组长兼光华轮党委书记，往返印尼接侨。1968年4月，被康生批准囚禁于秦城监狱。1973年9月，在周恩来等人的过问下，被释放回家（1979年2月，中央调查部为其平反并恢复名誉）。

1975年10月，袁庚恢复工作，调任交通部外事局负责人。1978年6月，受交通部长叶飞委派，赴香港调查，起草《关于充分利用香港招商局问题的请示》报告，提出要"面向海外、冲破束缚、来料加工、跨国经营、适应国际市场特点、走出门去做买卖"。10月，袁庚被任命为交通部所属的香港招商局常务副董事长，主持招商局全面工作。同年向中央建议设立蛇口工业区。1979年1月31日，中共中央副主席李先念、国务院副总理谷牧接见交通部长彭德清与袁庚，听取关于招商局在广东宝安建立蛇口工业区的汇报。李先念批示："拟同意。请谷牧同志召集有关同志议一下，就照此办理。"1979年7月20日，被称为中国"改革试管"的蛇口工业区正式运作。1980年3月，蛇口工业区建设指挥部改组，袁庚兼任总指挥。1983年4月，兼任蛇口工业区管理委员会主任。1984年10月，兼任中共深圳市蛇口区委书记。1987年4月，兼任蛇口工业区有限公司董事长。袁庚是蛇口工业区建设的决策者与指挥者，创造了著名的"蛇口模式"。

袁庚出手的第一招是借鉴香港的经验发展港口。大力兴建包括深水码头、港口泊位、集装箱码头等在内的蛇口港，后来由蛇口港占半壁江山的深圳港，港口集装箱吞吐量居全球第四位。蛇口港成为国内港口城市一再复制的模板。

在工业区开发方面，袁庚确立"三个为主，五不引进"的原则，即"产业结构以工业为主，企业投资以外资为主，产品市场以出口为主"和"来料加工、补偿贸易、技术落后、污染环境和挤占出口配额"的项目不引进，始终坚持了工业区生产型和外向型的大方向。

除了开发蛇口工业区外，还率先创办中国第一家股份制合资企业——中国南山开发股份有限公司，先后创办中国内地第一家股份制商业银行——招商银行，倡导成立中国内地第一家由企业合股兴办的保险公司——中国平安保险公司，同时还收购伦敦和香港的两家保险公司，成为第一家进入国际保险市场的中国企业。至1992年袁庚离任时，招商局的总资产已由当初的1.3亿元增至200亿元。

在蛇口工业区建设中，袁庚大刀阔斧进行改革，实践多个全国首创或第一。在国内第一个推行定额超产奖励制度；第一个进行工资制度改革，基本奠定与市场经济相适应的分配制度；第一个改革劳动人事制度，公开招聘干部，实行中层干部聘任制、劳动用工合同制，对工业区领导人进行民意测验，民主选举工业区领导人，对工业区领导人进行信任投票。1981年3月下旬，袁庚对开发建设蛇口提出"时间就是金钱，效率就是生命"的口号，后得到邓小平的肯定，成为中国改革开放之初最为响亮的口号。1991年，在全国出现市场经济"姓社姓资"争论时，再次提出"空谈误国，实干兴邦"的口号，再次震撼全国。

1993年3月，袁庚离休，为副部级待遇，晚年在蛇口定居。

2003年7月，香港特别行政区为表彰袁庚致力促进香港与内地之间的关系，授予其"金紫荆勋章"。10月上海市人民政府授予其"中国改革之星"称号。2016年1月31日凌晨3时58分，袁庚因病医治无效，在深圳蛇口逝世，享年99岁。2018年11月，入选全国"100名改革开放杰出贡献对象"。12月18日，党中央、国务院授予袁庚改革先锋称号，颁授改革先锋奖章，并获评改革开放试验田"蛇口模式"的探索创立者。

1924年

下半年　中共广东区委派出共产党员黄学增、龙乃武、何友逊以国民党中央执行委员会农民部特派员的身份，来到宝安县建立共产党组织，开展农民运动。

年底　黄学增、龙乃武在宝安发展第一批共产党员。

1925年

3月下旬　南山地区所属第一区农民协会在沙莆召开成立大会，会址设在宝安县城南头的南教场。会后举行武装示威大巡行。

3月31日　宝安县城南头召开孙中山先生追悼大会。

4月26日　经省农民协会批准，宝安县农民协会正式成立，会址设在县城南头关口郑氏宗祠。

4月27日　东宝两县农民联欢大会在宵边乡召开，到会者来自70余个乡，代表千余人，着装农民自卫军数百人。

4月　在黄学增、龙乃武、郑奭南等的努力下，宝安县已成立农民协会的有4个区、34个乡，正在筹备的有20个乡。

4月　宝安县农民协会在县、区、乡各级农民协会中，建立30—50人的农民自卫军，以此打击反动民团，保卫农会，组织农民向地主、土豪劣绅和贪官污吏作斗争。

5月13日　《广州民国日报》刊发《宝安农民反对林树巍发

枪照》报道。

6月19日　在中共广东区委领导下，为声援"五卅运动"而举行的震惊世界的省港大罢工爆发。

6月下旬　为做好香港罢工工人的接待、安置、住宿和转车等工作，香港工团联合会决定在深圳火车站建立"罢工工人接待站"，香港中华海员工业联合总会副主席、南山村人陈郁担任站长。

上半年　在具备条件的乡成立中国共产党党小组，各乡党小组以国民党乡区分部为活动地点。

7月5日　宝安县的商会、学会、农会、工会发起成立"对外协会深圳分会"，动员宝安人民支援省港大罢工。

7月中旬　根据中共广东区委指示，成立中共宝安县支部，黄学增任书记，支部委员有黄学增、龙乃武、郑奭南，隶属中共广东区委领导。

9月5日　由国民党中央宣传部主办的《广州民国日报》，以"东宝农民缴谭部枪械"为题报道：8月底，东莞、宝安两县农民自卫军与军阀陈炯明残余魏邦平、林树巍等反革命军队激战，消灭其一部。

12月24日　宝安县农民协会在《广州民国日报》发出通电《请解散民团及取消民团统率处》，要求国民党中央农民部、广东省政府农工厅、广东省农民协会解散民团及取消广东全省民团统率处。

12月　黄学增调离宝安，由龙乃武接任中共宝安县支部书记。

年底　中共宝安县支部在5个区建立有11个党小组。

是年　宝安县农民协会建立农民自卫军模范队，军营设在宝安县农民协会会址南头关口郑氏宗祠，由省农会派来3名黄埔军校学生（一名共产党员）帮助训练，3个月为一期，每期50人。共办2期，受训100人。

1926年

1月　中共宝安县支部书记龙乃武偕同郑奭南到广州，向中共广东区委组织部长穆青和农民部长阮啸仙，汇报宝安党组织活动和农运情况。穆青指示，要促进各区党委的建立，根据形势发展，进一步建立县委，作为全县领导中心机构。

2月19日　在县城南头南教场举行宝安县各界人民大会，抗议日本帝国主义出兵南满，到会者4000多人，大会发出《宝安各界反吴示威大运动宣言》《反对日本出兵南满告民众》。

3月　根据中共广东区委的指示，中共宝安县支部召开各区的党小组负责人会议，决定撤销中共宝安县支部，成立中共宝安县地方执行委员会，推选龙乃武为书记，中共宝安县地方执行委员会与宝安县农民协会一起，设在县城南头关口郑氏宗祠，隶属中共广东区委领导。

3月　随着中共宝安县地方执行委员会的成立，各区均相继建立区执行委员会（简称区委），南山地区为第一区，区委书记陈绍芬。

5月1日　中共宝安县地方执行委员会以国民党宝安县党部名义，召开工农联欢大会，到会者共500余人。大会通过农工大联合决议。

5月　宝安县有6个区成立农民协会，有94个乡建立乡农民协会，全县农民协会会员人数13759人，会员人数居全省各县的第10位。

是年　中共宝安县地方执行委员会根据中共广东区委指示，开展反苛捐杂税斗争，抗议驻军旅长司徒非（旅部驻深圳）征收启征税。县农民协会发动群众游行示威，并呈报国民党中央党部，请求制止征收。后国民党中央直接饬令撤征。

10月10日　驻宝安县城南头的省港大罢工纠察第三支队全体队员回省（广州），南山各界在国民党宝安县党部南头关口郑氏大宗祠门前广场，召开欢送大会，1000多人到会。

12月25日　宝安县农民协会在《广州民国日报》发表《宝安农会禁绝烟赌宣言》，痛陈烟赌之害，分析造成烟赌泛滥之因，明确禁绝烟赌之决心。

1927年

1月　全县中共党员发展到近百人，党的力量进一步增强。

4月15日，广州的国民党当局发动反革命政变，大搞"清党"运动。国民党宝安县长率警察队和反动民团，"围剿"农民自卫军，农民自卫军被迫分散撤退；外逃的土豪劣绅卷土重来，反动民团死灰复燃；农会骨干和共产党员有的被杀害，有的出走香港、南洋等地暂避，宝安县地方执行委员会书记龙乃武出走香港。

4月18日　国民党广东省党部派宝安籍的国民党员郑启中、潘佑临、文栋卿，以"清党"特派员的名义到宝安进行"清党"，中共宝安县地方执行委员会与县农民协会与其周旋，将所有文件烧毁，后撤离县城南头关口郑氏宗祠。

6月　中共宝安县地方执行委员会派陈绍芬往香港找到了广东特委负责人之一陈郁，汇报宝安党组织的处境。陈郁指示：由郑奭南接替龙乃武任县地方执行委员会书记，部署潜伏活动，建立交通站。

秋，根据中共广东特委指示，中共宝安县地方执行委员会改称中共宝安县委员会，县委书记郑奭南，先后隶属中共广东特委（1927年8月）、中共广东省委（1927年8月至1931年2月）。

11月　为了贯彻中共中央八七会议精神，中共广东省委派候补委员赵自选到东莞常平周屋厦村召集东莞、宝安两县领导人联席会议，会议要求组织工农革命军，成立东宝工农革命军总指挥部。

11月　根据省委召开的东莞、宝安两县领导人联席会议精神，中共宝安县委改编宝安农民自卫军为宝安工农革命军。

12月上旬　宝安工农革命军发展到2000余人，是当时党直接领导下的工农武装。

12月12日　中共宝安县委发动宝安第一次武装起义。根据省委支援广州起义要求，县委从工农革命军中抽调200多人，在县委所在地楼村誓师起义，后第一大队进军深圳，第二大队进军县城南头。13日，第一大队获悉广州起义失败的消息，改变原北上广州部署，包围深圳镇，攻陷反动区署和警局；第二大队攻打国民党在宝安的大本营宝安县城时，因力量悬殊未能攻克。两个大队均退到乌石岩。

1928年

2月23日，省委派巡视员阮啸垣到宝安召开全县党员代表大会。选举新的县委，调整各区党的负责人，决定实行土地革命，开展抗租、抗捐、抗税斗争，为新的起义做准备。

4月初　省委派黄学增到宝安召开县委扩大会，传达省委关于东江总暴动的策略，制定出《宝安暴动计划》。暴动的时间原定4月12日，但因得不到省委的及时指示而后延。

4月底　中共宝安县委发动宝安第二次武装起义。后因参加起义的许多农民房屋被烧，财物被抢，一些领导人和群众犹豫动摇，加之起义未能得到惠阳、东莞等邻县的配合与支援，起义未能继续坚持。

5月上旬　中共宝安县委发动宝安第三次武装起义。省委派黄学增到宝安，组织与惠阳、东莞联合暴动。县委集中武装计划在五区举行起义，然后向三区发展。但国民党反动军队联合豪绅地主、民团，事先包围起义地新圩，焚烧新圩、周家村、楼村的民房。为保存力量，工农革命军只得退出，起义遂告流产。

5月下旬　根据省委指示，中共宝安县委集中武装约100人，东莞五区集中武装180人，进驻东宝交界的东山，决定以东山为中心发展到周围各乡村。后因国民党调遣大批军队残酷"围剿"，而工农武装外援受阻，粮食武器装备缺乏，武装斗争遂暂告停止。宝安地区党组织的活动基本陷于停顿状态。

1937年

9月　中共广州外县工委决定把东莞县工委改为东莞中心支部，书记姚永光，领导东莞、宝安与增城（部分地区）三县的党组织和人民进行抗日武装斗争的准备。

9月　在国民党军九十三师政训处工作的地下党员王启光随部队移防来到宝安县城，被派到宝安第二区任民众组织指导员，开始组织区乡民众抗日自卫武装。

9月　广东日侨撤离后，日军开始对广东沿海实施封锁作战，南山地区不时遭到日军飞机轰炸。日军驻上海第三舰队包括航母在内的多艘军舰开至南山赤湾海域，炮击中国军队阵地。

冬　根据王启光的建议，中共广州市委同意，以广东省救亡呼声社的名义，组织进步或受进步影响的青年组成"救亡呼声社国防前线工作队"，队长王启光。工作队成立中共党支部，王启光兼支部书记。

1938年

1月2日，王启光率"救亡呼声社国防前线工作队"到达宝安，驻于宝安县城南头，队部和国民党县政府同一条街。

1月　日军飞机、军舰轰炸南头城，宝安县立第一初级中学校长因害怕而逃跑。上级党组织利用这一机会，派梁金生任校长，以校长职务为掩护，开展党的活动，恢复宝安党组织，开展抗日救亡运动。

6月　中共东莞中心县委为加强宝安方面的工作，派中心县委委员张广业带一批党员到宝安，均住在"救亡呼声社国防前线工作队"队部。为取得合法身份和解决生活费用，王启光、陈明在宝安中学任教员。

10月12日　日军在大亚湾登陆。

10月　中共组织决定将重点转移到东宝边界有基础的山区坚持斗争，张广业带领一批骨干先行离开宝安县城。

11月初　王启光带领"救亡呼声社国防前线工作队"部分队员在东宝边界章阁附近的白花洞村，遇到国民党军四五七旅九一三团。经中共东宝边区工委同意，王启光经过谈判，组成国民党军四五七旅九一三团政治部，成员为原"救亡呼声社国防前线工作队"队员，王启光担任主任，蔡子培任副主任。

11月22日　日军5000多人在大鹏湾登陆，攻陷大鹏城。随后，日军在坦克、飞机的掩护下猛攻深圳镇。

11月26日（农历十月初五）　日军在占领深圳镇后，旋即占领宝安县城南头。

12月中旬　"东宝惠边人民抗日游击队"第一、第二大队在宝安观澜章阁村成立。

12月下旬　中共东（莞）宝（宝）县委成立，张广业任书记，隶属中共东南特委。

是年　中共地下党员陈铁军到大涌阮屋村宣传抗日救亡，在被日军炸破了的大涌郑氏宗祠办起一所小学，以教师的身份为掩护，向学生和群众宣传革命道理，发动群众起来抗日。该村仅20多户人家，抗战期间参加游击队或投身抗日的有20多人，为宝安县城城郊抗战斗争最活跃的地区之一。

1939年

1月　东宝惠边人民抗日游击队第一大队与东莞抗日模范壮丁队集中到清溪苦草洞整编，合编为"东宝惠边人民抗日游击大队"，由王作尧任大队长，何与成任政训员，惯称"王作尧部队"。

4月　东宝惠边人民抗日游击大队以爱国青年群众抗日组织形式，从国民党军中取得番号，改为国民革命军第四战区第四游击纵队直属第二大队，王作尧任大队长。

8月　第二大队黄木芬、卓就等人率领20多名游击队战士烧毁宝深公路上大涌桥，断绝日军交通。

12月1日　第二大队得知日军即将撤离宝安县城消息后，追击日军，并乘机解放宝安县城。这是日军在大亚湾登陆后广东首次解放县城的胜利。

12月　第二大队收复宝安县城后，白天派出部队进城做抗日宣传工作，夜间退出城外宿营，大队部住在离城8公里的大沙乡。

是年　日军在南山桂庙村到后海村一片（今南山商业文化中心区）修建后海机场，占地面积约4000亩，是日军在宝安县建立的最大机场。

1940年

2月底　第二大队根据国民党第四纵队司令部命令，从宝安县城撤出，由第一支队袁华照（即袁虾九）部接防。该部始终没有开进南头城，南头城后又重被日军占领。

3月11日晚　国民党顽军制造"坪山事变"，为摆脱其包围，第二大队在王作尧、何与成率领下，从乌石岩出发，经观澜向淡水方向突围，东移海陆丰。

4月1日　中共中央获悉东江游击队东移海陆丰受到严重挫折

的消息后，致电中共广东省委，要求"立即将东江发生之重大事变的真相，查明电告"。

5月8日　中共中央书记处发出著名的"五八指示"，要求曾、王两部仍应回到东、宝、惠地区，在日本与国民党矛盾间，大胆坚持对日作战与不怕打摩擦仗。

5月　伪宝安维持会改为伪宝安县政府，伪南头维持会长利玉墀调任伪县长。伪南头维持会会长一职由伪一区区长及伪复兴军旅长郑瑞代理。

6月22日　日军第十八师团一部及伪军一部在赤湾登陆，旋即占领南头。6月29日，从大亚湾方向撤离的日军，转赴蛇口登陆并与罗湖日军汇合，总数计六七千人。

6—7月　南头城及周边18个村居民在抗日游击队组织下，分段挖毁宝深公路，造成交通瘫痪。日军气急败坏，疯狂报复，拆毁南头城及仓前、九街、一甲、新铺街等处民房近3000间，砖石、木料用于修路、修工事。

7月下旬　曾生、王作尧部队在中共地方组织和群众的帮助下，躲开人多的村庄，避开顽军和地方武装，向西踏上返回宝安的征程。9月上旬，部队越过广九铁路，秘密重返抗日前线宝安布吉乡的雪竹径、杨尾、上下坪一带。

9月中旬　中共前东特委在宝安县布吉乡上下坪村召开部队干部会议（即"上下坪会议"），贯彻中共中央"五八指示"，决定不再使用第四战区给予的部队番号，改称"广东人民抗日游击队"，将部队编为第三、第五两个大队，即广东人民抗日游击队第三大队、第五大队。第五大队大队长王作尧，副大队长周伯明，政训员蔡国梁，活动于宝安羊台山和广九铁路两侧。

9月底　上下坪会议后，广东人民抗日游击队第五大队进入羊台山区，担负起开辟羊台山抗日根据地的艰巨任务。南山北部为羊台山抗日根据地的一部分。

10月底始　第五大队在日军封锁线上设白石洲等几个渡河点，从港九运回大批物资供给部队。

10月　中共前东特委为加强对路西抗日游击战争和开辟根据地的领导，决定组建成立以王作尧为书记、刘汝琛为副书记的中共宝安县工作委员会。

冬　长岭皮村组建民众抗日武装组织——自卫队，受宝安抗日自卫总队（总队长曾鸿文、政训员刘宣）管辖，由第五大队统一指挥。

1941年

1月　遵照中共前东特委的指示，撤销中共宝安县工委，成立中共宝安县委，隶属中共前东特委，书记刘汝琛，组织部部长苏伟民，宣传部部长杨凡。县委机关先后驻扎雪竹径、赤岭头、樟坑、南头、西乡等地。

5月　广东人民抗日游击队第五大队已从30多人发展到300多人，共编成3个中队，组织8个民兵（抗日自卫）中队，初步建立起以羊台山为中心的抗日根据地。

是年　广东人民抗日游击队从香港派来一个工作组，进驻上白石村开展游击活动。上白石村20多户人家中，参加游击队或抗日工作的有20多人。

1942年

3月　中共宝安县委为更好担负营救、接待滞港文化名人的任务，决定把民治乡的望天湖、樟坑、李公迳和白石龙划出，与上下梅林、上面光、长岭皮和塘朗的党组织组成中共白石龙区委，由赵学光任区委书记。南山地区的上面光（今福光社区）、长岭皮（今长源社区）和塘朗（今大学城片区），均划属白石龙区委管辖，接待茅盾、邹韬奋、戈宝权、张友渔、胡风、廖沫沙以及胡绳、宋之的等名闻中外的作家、记者和民主人士300多人。

1943年

春节前　九祥岭日军据点5名日军骑马到白芒村抢掠，当日军带着抢掠的物品回据点时，突遭几十名游击队员的伏击，当场打死1名日军班长，打死打伤日军战马各1匹，其余日军仓皇逃回九祥岭。

3月　为适应反扫荡需要，中共宝安县委停止活动，改设中共宝安县特派员，王士钊任特派员，隶属中共东江前线临时工作委员会。

8—9月　国民党顽固派军队在上王里村杀害羊台山抗日根据地白芒税站站长张金雄，并将尸体砍为几段，手臂被吊在乌石岩，头吊被挂在龙华"示众"。

初冬　珠江大队第三小队袭击大涌桥西头的日军哨所。

12月2日　广东人民抗日游击队东江纵队（简称"东江纵队"）正式公开宣布成立。司令员曾生、政委尹林平、副司令员兼参谋长王作尧、政治部主任杨康华联名发表《东江纵队成立宣言》。

冬　日军100多人携带机枪和迫击炮，从南头到新围"扫荡"。游击队事先得知消息，在文光坳设伏。在日军进入伏击圈后，立即发起袭击。待日军还击时，游击队已经撤离。

1944年

1月1日　曾生、尹林平、王作尧、杨康华公开发布《就职通电》，并发布第一号布告，重申东江纵队的宗旨和统一战线等各项政策。

6月初　宝安大队吴梓良、吴金、藤公、刘培森等10名游击队员，化装成村民，偷袭仅一名日军值守的赤湾天后庙日军据点，俘虏留守日本兵，缴获盖子钩长枪9支、机枪（油机枪）1

挺、曲尺手枪1支、日本东洋剑1把以及一批子弹和手榴弹。

11月 为适应抗日战争形势发展需要，中共东江前线临时工作委员会在宝安地区，以广九铁路为界，设置中共路东县委和路西县委。南山地区属于中共路西县委，书记黄树楷，隶属中共东江前线临时工作委员会。

1945年

1月 美国海军太平洋舰队进入中国南海作战，日军大本营判断美军在广东的登陆地点之一是南头半岛蛇口，迅速增兵3万多人，抢占大亚湾、大鹏湾、赤湾等沿海要地。

3月10日，日军中国派遣军总司令官冈村宁次，到南头半岛蛇口、大南山视察日军战备。

8月11日 东江纵队根据中共中央和延安总部的指示和命令，向各部发出紧急命令，要求各部队动员全体军民，开入附近敌占据点，解除日、伪武装。

8月中旬 中共宝安县委召开党政军联席会议，要求在东江纵队主力已经北上，东宝地区军力与日军实力对比悬殊的情况下，集中地方武工队和民兵的武装力量，在国民党军队尚未到来之前，运用政治攻势和军事佯攻相结合的办法，抓住日、伪军弱点，逐个击破，分点受降。

8月20日，武装特派员潘应宁等带领民兵进入深圳镇接受伪军投降，缴获伪区署、惠阳伪警察大队共300多支枪，还有医药、物资等。伪维持会长张维栋被送到路西东宝行政督导处教育后释放，其余伪军自动解散。

8月30日 武装特派员潘应宁等率游击队接受驻宝安县城伪军投降，缴获600多支枪，全部伪军教育后遣散。

1946年

4月 国民党宝安县政府调整区划，编制保甲户口，强化对全县的控制。南山地区原设十约、九街2个镇，南园、南厦、沙河3个乡，被合并为南头镇、沙河乡，编成46个保、440个甲，登记户口5360户、19289人。

6月30日　东江纵队（包括珠江纵队、韩江纵队、南路、粤中、桂东南等部队的部分骨干）2583人，在沙鱼涌分乘美国3艘登陆艇，向山东烟台北撤。

7月　江南地方党组织转入地下活动，将原党政军一元化领导的路西县委改为中共东宝县特派员，祁烽兼任特派员，卢焕光、黄永光任副特派员，隶属中共江南地区特派员领导，管辖宝安、东莞两县地方党的工作。

12月　广东区党委派出第一批人员回江南地区活动，其中梁忠、曾强在宝安活动，依靠当地地下党组织，组织"复员同志自卫会"，迅速把被迫流散复员的东江纵队战士动员回队，并动员当地爱国青年参军，很快队伍扩大到100人左右。

1947年

2月　根据中共广东区党委的指示，以群众自卫组织维护治安的名义，在江南地区成立惠东宝人民护乡团，先后建立4个大队，其中第三大队活动于包括南山在内的宝安地区。

3月初　惠东宝人民护乡团第三大队在东莞县凤岗官井头村宣布成立。第三大队以地方党组织人员和东江纵队复员人员为骨干组成，活动在包括南山在内的宝安东莞地区。

3月　因南山乡绅呈请，经省民政厅批准，国民党宝安县政府又被迫将南头镇分设为莲城、十约两个镇及南屏乡。至7月，南山地区所设乡镇被编为51个保、383个甲，有5453户、19463人。

5月初　三大队抵达路西宝安地区，采取隐蔽的方式，活动于龙华、布吉偏僻的山区和村镇。其中刘宣、赵林来到龙华白石龙、长岭皮开展活动，组织武装队伍。

5月初 惠东宝人民护乡团第三大队在副大队长李和、政治委员杨培率领下，转战路西宝安的长岭皮、木古、羊尾、鲤鱼塘、白石龙一带。大队部一度驻在长岭皮村，并在长岭皮村组建县武工队（路西武工队），何赋儒为队长。

6月 护乡团三大队一个中队协助路西武工队袭击国民党沙河乡公所，消灭驻在沙河的国民党保安队。

9月 包括长岭皮村在内的民治乡武工队成立，乡长刘鸣周兼武工队长。

同月 沙河武工队成立。在地方党组织和沙河武工队的努力下，沙河乡建立乡人民政权。

11月 沙河武工队协助护乡团第三大队夜袭珠光村的国民党保安队，因伤亡太大，不得已撤出战斗。

同月 护乡团第三大队三虎队成立，因该支队伍由龙华、长岭皮20多名青年组成两个班，加上从松岗文造培武工队抽调来一个班，合起来三个班，故得名为三虎队。由南山地区的上白石村刘桂才任小队长，白石洲村吴炳南任副小队长，吴振文任政治服务员，三人都是东纵北撤后留下的骨干。

1948年

1月初 国民党广东当局对广东人民武装发动第一期"清剿"，国民党一五四师、虎门要塞司令部1个团、保八团、保十三团和东莞、宝安两县团防以及县警大队等2400多人，先后向东宝地区发动进攻。

3月 中共江南地工委决定，撤销东宝县特派员，成立中共东宝县委员会，书记黄华，隶属中共江南地工委。县委实行党政军一元化领导，统一领导军队和地方党的工作。县委派李明为特派员，负责宝安县地方党的工作。

春　中共东宝县委通过关系，派共产党员曾百豪到宝安县立简易师范学校担任教师，以此为掩护，团结教育广大学生，吸收先进分子参加党领导的外围组织——东宝人民解放大同盟，开展学生运动。

4月15日　沙河武工队成功收缴大涌吴屋村地主武装，缴获轻机枪1挺，步枪8支，子弹1000多发。

4月　中共江南工委在坪山召开干部会议，根据中共香港分局指示，撤销江南工委，成立中共江南地方委员会。会议决定对部队进行整编，成立广东人民解放军江南支队，下设5个团，其中护乡团第三大队扩编为第三团，活动于东莞及宝安地区。

4—5月　江南支队的减租减息、扩军工作队进驻长岭皮村，成功开展分浮财、减租减息工作，群众踊跃参加武装斗争，没有家庭负担的年轻人报名参加正规部队，属于家庭主要劳力的当民兵或者参加武工队，年纪小的当交通员，妇女去税站或情报站服务，其中报名应征参军有32人。长岭皮开展减租减息和扩军工作的经验，在路西乃至整个江南地区引起轰动。

5月下旬　江南支队三团三虎队袭击国民党宝安县保安大队白石洲据点，俘保安队30多人，缴获步枪30多支。三虎队牺牲1人，受伤2人。

8月　宝安县立简易师范成立东宝人民解放大同盟小组，成为党领导下的外围革命组织。

下半年　宝安县立简易师范的东宝人民解放大同盟小组抓住当局克扣学生补助粮事件，组织全校性罢课游行，斗争矛头直指国民党宝安县政府，斗争取得胜利。

12月15日　中共香港分局经报请中共中央批准，决定正式成立由尹林平、黄松坚、梁威林、左洪涛、黄文俞、严尚民组成的中共粤赣湘边区委员会，管辖江南地委、江北地委、珠江地委及北江地委、五岭地委、九连地委。

1949年

1月1日　中国人民解放军粤赣湘边纵队宣告成立，尹林平任纵队司令员兼政委，原广东人民解放军江南支队改编为粤赣湘边纵队东江第一支队，下辖7个团和2个独立营。活动在南山地区的主要是东江一支队三团，团长麦定唐，副团长何棠，政委杨培，政治处主任黄永光。

元旦后　三虎队全连奉命东上，编入东一支主力的战斗序列。三虎队中南山籍战士先后牺牲4人，分别是在白石洲战斗中牺牲的排长吴炳南，在平湖战斗中牺牲的刘桂，在陆丰战斗中牺牲的副连长刘桂才、刘桂能。

3月3日　东江第一支队第三团卫生员李冬燕、油印员关嫘，在去战地医院学救护途中，在长岭皮被国民党便衣队杀害。

3月　民治武装基干民兵队发展到70多人，扩编为半脱产的民治武装基干民兵中队，中队长邓望。不久发展到118人，改编为民治武装基干民兵连，连长邓望，副连长是长岭皮的吴勤发。

6月　遵照中共江南地委的指示，东宝县人民政府成立，县长杨培，副县长曾劲夫。同时成立三个区政府和四个区委，其中宝安区区长周吉，区委书记张辉。

上半年　宝安县立中学成立东宝人民解放大同盟小组，至1949年秋发展50多名盟员。

8月下旬　中共江南地委副书记祁烽在东莞梅塘召开东宝县委扩大会议，传达华南分局的指示和决定。成立中共宝安县委和县人民政府，县委由黄永光、周吉、张辉、王纪平、袁蔚霞组成，书记黄永光，隶属中共江南地委；宝安县人民政府由黄永光任县长，周吉、曾劲夫任副县长。同时，为做好接管城市的工作，成立宝深军事管制委员会，刘汝琛、黄永光分别担任正副主任。

8月29日—9月3日　中共宝安县委在泥岗村召开第一次会议，传达江南地委8月下旬指示精神和学习入城政策及入城守则；明确县委分工，确定宝安县人民政府科级干部；确定成立宝三区、宝四区党委和人民政府，深圳镇人民政府及南头、固西联乡办事处；建立和健全各乡人民政府和乡党总支领导班子人选。

8月　民治武装基干民兵连70多人，加上各武工队抽调的40多人，合编为中国人民解放军粤赣湘边纵队东江第一支队第三团警卫连，参加解放广东的战斗。

9月12日　中共宝安县委在龙华窑下村召开区、乡党员和武工队长会议，布置落实建党、建政、扩军和筹粮等工作，并就配合大军解放深圳、南头作研究和部署。

9月25日—10月上旬　中共宝安县委集中一批准备接管城镇的干部在石岩小王田村举办学习班，学习入城的有关方针、政策，研究制定入城守则、纪律等，进行解放县城南头与深圳镇的准备工作。

9月底至10月初　宝安地区党员队伍不断壮大，各乡党的基层组织逐步建立。其中涉及南山地区的有：民治乡总支（南山地区长岭皮村等隶属之），书记张美华，下辖6个支部，党员46人；乌石岩总支（南山地区白芒村隶属之），书记李基，下辖5个支部，党员49人；沙河乡总支（含今南山区西丽街道、桃源街道、沙河街道、粤海街道北部），书记刘仁，下辖7个支部，有党员41人。

10月上旬　东宝人民解放大同盟宝安县立简易师范小组、宝安县立中学小组在地下党领导下，秘密印发传单、张贴标语和人民政府布告揭露国民党散布的谣言，安定人心，并全力做好护城护校工作。

10月13日　白石洲缉私卡点关警扣留九龙关负责缉私工作的英国人税务司史锋氏和亲信副监察长杨俊虬作人质，提出要海关发给每人两个月薪水作"应变费"。香港地下党组织利用此事件促成九龙关关警起义。

10月14日，中共宝安县委书记、东一支三团政治处主任黄永光，副县长、东一支三团二营教导员周吉，率领粤赣湘边纵队东江第一支队第三团宝安大队的金虎连、警卫连以及松岗文造培领导的武工队300多人，由谭头村向沙井出发，开始投入解放宝安的战斗。

10月16日　东江第一支队第三团宝安大队金虎连与警卫连在温巩章和东宝解放大同盟的配合下，顺利接管国民党宝安县政府和军警队伍，宝安县城解放。县委和县政府在南头郑氏大宗祠门前坪地上，召开欢迎人民解放军部队入城大会。在临时搭建的主席台上，新上任的县长黄永光、副县长周吉先后讲话，给英模单位和个人颁发了锦旗和奖状。

10月20日　中共宝安县委机关迁往县城南头，隶属中共江南地委领导。

10月　南头联乡办事处成立，温巩章任办事处主任，郑乃尧任副主任。

11月6日　两广纵队炮团解放大铲岛，俘国民党军少将参谋以下80余人，缴获金条数条，美国香烟数十箱，大米、毛毡、派克笔、冰糖、白糖等一批物资及港币万余元，攻岛部队无一伤亡。

12月　中国新民主主义青年团宝安县委员会在宝安县立中学礼堂召开大同盟全体盟员转团大会，大会宣布，凡自愿参加东宝人民解放大同盟的盟员，正式转为中国新民主主义青年团的团员，随即举行宣誓仪式。

1950年

2月　中共宝安县委召开全县党员大会，决定对全体党员进行登记，并作初步审查；整顿组织，健全机构；对党员干部进行整风，提高党在群众中的威信。

2月　中国人民解放军粤赣湘边纵队整编，撤销东江一支队第三团，该团第二营移防宝安县，改编为独立营。同时，原宝安县大队改编为独立营第三连。

3月初　中国人民解放军第四十四军一三〇师三九〇团经过长途跋涉，从汕头市来到了虎门要塞，接受渡海作战解放内伶仃岛的任务。三九〇团制订水上练兵计划，全团指战员进行游泳、掌船、使风、摇橹、在帆船上射击、海上自救互救等训练。

3月　中共宝安县委划归中共珠江地委领导，县委领导班子调整，由沙深宝边委书记祁烽兼任县委书记。

4月8—10日　宝安县第一次农民代表大会召开，成立宝安县农民协进会，周吉任主任，马伦任主席。

4月18日　中国人民解放军第四十四军一三〇师三九〇团从虎门出发，解放内伶仃岛，毙俘国民党军官兵200多人，击沉其军舰2艘，取得战斗全胜。此战标志宝安县全境获得解放。

4月下旬　按全国统一编制，独立营改为宝安县大队，执行内卫、剿匪、保护土改等任务。大队部驻南头大新街，隶属中国人民解放军珠江军分区领导。

5月20日　中国人民解放军三九〇团在宝安县城南门教场，建立解放内伶仃岛纪念碑，以纪念在解放内伶仃岛战斗中牺牲的14名指战员与2名海员。

后记

2018年7月底，深圳市史志办召开深圳市《革命老区发展史》编纂工作启动会。会后，南山区委、区政府交由区史志研究中心负责，立即启动《深圳市南山区革命老区发展史》编纂工作。经过组织筹备、搜集资料、史稿撰写、评审修改、出版印刷等几个阶段，本书即将面世。

第一阶段，组织筹备，2018年7月底至9月底。完成任务有：①制定《南山区编纂〈革命老区发展史〉工作方案》，成立南山区《革命老区发展史》编纂委员会，区委书记、副书记分别担任主任、副主任，区委常委为委员，并设立编委会办公室；明确编纂内容与要求、进度安排、任务落实要求等。8月10日，区委办、区政府办印发《南山区编纂〈革命老区发展史〉工作方案》，编纂工作全面启动。②按照《深圳市〈革命老区发展史〉丛书工作方案》提出的基本篇目，结合南山区实际情况，制定《深圳市南山区革命老区发展史》篇目，并对篇目反复进行调整修改，并得到市史志办认可。③制定《深圳市南山区革命老区发展史》专题资料搜集提纲（革命老区村部分），要求重点搜集全区20个革命老区村的专题资料，列有征集专题14个大项、36个分项。革命老区涉及4个街道，共承担专题36个。9月28日，区委办、区政府办印发《关于做好〈深圳市南山区革命老区发展史〉专题资料搜集工作的通知》，向相关街道党工委、办事处转发

《深圳市南山区革命老区发展史》专题资料搜集提纲。同时，举办《深圳市南山区革命老区发展史》专题资料搜集工作培训班，各街道分管领导与搜集资料人员参加培训。

第二阶段，搜集资料，2018年9月底至11月底。按照《深圳市南山区革命老区发展史》专题资料搜集提纲的要求，涉及的街道通过外包服务等形式，全面搜集全区20个革命老区村专题资料。据初步统计，各街道共召开有关老区村的各类座谈会15次，走访知情人170多人次，查找档案资料150余件。各相关街道按时完成20个革命老区村专题资料搜集任务，共搜集到专题资料36个、10余万字，基本是口述资料，具有重要历史价值。在街道搜集各个革命老区村专题资料的同时，编委会办公室组织全面进行《深圳市南山区革命老区发展史》文字资料的搜集工作。通过查找档案馆档案资料，查找编修《深圳市南山区志》《中国共产党南山历史》所搜集的大量资料，查找相关部门的出版印刷的资料，收集到的书刊文字资料主要有：①《中国共产党南山历史（1924—1950）》；②《深圳市南山区志》；③《中国共产党深圳历史（第二卷）》；④《宝安史志》（《宝安史志通讯》）；⑤《建国卅年深圳档案文献演绎》；⑥《烽火岁月的上白石村》；⑦《深圳"小延安"——长源纪事》；⑧南头区党委办公室编《1970—1979统计资料》；⑨南头区《1983—1991年部分年份农业年报》（农业部编制）；⑩南头公社编制1962—1973年《基本情况》统计资料；⑪1983—1991年部分年份南头区工作总结；⑫《南山年鉴》2009—2018各卷；等等。其中南山区革命老区村资料的南头区党委办公室编《1970—1979统计资料》、农业部编制《1983—1991年部分年份农业年报》、南头公社编制1962—1973年《基本情况》统计资料，均为第一次发现，资料特别珍贵。

第三阶段，史稿撰写，2018年11月底至2019年3月底。对搜集的文字资料，按照《深圳市南山区革命老区发展史》篇目，编纂资料长编，近60万字。11月底开始，进行《深圳市南山区革命老区发展史》初稿编写。到2019年3月底，完成《深圳市南山区革命老区发展史》初稿约21万字。

第四阶段，评审修改，2019年4月至12月。4月初，初稿提交区直相关部门、相关街道党工委，进行初审。根据初审意见，对初稿进行全面补充修改，于5月上旬完成终审稿，提交终审。5月16日，召开《深圳市南山区革命老区发展史》终审会，中共深圳市委党史研究室副主任王地久、党史处处长毛剑锋、调研员傅曾阳，深圳市东江纵队研究会会长李建国、市委党校博士王定毅，南山区委党校副校长吴玢峰、南头古城博物馆副馆长刘昉、区集体办原综合部部长管海鸿、区史志研究中心主任编辑申玉彪等领导与专家参加会议。同时，聘请广东省人民政府地方志办公室原副巡视员、省政府文史馆研究员、享受国务院特殊津贴专家侯月祥，中共广东省委党史研究室原处长、研究员官丽珍为特邀专家进行审稿。参加终审的领导与专家、特邀专家对史稿给予高度评价，同时也提出重要修改意见。会后，撰稿人员认真消化审稿意见，制订修改方案，用一个多月时间，对史稿反复进行修改与打磨。6月底，完成终审意见的修改。11月中旬，广东省老区建设促进会举办"全省第二期《革命老区县发展史》书稿修改培训班"。根据培训班提出的新要求，再次对史稿进行调整，补充与修改。

第五阶段，出版印刷。2020年7月初，史稿送市委党史研究室验收并送广东人民出版社出版，根据出版社审稿意见进行修改，同时进行校对出版。完成《深圳市南山区革命老区发展史》编写出版任务。

本书编写出版中，区委、区政府领导高度重视，区委书记王强除经常过问本书编写情况外，还特地为本书撰写了热情洋溢的序言；区委常委、区委（区政府）办公室主任胡芸直接参与本书编写工作，并及时解决编写过程中遇到的困难和问题，使本书得以顺利编写出版。

值本书出版之际，谨向关心与参加本书资料搜集、书稿撰写、书稿评审以及本书出版与设计印刷的领导、专家与相关人员表示衷心的感谢！

《深圳市南山区革命老区发展史》编委会

2020年10月